W0210416

O.W. BARTH

MICHAELA
HAAS

108 Arten, dem Leben einen Sinn zu geben

Inspiriert von den
großen Weisheitslehren

O.W. BARTH

Besuchen Sie uns im Internet:
www.ow-barth.de

MIX
Papier | Fördert gute Waldnutzung
FSC® C014496

Originalausgabe Mai 2024

Ein Imprint der Verlagsgruppe Droemer Knaur GmbH & Co. KG, München

Redaktion: Susanne Klein
Covergestaltung: atelier-sanna.com, München
Coverabbildung: © atelier-sanna.com, München (Illustrationen)
Satz und Layout: Adobe InDesign im Verlag
Druck und Bindung: GGP Media GmbH, Pößneck
ISBN 978-3-426-44610-2

2 4 5 3 1

Inhalt

Vorwort: 108 Perlen einer Weisheitskette

Im Buddhismus wie im Hinduismus und anderen fernöstlichen Kulturen gilt die 108 als heilige Zahl. Deshalb hat die traditionelle Gebetskette (Sanskrit *mala*) 108 Perlen. Die Buddhisten sagen, die Zahl sei deshalb heilig, weil die Worte Buddhas ursprünglich in 108 Bänden gesammelt wurden. Im Hinduismus haben Gottheiten 108 Namen, die mit den Perlen abgezählt und rezitiert werden, und der 108-fache Sonnendurchmesser entspricht dem Abstand der Sonne von der Erde.

Wir nehmen diese fernöstlichen Traditionen zum Anlass, in diesem Buch 108 Perlen der Weisheit aufzuschnüren. Dafür habe ich 108 Zitate aus den zwanzig beliebtesten Büchern in O.W. Barths hundertjähriger Geschichte ausgewählt: 108 Arten, dem Leben einen Sinn zu geben, eingebettet in neue Essays und strukturiert in zwölf Kapitel – eines für jeden Monat, in dem der Mond einmal um die Erde kreist.

Was mich persönlich am Eintauchen in den reichen Schatz des Verlags so fasziniert, sind nicht nur die Tiefe der Einsichten und die Resonanz, die diese Bestseller bei Lesern und Leserinnen finden, sondern auch, dass viele der Erkenntnisse, die unsere Autoren und Autorinnen vor Jahrzehnten schon mitteilten, inzwischen durch wissenschaftliche Forschung bestätigt werden. Das gelebte Weisheitswissen ist traditionsreich und gleichzeitig hochaktuell.

Es gibt Themen, die sich wiederholen: Achtsamkeit, Liebe, Loslassen, Freiheit, Wege, wie wir Widerstände überwinden und unser Potenzial entfalten. Und doch liegt in den Variationen die Würze. Manchmal höre ich einen Satz erst wirklich, wenn er von Charlotte Joko Beck kommt, einer geschiedenen Mutter von vier Kindern; manchmal erkenne ich eine Einsicht erst in den Worten von Thich Nhat Hanh, dem vietnamesischen Zen-Mönch.

Die Autoren und Autorinnen sind alle Meister der fernöstlichen Weisheit und könnten doch kaum unterschiedlicher sein. Manche sind in einem katholischen Umfeld in Deutschland aufgewachsen, andere als Yogis in Indien. Manche, wie Eugen Herrigel, lernten die Zen-Praxis durch lange Aufenthalte in Japan kennen und machten sich in jahrelangen Versuchen damit vertraut; andere haben ihre Heimat nie verlassen. Aber für uns alle gilt:

> *Früher oder später sind wir alle gezwungen, uns hinzusetzen, über unser Leben nachzudenken und uns zu fragen, wer wir sind und worin der Sinn unseres Lebensweges in diesem Augenblick besteht.*
>
> **Jon Kabat-Zinn, *Im Alltag Ruhe finden*, S. 97**

Gehen Sie mit mir auf eine Reise durch hundert Jahre Weisheit, immer in dem Wissen, dass nicht in den Worten, sondern im Erleben die wahre Weisheit liegt.

1
Was jetzt?

Die Wunder des Lebens berühren

Durch bewusstes Atmen berühren wir das Leben im gegenwärtigen Moment – es ist der einzige Moment, in dem wir das Leben berühren können.

Thich Nhat Hanh, *Einfach präsent,* S. 13

Hier. Jetzt.

Alle großen Denkerinnen und Denker sind sich einig, dass wir nur im Augenblick Erfüllung und Klarheit finden können, im Hier und Jetzt. Anders geht es ja gar nicht. Wir können weder in der Vergangenheit noch in der Zukunft den Hebel ansetzen.

Wie ironisch, dass wir dabei Hilfe brauchen, wo wir gleichzeitig die Gegenwart nie verlassen können. Wabern unsere Gedanken doch hierhin und dorthin, springen voraus ins nächste Jahr oder Jahrzehnt und wieder zurück in die Kindheit oder ins Büro oder zu dem Streit gestern Abend.

Stopp. Halten Sie inne.

Wir wissen, dass die Forschungsreise ins Leben, gar ins Wozu und Warum, nur hier und jetzt beginnen und enden kann.

Als ich den Zen-Lehrer Thich Nhat Hanh (1926–2022) vor einigen Jahren an der University of California in San Diego sprechen hörte, funktionierte die Lautsprecheranlage im Auditorium nicht besonders gut. Ich hatte zuvor einige seiner mehr als hundert Bücher gelesen, darunter seine Weltbestseller über Meditation und Achtsamkeit. Weil der vietnamesische Mönch, der sich schon mit 16 Jahren ordinieren ließ, den Vietnamkrieg verurteilte und sowohl die katholische als auch später die kommunistische Regierung seines Heimatlandes kritisierte, musste er Vietnam 1966 verlassen und durfte erst knapp vierzig Jahre später zurückkehren.

Ich wusste, dass Martin Luther King jr. ihn für den Friedensnobelpreis vorgeschlagen hatte. Aber was dann während der Veranstaltung den tiefsten Eindruck auf mich machte, waren nicht seine Worte. Thich Nhat Hanh – oder Thay, »Lehrer«, wie ihn seine Schüler nennen – sprach leise und langsam. In seiner dunkelbraunen Mönchsrobe, das Haupt glänzend glatt, saß er vor dem Mikrofon, eine schmächtige Gestalt, fast verschwindend in einem Menschenmeer. Hunderte von Zuhörern waren gekommen, um dem weltbekannten Zen-Mönch bei einem seiner seltenen Vorträge zu lauschen, aber die Lautsprecher zerhackten seine Weisheit. Nach den ersten zwanzig Minuten, in denen ich mich vergeblich anstrengte, verständliche Sätze aus den Lautfetzen zu entziffern, setzte ich mich frustriert im Schneidersitz an die Rückwand des Auditoriums und beschloss, einfach nur präsent zu sein.

Das war schließlich Thays Kernbotschaft an diesem Abend: »Die Kunst, glücklich zu sein, liegt darin, zu lernen, da zu sein, gänzlich präsent, bereit für deine eigenen Bedürfnisse und für die Bedürfnisse der dir Nahestehenden. Wenn du diesen ersten Schritt nicht tust, ist es sehr schwer, den zweiten zu tun. Hör auf zu rennen und gehe Schritt für Schritt.«

Ich verlangsamte meinen Atem. Ich atmete aus, und mit dem Atem ließ ich auch die Ungeduld los, seine kostbaren Worte kaum verstehen zu können. Ich hörte das Hüsteln der Menschenmenge. Das Knistern der Lautsprecher. Und ich sah: Thich Nhat Hanh vollkommen präsent, ganz in der Gegenwart. Er wog jede Silbe, aber sprach bestimmt. Ruhig, aber fest. Er pausierte, wenn er einen neuen Gedanken sammelte. Gemächlich verebbten seine Worte. Bedächtig griff er zum Glas Wasser, das vor ihm auf dem Podium stand, und mit der Aufmerksamkeit, als gebe es nichts Wichtigeres auf der Welt als dieses Glas, führte er es langsam zum Mund, nahm ein, zwei Schlucke und stellte es genauso langsam, genauso aufmerksam wieder an seinen Platz.

Das ist gelebte Achtsamkeit. Achtsamkeit in Aktion. Der erste Schritt und die Grundlage für alle weiteren Schritte.

Das ist es

Die Gelegenheit, auf die Sie gewartet haben, ist genau hier im gegenwärtigen Moment. Jeder Schritt ist diese Gelegenheit; jeder Atemzug ist diese Gelegenheit – eine Gelegenheit für uns, ins Jetzt zurückzukehren und unser endloses Umherwandern zu beenden, unser Warten auf den Tag, an dem wir endlich glücklich sein werden.
Der Tag, auf den du gewartet hast, ist heute; der Moment, auf den du gewartet hast, ist genau dieser Moment.
Wir müssen den Schleier von Zeit und Raum durchdringen, um ins Hier und Jetzt zu gelangen.
Ganz gleich, wie die Umstände sind, diese Gelegenheit ist für uns da. Im Jetzt werden wir finden, wonach wir gesucht haben.

Thich Nhat Hanh, *Einfach präsent*, S. 43

»Im Jetzt werden wir finden, wonach wir gesucht haben.« Der Satz klingt in mir nach.

Jetzt schwebt der Habicht vor meinem Fenster über dem Feld, bereit, sich auf den ersten Nager des Morgens zu stürzen. Jetzt kratzt mein Füller über das Papier, und ich höre die Nachbarskinder nach ihrer Katze rufen. Jetzt schnarcht mein

Hund noch, bevor ihn das Schaben des Dosenöffners abrupt wecken wird. Jetzt hebt und senkt sich mein Brustkorb – einatmen, ausatmen – und schon ist er vorbei, der Moment. Ich habe mich in einem Tagtraum verloren. Jetzt bin ich wieder da. Präsent.

»Wollen wir die Realität unseres Lebens begreifen, solange wir es noch zu leben haben, müssen wir für unsere einzelnen Augenblicke wach sein«, schreibt der Meditationslehrer Jon Kabat-Zinn. »Andernfalls können ganze Tage, ja kann unser ganzes Leben unbemerkt, ungenutzt, ungelebt verstreichen.«[1]

Er zitiert Henry David Thoreau, der am Waldensee erkannte: »Nur der Tag bricht an, für den wir wach sind.«[2] Wie oft lassen wir unser Leben einfach vorbeiziehen? Anders gefragt: Wie viele Momente, Stunden, Tage erleben wir wirklich, bewusst und voller Achtsamkeit?

Was mich bei meinen Reisen mit Anfang zwanzig in den Himalaja und entlegene Regionen Asiens am meisten faszinierte, war die Begegnung mit Menschen, die vollkommen präsent schienen. Es war ein verwirrender Kontrast zu den Menschen, die ich bis dahin bewundert hatte: Journalistenkollegen, Aktivistinnen, Entscheidungsträger, Schriftstellerinnen.

Als junge Reporterin hatte ich Minister und Vorstandsvorsitzende, kluge Denker und Philosophinnen interviewt, aber dann musste ich innehalten, als ich in Thailand und Nepal zum ersten Mal auf Menschen traf, die eine Präsenz ausstrahlten, wie sie mir bis dahin nie begegnet war.

Wenn ein Mensch vollkommen präsent ist, wie Thich Nhat Hanh, ist das ein ungewöhnlich intensives Erlebnis. Dann merke ich unwillkürlich, wie wenig präsent ich bin. Nimmt mich ein anderer wahr, spüre ich, wie wenig ich mich selbst wahrnehme. Spricht mein Gegenüber achtsam, rennt meine eigene Sprache weniger schnell davon.

Diese Begegnungen prägten mich so sehr, dass ich schließlich meinen Reporterjob bei der *Süddeutschen Zeitung* kündigte und 1996 für zwei Jahre nach Asien zog, nach Nepal und Nordindien, um die Kunst der Meditation und die Sprache der Tibeter zu erlernen.

Die Gipfel des Himalajas bilden eine würdige Kulisse für das Erlernen dieser jahrtausendealten Tradition. So klein ist das eigene Ego im Vergleich zu den eisbedeckten Achttausendern, dass viel Überheblichkeit von selbst wegfällt.

»Warum hast du es so eilig? Wo willst du hin? Bleib doch hier!«, lockte Lhamo, die junge tibetische Teppichweberin, bei der ich mir in Kathmandu ein Zimmer mit Dachterrasse mietete. Auf mein Argument, ich müsse zurück nach München, um zu arbeiten, antwortete sie mit einem Spruch, den ich später von Buddhisten noch öfters hörte: »Der vergangene Moment ist vergangen. Der künftige Augenblick ist noch nicht hier. Du kannst nur im Jetzt leben.« Ich war jung genug, um überredet zu werden, und blieb.

Aber natürlich muss man nicht nach Asien reisen, um Achtsamkeit zu finden. Sie ist immer da, immer in uns, jederzeit bereit, wenn wir nur unsere Aufmerksamkeit auf das Hier und Jetzt richten.

Letztlich läuft alles darauf hinaus: Wohin auch immer wir gehen, da sind wir. Was immer wir tun: Es ist das, was wir tun. Was immer uns durch den Kopf geht: Es ist das, was wir jetzt denken. Was uns auch immer widerfahren sein mag: Es ist bereits geschehen. Die entscheidende Frage ist, wie wir sinnvoll damit umgehen, mit anderen Worten: »Was nun?«
Ob es uns gefällt oder nicht, der jetzige Augenblick ist das Einzige, womit wir arbeiten können. Und doch führen wir unser Leben häufig so, als würden wir von Mal zu Mal vergessen, dass wir dort sind, wo wir bereits sind, in der Situation, in der wir uns schon befinden. Augenblick für

Augenblick stehen wir an der Wegkreuzung des Hier und Jetzt. Doch wenn sich die Wolke des Vergessens auf uns senkt, dann verirren wir uns genau in diesem Augenblick. »Was nun?« wird dann zu einem echten Problem.

Jon Kabat-Zinn, *Im Alltag Ruhe finden*, S. 17

Zuletzt traf ich Jon Kabat-Zinn in San Francisco bei dem internationalen Kongress Wisdom 2.0. Kabat-Zinn, vom Sakko bis zur Jeans ganz in Schwarz gekleidet und dank seiner täglichen Yogapraxis trotz seiner fast achtzig Jahre eine schlanke, sportliche Erscheinung, sprach langsam, bewusst und engagiert vor den fast 3000 Zuhörenden. Er ist eine Art graue Eminenz der Achtsamkeitsforschung. Der Arzt und Medizinprofessor hat in über fünf Jahrzehnten Methoden perfektioniert, Achtsamkeitsmeditation zu lehren, und zwar für Menschen mit den verschiedensten Biografien und Glaubensrichtungen.

Dennoch widerspricht er, wenn er wie in San Francisco ehrfurchtsvoll als »Lehrer der Lehrer« vorgestellt wird. »Als Erstes möchte ich klarstellen, dass keiner von uns wirklich Achtsamkeit *lehren* kann«, sagte er bescheiden. »Das Paradox ist, dass Achtsamkeit unendlich verfügbar und ganz nah ist. Sie ist grenzenlos. Und gleichzeitig fällt es uns Menschen so schwer, uns mit ihr zu verbinden. Warum? Weil wir es so gewohnt sind, uns selbst im Weg zu stehen.«[3]

Der gebürtige New Yorker promovierte ursprünglich in Molekularbiologie am renommierten Massachusetts Institute of Technology bei Boston und fand über die Friedensbewegung im Widerstand gegen den Vietnamkrieg zum Zen-Buddhismus. Der aus einer jüdischen Familie stammende Kabat-Zinn lernte Meditation unter anderem von den Zen-Meistern Philip Kapleau und Thich Nhat Hanh und wird deshalb oft für einen Buddhisten gehalten.

Aber er selbst sagt: »Ich bin kein Buddhist, auch wenn Leute das oft auf mich projizieren. Ich identifiziere mich einfach als Mensch. Denn Ismen bringen oft Dualismus mit sich, wir und die, Buddhisten und Nicht-Buddhisten. Man könnte sagen, dass der Buddha selbst kein Buddhist war. Er war ein Experimentierender, ein Analytiker, ein Yogi.«

Experimentierender, Analytiker, Yogi – das trifft auch auf Kabat-Zinn zu. Der Arzt experimentierte mit Achtsamkeitsmeditation, analysierte ihre Wirkung mit wissenschaftlichen und medizinischen Methoden, studierte mit Meditationslehrern verschiedenster Traditionen und wurde zum überzeugten Yogi. »Achtsamkeit ist unser fundamentales Erbe als Menschen«, sagt er, »und gleichzeitig gibt es eine lange Tradition des Praktizierens, vor allem im Buddhismus.«

Die meisten Zitate in diesem Buch stammen aus seinen beiden ersten und bekanntesten Büchern. *Gesund durch Meditation* erschien im Englischen 1990 unter dem Titel *Full Catastrophe Living* mit einem Vorwort von Thich Nhat Hanh, und sein zweites Buch, *Im Alltag Ruhe finden*, wurde 1994 auf Englisch unter dem Titel *Wherever You Go, There You Are* veröffentlicht. Beide Bücher wurden Bestseller und machten Kabat-Zinn schlagartig bekannt. Sie halfen ihm, säkuläre Achtsamkeitsmeditationen in Krankenhäuser und Hospize, Schulen und sogar in das amerikanische Militär zu tragen. Mehr als die Hälfte aller US-amerikanischen Kliniken und Universitäten bieten heute Kurse an, die auf seiner Methode basieren – der achtsamkeitsbasierten Stressreduktion, oft abgekürzt als MBSR (vom englischen *Mindfulness-Based Stress Reduction*).

Er befreite Achtsamkeitsmeditation von religiösen Aspekten und war maßgeblich daran beteiligt, ihre wissenschaftlichen Grundlagen zu erforschen. 1979 gründete der Medizinprofessor die »Stressreduktions-Klinik« an der University of Massachusetts. Er wollte eigentlich untersuchen, ob Achtsamkeit einen Beitrag dabei leisten könnte, Schmerzpatienten zu helfen. Sein Programm war anfangs für Patienten gedacht, die als »austherapiert« galten: Krebserkrankte, Veteranen, Trauma-Patienten. Die Heilungserfolge der achtwöchigen Kurse waren so überzeugend, dass er und seine Mithelfer das Training bald ausweiteten und auf verschiedene Krankheitsbilder zuschnitten, unter anderem für Psoriasis-Patienten und Suchtkranke.

Gleichzeitig geht es in seinem Ansatz um mehr als bloß um die körperliche Heilung: »Für mich ist die echte Frage: Was bedeutet es, das Dasein als Mensch voll auszuschöpfen?«, sagt Kabat-Zinn. »Meditationspraxis spielt eine enorme Rolle dabei. Es ist ein großes Tor für das Abenteuer, herauszufinden, wer du bist und was es bedeutet, ein Mensch zu sein. Am Ende des Tages geht es bei Achtsamkeit um Weisheit, darum, was wirklich, wirklich wahr ist, von dem zu unterscheiden, was bloßer Schein ist oder woran man festhält, weil man will, dass es wahr ist.«[4]

Um wirklich in Kontakt mit unserem Hier und Jetzt zu sein – welcher Art es auch sein mag –, müssen wir so lange im Erleben verweilen, bis der gegenwärtige Augenblick in uns einsinken kann – so lange, bis wir ihn wirklich spüren und seiner gewahr werden, um ihn in seiner ganzen Fülle zu erfahren und uns darin niederzulassen. Nur so können wir ihn besser kennenlernen, von innen heraus verstehen und wahrhaft wertschätzen. Erst dann können wir diesen Augenblick unseres Lebens in seiner Wahrheit akzeptieren, von ihm lernen und unseren Weg fortsetzen. […]

Um unseren Weg zu finden, müssen wir lernen, dem gegenwärtigen Augenblick mehr Aufmerksamkeit zu schenken.
Er allein bietet uns die Möglichkeit, zu leben, zu wachsen, zu fühlen und uns zu verwandeln.

Jon Kabat-Zinn, *Im Alltag Ruhe finden*, S. 17–19

Kabat-Zinn hat Achtsamkeit genau definiert: als »die Bewusstheit, die sich durch gerichtete, nicht wertende Aufmerksamkeit im gegenwärtigen Augenblick einstellt«. Er warnt: »Gewahrsein ist nicht dasselbe wie Denken.«[5]

Die Erfahrung, die ich als Meditationsanfängerin machte, teile ich mit vielen: Wenn wir uns erstmals zur Meditation hinsetzen, werden wir uns bewusst, welche Wertungsmaschinerie in unserem Gehirn läuft, der Oberste Gerichtshof unseres Egos. Unaufhörlich urteilen wir, auch über uns (»Alle anderen meditieren friedlich, und du kriegst nicht einmal das hin!«).

»Wir alle besitzen die Fähigkeit zur Achtsamkeit«, schreibt Kabat-Zinn. »Um sie zu entwickeln, müssen wir uns lediglich darin üben, der Gegenwart unsere Aufmerksamkeit zuzuwenden, ohne zu urteilen – zumindest aber uns dessen bewusst zu werden, wie sehr unsere Wahrnehmung für gewöhnlich von Urteilen bestimmt ist. Eine Möglichkeit, sich diesen Wandlungsprozess zu veranschaulichen, besteht darin, die Achtsamkeit mit einer Sammellinse zu vergleichen, die die diffusen und impulsgesteuerten Aktivitäten und Reaktionen des Geistes zusammenführt und sie zu einer einzigen Energiequelle bündelt, die uns so für unser Leben, zur Lösung unserer Probleme und zur Selbstheilung zur Verfügung steht.«[6]

Kürzlich las ich im Guardian, Achtsamkeitsmeditation sei »ein populärer Lifehack«. Ich stutzte und musste schmunzeln. Ich bin wie Kabat-Zinn davon überzeugt, dass Präsenz viel mehr ist als eine Technik oder ein Trick. Sie ist unser natürlicher Seinszustand.

Kabat-Zinn schreibt der Pflege der Aufmerksamkeit eine heilende und transformative Kraft zu, weil sie uns hilft, zu uns zurückzufinden. In Kabat-Zinns Worten: Sie birgt das Potenzial der Erschließung »ur-menschliche[r] Ressourcen, die in der Tiefe unseres Wesen verborgen sind. [...] Wir können uns diese Ressourcen erschließen und nutzbar machen, Ressourcen, die uns erlauben, unser Leben zu transformieren.«[7]

Während meiner jahrzehntelangen eigenen Meditationspraxis und »weltlichen« Arbeit habe ich gelernt, die Übung der Achtsamkeit als einen radikalen Akt zu begreifen – als eine radikale Maßnahme mentaler Gesundung, des Mitgefühls mit sich selbst und letztlich der Liebe. Dazu gehört die Bereitschaft, sich selbst zu begegnen, mehr im gegenwärtigen Augenblick zu leben, von Zeit zu Zeit innezuhalten und einfach zu sein, anstatt sich in endlosem Tun zu verausgaben und darüber zu vergessen, wer der Urheber all dieses Tuns ist und welchem Sinn es eigentlich dient. Es hat damit zu tun, unsere Gedanken nicht einfach für bare Münze zu nehmen und uns nicht ohne Weiteres den Gefühlsstürmen hinzugeben, die häufig genug nur den Schmerz und eigenes wie fremdes Leid vergrößern. Diese Einstellung dem Leben gegenüber stellt in der Tat auf jeder Ebene einen radikalen Akt der Liebe dar. Es gehört zur Schönheit dieser Haltung, dass sie von uns keinerlei Tun verlangt, sondern lediglich, dass wir aufmerksam, wach und bewusst sind – Dimensionen des Seins, die immer schon das ausmachen, wer und was wir sind.

Jon Kabat-Zinn, *Gesund durch Meditation,* S. 21–22

Der achtwöchige Kurs in achtsamkeitsbasierter Stressreduktion, der Jon Kabat-Zinn bekannt gemacht hat, beginnt mit einer scheinbar einfachen Übung. Christiane Wolf, die Instruktorin des Meditationskurses am InsightLA im kalifornischen Santa Monica (auch sie übrigens von Beruf Ärztin), teilt an die zwanzig Teilnehmenden Rosinen aus. Die Anleitung ist ganz simpel: Alle Sinne nutzen.

Jeder von uns nimmt drei Rosinen in die Handfläche. »Betrachtet sie, als sei das ganz neu; als hättet ihr noch nie zuvor so etwas gesehen«, leitet Wolf uns an. »Welche Farbe haben sie? Welche Konsistenz? Wie fühlt sich die Oberfläche an? Wie viel wiegen sie?«

Es fühlt sich ungewöhnlich an, drei schrumpelige Früchtchen in der Hand zu halten, bis sie warm werden, anstatt sie direkt zu verspeisen.

Eine Teilnehmerin hat unwillkürlich die erste Rosine sofort in den Mund gesteckt und verschluckt. »Huch, das ging ganz automatisch«, sagt sie und klingt etwas erschrocken über sich selbst. Wolf gibt ihr eine neue Rosine.

Jede Rosine hat eine einzigartige Oberfläche, eine tiefrote Kraterlandschaft mit Schluchten und Falten. Wir nutzen all unsere Sinne, beobachten, riechen, fühlen, horchen. Wie riecht die Frucht? Fühlt sie sich trocken an? Hören wir einen leisen Laut, wenn wir die Rosinen in der Hand rollen oder zusammendrücken?

Achtsam führe ich die Hand zu den Lippen und nehme die erste Rosine in den Mund. Aber ich schlucke sie nicht, spüre sie nur, die warme, weiche Frucht, lasse sie auf der Zunge ein wenig Achterbahn fahren, bevor ich beginne zu kauen. Die Zunge, die Zähne, die Geschmacksnerven. Unglaublich, wie intensiv eine Rosine schmecken kann!

Was wäre, wenn wir diese Form der Achtsamkeit bei jeder Mahlzeit üben könnten?

Achtsamkeit bewirkt noch etwas: Äußere Zwänge verblassen. In gewisser Weise entdecken wir uns neu, unser Innerstes, das, was wir wirklich wollen. Wir besinnen uns auf uns selbst, allerdings nicht in einer egoistischen Weise. Es gehört für mich zu den faszinierendsten und wichtigsten Aspekten der Achtsamkeit, dass wir sie zwar zur Eigenschau nutzen, sie aber gleichzeitig das Ego schwächt. Denn wenn wir nach innen schauen, entblößen wir gleichzeitig die Essenz des Lebens, die uns mit allen anderen Lebewesen verbindet.

»Innere Stille, Einsicht und Weisheit entstehen nur, wenn wir uns erlauben, uns in diesem Augenblick in der Ganzheit unseres Seins zu überlassen, so wie wir sind, ohne etwas erstreben, an etwas festhalten oder etwas zurückweisen zu müssen«, schreibt Kabat-Zinn. »Dies ist eine These, die Sie selbst überprüfen können. Probieren Sie es einfach mal aus. Schauen Sie, wenn ein Teil von Ihnen an etwas festhalten will, ob das Loslassen nicht eine tiefere Befriedigung mit sich bringt als das Festhalten.«[8]

Und was hat das mit dem Sinn des Lebens zu tun?

> *In diesem Buch geht es um Sie, um Ihr Leben. Es geht um Ihren Geist, um Ihren Körper und ganz konkret um die Frage, wie Sie lernen können, beiden gegenüber eine sinnvollere Einstellung zu gewinnen. Zur Übung der Achtsamkeit gehört es, das, was aufgrund unseres Menschseins schon jetzt schön, heil und ganz in uns ist, zu erkennen, zu würdigen und für uns zu nutzen. Achtsamkeit lehrt uns, uns dieser Qualitäten zu bedienen, um aus ihnen heraus unser Leben zu leben, im Bewusstsein, dass wirklich zählt, wie wir unsere Beziehung zu dem gestalten, was immer uns begegnet.*
> *[…] Denn während wir die Segnungen einer 24-Stunden-Vernetztheit erfahren, die uns erlaubt, überall und jederzeit mit aller Welt in Verbindung zu treten, machen wir paradoxerweise zugleich die Erfahrung, dass es noch nie so schwierig war, mit uns selbst und unserer inneren Welt in Kontakt zu kommen. Und damit nicht genug: Wir haben immer weniger Zeit für die Begegnung mit uns selbst, obwohl jedem von uns nach wie vor 24 Stunden am*

Tag zur Verfügung stehen. Wir füllen diese Stunden mit so viel Tun aus, dass uns kaum mehr Zeit zum Sein bleibt.

Jon Kabat-Zinn, *Gesund durch Meditation,* S. 24–25

In der buddhistischen Philosophie gibt es das Konzept des Multitaskings nicht. Es scheint uns so, als könnten wir gleichzeitig fernsehen und unserem Partner zuhören, aber wenn wir uns wirklich fokussieren, dann jeweils nur auf einen Sinneseindruck.

Interessant, dass Neurowissenschaftler genau das inzwischen bestätigen. Wenn wir denken, wir könnten zwei oder mehr Sachen auf einmal erledigen, springt in Wahrheit unsere Aufmerksamkeit nur blitzschnell hin und her. Versuchen Sie einfach mal, eine anspruchsvolle E-Mail während eines intensiven Telefonats zu schreiben – klappt nicht. Wenn wir lesen, lesen wir. Wenn wir hinhören, hören wir. Wenn wir riechen, füllt der Duft unsere Sinne.

Natürlich können wir Auto fahren und dabei gleichzeitig die Kupplung treten und der Wettervorhersage zuhören. Der rechte Fuß presst das Gaspedal, während die linke Hand den Blinker setzt. Das geht schon. Wir haben auf Autopilot geschaltet – oder unsere motorische Erinnerung aktiviert, wie Neurowissenschaftler sagen – und sind gleichzeitig mit den Gedanken schon in der Bürobesprechung.

Aber wenn wir uns wirklich auf eine Sache konzentrieren, dominiert *ein* Sinn. Unser präfrontaler Kortex agiert als eine Art Ampel, die immer nur einen Wagen nach dem anderen pro Grünphase durchlassen kann. Das Experiment kann jeder leicht selbst machen. Mir wurde es schlagartig klar, als ich versuchte, meine Fahrten ins Büro zu nutzen, eine neue Sprache zu lernen. Die 45 Minuten Fahrtweg könnte ich gut darauf verwenden, um jeden Morgen ein halbes Dutzend Vokabeln und Redewendungen zu lernen. Dachte ich.

Nie war ich eine unaufmerksamere Fahrerin als während dieses Versuchs. Ständig lief ich Gefahr, eine Ampel oder einen Linksabbieger zu übersehen. Nach zwei Wochen gab ich es auf; es war einfach zu gefährlich. Klar kann ich Rod Stewart mitsingen, wenn ein Lied von ihm im Autoradio läuft, aber meinem Gehirn Vokabeln einzuprägen, während ich im dreispurigen Verkehr manövriere, ist eindeutig nicht drin.

Neurowissenschaftler bestätigen, dass vermeintliches Multitasking uns nicht effektiver, sondern ineffektiver macht.[9] Während wir versuchen, ein halbes Dutzend Dinge auf einmal zu erledigen, sind wir tatsächlich insgesamt langsamer, als wenn wir uns auf jeweils eine Sache konzentrierten. Außerdem machen wir nachweisbar beim Multitasking mehr Fehler – die dann zeitraubend wieder korrigiert werden müssen.

Der Psychologe Timothy Wilson von der University of Virginia stellte fest, dass unsere Gehirne zwar mit bis zu elf Millionen Informationen und Sinneseindrücken pro Sekunde überflutet werden, wir aber maximal vierzig Eindrücke pro Sekunde verarbeiten können.[10]

Das wusste ich nicht, als ich zum ersten Mal in die Wüste fuhr, aber ich spürte es. Für einen WDR-Dokumentarfilm durchquerte ich mit Anfang zwanzig die Sahara. Es war meine erste Erfahrung mit einer tiefen Stille, wie ich sie später nur in der Achtsamkeitsmeditation fand. Eintönig ratterten die Räder unseres Jeeps über die Wüstenpisten, aber ansonsten sah ich vier Wochen lang nur Sand und Weite, Himmel und Dünen. Kein Telefon, keinen Fernseher, keine Schlagzeilen. Vereinzelt tauchten Nomaden und Ziegen am Horizont auf, und in unregelmäßigen Abständen Baracken mit Soldaten, Überbleibsel vom letzten Krieg. Aber den Rest der Zeit, fast 24 Stunden am Tag, füllten nur Stille und Weite meine Sinne.

Nachts streckte ich meinen Kopf aus dem Zelt, um die Sterne zu sehen und mich im Nachthimmel zu verlieren. Das

Abendprogramm war jede Nacht das gleiche: der Große Wagen, die Venus, einige Sternschnuppen. Nie schienen die Planeten näher als hier, in der Wüste, die nächste Stadt mehrere Tage Fahrt entfernt. Nach einer Woche wurde mir erstmals bewusst, wie die Abwesenheit äußerer Ablenkungen mein Bewusstsein veränderte. Ich wurde klarer, fokussierter.

Durch das Fehlen von Stimuli beruhigt sich der wilde Geist ganz von selbst. Es gab Gefahrenmomente, einige davon sogar wirklich bedrohlich, schließlich waren wir im krisengeplagten Tschad unterwegs – ein Überfall, Kindersoldaten mit Maschinengewehren, verminte Gebiete –, und doch war mein Geist nie ruhiger als da.

So richtig bewusst wurde mir die Veränderung, als wir in Tschads Hauptstadt N'Djamena eintrafen. In der Millionenstadt warteten all die vielen Ablenker, die ich einige Wochen lang vergessen durfte: Plakatwände, Motorräder, Kamele, Ampeln – alles blinkte, hupte und rief: »Hör mich! Sieh mich! Hier rüber!«

Diese Wochen in der Wüste waren meine erste eigene Erfahrung einer Weisheit, die ich später von Meditationslehrern hörte: Der Buddha verglich den aufgeregten Geist mit aufgewühltem, sandigem Wasser. Wenn ein Gefäß mit schlammigem Wasser unbewegt bleibt und der Inhalt zur Ruhe kommt, setzt sich der Schlamm und das Wasser wird klar.

Es ist eine Tatsache, der wir meist viel zu wenig Beachtung schenken: Wenn wir bewusst im gegenwärtigen Augenblick leben – der allein Realität besitzt –, so wird dies Auswirkungen auf den ihm folgenden Moment haben, und dies wiederum wird sich, vorausgesetzt, es gelingt uns, diesen Prozess aufrechtzuerhalten, auf die Zukunft, unsere Lebensqualität und unsere Beziehung zu anderen Menschen auswirken. Das einzige Mittel, auf die Gestaltung der Zukunft Einfluss zu nehmen, besteht darin, sich die

Gegenwart zu eigen zu machen, wie immer sie sich uns darstellen mag.
Wenn wir ganz im Gewahrsein des gegenwärtigen Augenblicks aufgehen, dann wird der kommende Augenblick eine ganz andere Qualität haben, weil wir im Jetzt präsent sind. So können wir kreative Wege zu einer Lebensführung entdecken, die wirklich dem Leben entspricht, das zu führen uns aufgegeben ist.

Jon Kabat-Zinn, *Gesund durch Meditation,* S. 26

Was ist das Leben, das zu führen mir aufgegeben ist? Das ist die Kernfrage dieses Buches, der rote Faden, der sich durch die Auszüge aus diesen Bestsellern zieht. Wie oft oder wie selten stellen wir uns diese Frage? Wie oft nehmen wir uns die Zeit, wirklich innezuhalten und darüber nachzudenken:

Wofür lebe ich?

Was sind meine Grundwerte?

Was motiviert mich jenseits der praktischen Anforderungen meines Körpers/meines Haushalts/meiner Familie/meines Berufs?

Eingebunden in das tägliche Tauziehen zwischen Stromrechnung und Chef, Krankenbett und Kinderspielplatz scheinen mir diese Fragen wie eine fundamentale Notwendigkeit und ein Luxus zugleich. Wie wohltuend, dass die Meditationslehrer uns nicht mit abgehobenen, zutiefst unrealistischen und unerreichbaren Traumschlössern locken, sondern mit Antworten, die ins Hier und Jetzt führen.

Es gibt nur eine Sache, die wir wissen müssen. Und die ist sehr einfach.
Als Menschen, die ihr Leben voll und ganz erleben wollen, sollten wir bei jeder einzelnen Erfahrung aufmerksam sein. Dafür müssen wir nichts anderes tun, als zu beginnen, zu

sein, was und wer wir wirklich sind – nicht mehr und nicht weniger. Das braucht Mut, denn es liegt jenseits all unserer bisherigen Vorstellungen davon, wie wir mit dem Leben umgehen sollten, und der Mechanismen, diese Vorstellungen umzusetzen. Das klingt zauberhaft, oder? Auf keinen Fall! Denn um zu sein, wer wir wirklich sind, müssen wir zum Beispiel, wenn wir aufgrund einer bestimmten Angelegenheit aufgebracht sind – uns verletzt fühlen oder ärgerlich sind –, die entsprechenden Gefühle auch zulassen und empfinden. […]
Doch wenn wir wirklich empfinden, was und wie wir sind, wie immer es im gegenwärtigen Augenblick aussehen mag, gewinnen wir an Freiheit.

Charlotte Joko Beck,
***Zen und das alltägliche Wunder*, S. 27**

Beim ersten Satz dieses Zitats kann ich Charlotte Joko Beck vielleicht noch zustimmen, beim zweiten entfährt mir ein leicht verzweifelt glucksender Seufzer. So einfach ist das nicht, »bei jeder einzelnen Erfahrung aufmerksam« zu sein. Als ich das erste Mal – gänzlich unvorbereitet und voller naivem Enthusiasmus – mit 23 Jahren an einem zehntägigen Schweigeretreat in einem thailändischen Kloster teilnahm, stellte ich schnell fest, wie viel Mut man braucht, um wirklich mit jeder Empfindung präsent zu sein.

Nichts leichter als ein- und auszuatmen; wir tun es ja die ganze Zeit. Und doch ist kaum etwas schwieriger, als es mit Achtsamkeit zu tun.

Mit Anfang zwanzig hatte ich in einem Reiseführer gelesen, ein buddhistisches Kloster in Thailand biete zehntägige Meditationsretreats an. Ohne Anmeldung. Jeder könne einfach am Ersten jeden Monats dort auftauchen und gegen eine Spende mitmachen. Ich weiß auch nicht mehr, was mich damals geritten hat, jedenfalls nutzte ich die Semesterferien, um einen Flug nach Bangkok zu buchen.

Ich erhoffte mir eine erholsame Woche im Dschungel. Ich dachte, ich würde dort Gleichgesinnte treffen, junge Sinnsucher wie ich, und wir würden gemeinsam eine gute Zeit verbringen. Einatmen, ausatmen, präsent sein – das klang himmlisch und ein wenig romantisch, genau die richtige Auszeit, die ich vom Studium und meinem hektischen Nebenjob als Reporterin brauchte.

Mein Leben war damals schon recht durchgetaktet, und ich kam am Letzten des Monats am flirrend geschäftigen Flughafen in Bangkok an, stieg gleich in den Zug gen Süden und nahm vom Bahnhof aus den Bus zum Kloster, genau wie es im Reiseführer stand.

Als ich im Kloster eintraf, war es schon stockdunkel, kurz vor Mitternacht. Ich hatte die Gruppen-Einführung versäumt; ein einzelner kahl geschorener Mönch in seiner leuchtend orangefarbenen Robe war noch wach. Stumm deutete er auf die ausgehängte Tagesordnung. Punkt 1: Schweigen. Hm, im Reiseführer hatte nicht gestanden, dass wir zehn Tage lang kein Wort reden sollten.

Punkt 2: Um 4.30 morgens Weckruf mit einem Gong, dann von 5 bis 6.30 Uhr Yoga. 7 Uhr vegetarisches Frühstück. 8 bis 10 Uhr Sitzmeditation. 10.30 bis 11.30 Uhr Gehmeditation. 11.30 Uhr vegetarisches Mittagessen. 13 bis 15 Uhr Sitzmeditation. 15.30 bis 16.30 Gehmeditation. Tee. 17 bis 19 Uhr Sitzmeditation. 19.30 bis 20.30 Uhr Gehmeditation. Dann Nachtruhe, soweit sie auf der dünnen Strohmatte auf nacktem Beton in meiner Zelle zu finden war.

Der Abt unterwies uns am nächsten Morgen in der scheinbar einfachsten aller Meditationsformen: Wir sollten einfach nur unseren Atem beobachten, einatmen, ausatmen. (»Achtsamkeit auf den Atem«, in der alten Sprache des Pali, in der die Worte des historischen Buddhas erstmals aufgezeichnet wurden, *Anapanasati* genannt.) Ohne uns zu bewegen. Das Unbehagen in unseren Knien und Rückenmuskeln einfach aushalten, wegatmen. Tja. Gute zehn Stunden am Tag zu meditieren ist höllisch, wenn man es nie zuvor geübt hat.

Die Flüche, die mein Gehirn in die Stille hinein ausstieß, kann ich hier unmöglich wiedergeben, nur so viel: Mensch, war das hart! Während die gut zwanzig anderen Teilnehmer ruhig im Schneidersitz auf der hölzernen Plattform saßen, fuhren meine Gedanken Karussell, meine Kniegelenke schrien um Hilfe, und ich verfluchte mich, den Abt und den verdammten Reiseführer.

Meine Gedanken rasten hierhin und dorthin. Plötzlich zehn Stunden am Tag nichts zu tun, kann verdammt anstrengend sein. Vor allem, wenn man, wie für thailändische Mönche üblich, nach 12 Uhr mittags nichts mehr zu essen bekommt und dann auch noch der Magen knurrt. Die lebensgroße, steinerne Buddhastatue auf dem schlichten Tempelaltar schien mir wie eine Karikatur, in Fels erstarrt, um mich zu verhöhnen. Nur wer aus Stein ist, kann so unbewegt sitzen, dachte ich.

Zumal gerade Monsunzeit war und die Stechmücken uns reglose Möchtegernmeditierer mit einem Gratis-Buffet verwechselten. Sie stachen sogar durch meine Jeans, und nach fünf Tagen sah ich aus wie ein Fliegenpilz, geschwollen und rot.

Ich schiebe es auf meine jugendliche Dummheit: Wie bei allen anderen Tätigkeiten auch, wäre es sinnvoll gewesen, mit dem Üben in halbstündigen Sitzungen anzufangen, nicht mit einem zehntägigen Marathon. Man meldet sich ja auch nicht für den Ironman an, wenn man nicht mindestens jeden Morgen ausdauernd joggt.

Aber ich lernte eine Lektion fürs Leben: Wie wenig Kontrolle ich über meine eigenen Gedanken hatte. Wie wenig ich mich kannte. Wie schwer es war, tatsächlich in jedem Augenblick präsent zu sein.

Nach einer Woche hielt ich es nicht mehr aus, und ich flüchtete mit einem anderen, schwer gebrandmarkten Moskito-Opfer im nächsten Bus auf die Partyinsel Koh Phangan. Dort boten die Strandrestaurants das Vehikel für die paradiesischen Zustände an, die ich mir vom Münchner Wohnzimmer aus erträumt hatte. Sie führten zwei Speisekarten, eine fürs Essen und eine andere für Drogen. Von Cannabis bis Psilocybin und LSD war alles zu haben. Wer eine Pizza mit Pilzen bestellte, wurde vom Kellner gefragt, ob man Pilze oder, Augenzwinkern, »Pilze« wolle. So fand ich doch noch, was ich mir von der Reise erhofft hatte: die Illusion von Glück.

Zurück in München, meldete ich mich für zwei Kurse an, Iyengar Yoga und Meditation, und ich begann, jeden Morgen zu üben.

Achtsamkeit und Glück sind miteinander verbunden

Achtsamkeit ist das Wunder, das unseren zerstreuten Geist wieder zusammenfügt und sammelt, damit wir jeden Moment des Lebens voll leben können.
Achtsamkeit bringt Konzentration hervor, und Konzentration führt zu Einsicht.
Wenn Sie beim Trinken einer Tasse Tee mit Ihrer ganzen Aufmerksamkeit dabei sind, dann wird es Ihnen große Freude bereiten, den Tee zu trinken.
Achtsamkeit und Konzentration führen nicht nur zu Einsicht, sondern auch zu Glück.

Thich Nhat Hanh, *Einfach präsent*, S. 9

Als Buddha Shakyamuni vom »Affengeist«, engl. *Monkey Mind*, sprach, also von unseren Gedanken, die wie Affen im Affenhaus hin und her springen, hatte er noch nicht einmal unseren modernen Alltag mit Instagram, Slack usw. vor Augen.

Der US-amerikanische Informatikprofessor Cal Newport

hat gemessen, dass wir während der Arbeit im Durchschnitt alle zwölf Sekunden vom akustischen Signal einer digitalen Benachrichtigung abgelenkt werden. Nach jeder Unterbrechung braucht unser Gehirn aber gut zwanzig Minuten, um sich wieder zu fokussieren. Wenn wir uns nicht ganz bewusst längere Phasen ohne Ablenkung gönnen, dringen wir nie zu den tieferen Schichten unserer Konzentration vor.

Obwohl mein erster Versuch eines Meditationsretreats in Thailand eine Katastrophe war, habe ich seitdem viele Retreats gemacht, oft ganz allein und schweigend. Wochen, Monate, sogar einmal ein ganzes Jahr in der Abgeschiedenheit der Rocky Mountains in Colorado.

In einer einfachen Hütte, ohne fließendes Wasser und nur mit einem Solarpanel auf dem Dach, hatte ich alles, was ich zum Meditieren brauchte. Vor mir lag das weiteste Tal der Welt; unter der charakteristisch roten Erde schlummerten heiße Geiser, und in der Ferne schimmerten die schneebedeckten Gipfel des Sangre-de-Christo-Gebirges.

Ich musste jeden Tropfen Wasser, den ich trank oder zum Waschen vergoss, selbst in einem Kanister auf dem Rücken von der Quelle in meine Hütte tragen. Das allein schärft die Achtsamkeit schon ungemein! Was glauben Sie, wie kostbar Wasser wird, wenn man jeden Liter selbst getragen hat?

Durch das Fehlen aller künstlichen Stimuli merke ich immer erst, wie viel wir unserer Aufmerksamkeit im normalen Alltag zumuten. Wie wir unsere Sinne und unsere Intelligenz konstant überfordern. Eine Kakofonie, in der unsere eigene Stimme kaum noch zu uns durchdringt.

Ich finde besonders interessant, dass all diese klugen Denker Achtsamkeit nicht nur für den Quell von klarem Denken und Konzentration hielten, sondern auch von Glück.

Umgekehrt ist es mir klar: In den Momenten, in denen ich gänzlich glücklich bin, bin ich vollkommen präsent. Ich erinnere jedes Detail jenes Morgens, als mir meine bessere Hälfte einen Heiratsantrag machte. Ich rieche die salzige Luft der Lagune, in der ein Grauwalbaby neben dem Fischerboot auftauchte. Ich weiß noch, wie glücklich ich als Kind an meinem Lieblingsbaum war, auf einem Ast über einem kleinen Weiher in der Natur. Aber erst langsam verstand ich, dass ich Glück herbeizaubern kann, indem ich mich bewusst für die Sinneseindrücke dieses Moments öffne.

Der Fluss muss ganz ruhig sein,
um den Vollmond zu spiegeln.
Der klare Geist erkennt
die wahre Natur der Dinge.

Thich Nhat Hanh, *Einfach präsent*, S. 8

2
Die Praxis der Achtsamkeit

Achtsamkeit ist ein Weg, der gegangen, eine Haltung, die in täglicher Übung gepflegt sein will. Sie ist nicht bloß eine Philosophie, sondern eine Weise zu sein, die uns erlaubt, jeden Augenblick unseres Lebens in seiner ganzen Fülle zu erfahren. Es ist ein Weg, den sich nur zu eigen machen kann, wer ihn selbst geht. Der Weg der Achtsamkeit ist immer da, stets erreichbar, in jedem Augenblick. Es ist ein lebenslanger Weg, der letztlich nirgendwohin führt – »nur« in Ihr innerstes Sein.

Jon Kabat-Zinn, *Gesund durch Meditation,* S. 420

Die Einsichten über die Achtsamkeit mögen einleuchten und inspirieren, aber alle Denkerinnen und Denker, die in diesem Buch zitiert werden, wissen eines ganz genau: Achtsamkeit muss man pflegen. Das tibetische Wort für Meditation, *gom,* bedeutet wörtlich »vertraut werden mit«, und das ist, was wir in der Meditation tun: uns mit der Achtsamkeit vertraut machen, bis sie zur ständigen Begleiterin wird.

Ähnlich wie wir unsere körperliche Kraft im Fitnessstudio trainieren, können wir die Kraft der Achtsamkeit nur durch regelmäßiges Training stärken. Kabat-Zinn spricht von einem »Achtsamkeitsmuskel«, der durch Gebrauch »sowohl kräftiger als auch geschmeidiger und beweglicher« wird.[1]

Ich finde das einen guten Vergleich. So wie Spitzenathleten, die täglich trainieren, mühelos einige Kilometer laufen können, so erkennen wir in der Gegenwart von wahrhaft präsenten Menschen, dass sie ihre Achtsamkeit behutsam pflegen.

Manchmal ist es geradezu unheimlich, weil unerwartet,

wenn ein Mensch wirklich hundertprozentig präsent ist. Wir sind das gar nicht gewohnt.

Es gibt eine Vielfalt von Meditationstechniken, und Sie finden mehrere in diesem Buch, vorgestellt von erfahrenen Meditationsmeistern und -meisterinnen. Sich auf den eigenen Atem zu konzentrieren zählt zu den einfachsten und weitverbreiteten Methoden. Viele Traditionen lehren Atem-Achtsamkeit als Fundament.

Unser Atem ankert uns, erfrischt uns, hält uns Zug um Zug am Leben und in der Gegenwart. Wir können den Atem bewusst nutzen, um uns zu erden, denn Emotionen verändern unser Atmen, aber unsere Atmung beeinflusst auch unsere Gefühle.

Durch die Jahrzehnte hindurch verlernen viele von uns, was wir als Babys perfekt konnten: tief und natürlich zu atmen. Die natürliche Atmung ist eine tiefe Bauchatmung. Wenn wir unsere Hand knapp unterhalb des Bauchnabels legen, fühlen wir, wie sich unser Bauch mit jedem Atemzug hebt und senkt.

Jon Kabat-Zinn zitiert den indischen Poeten Kabir:

»Kabir sagt: Schüler, sage mir, was ist Gott?
Er ist der Atem im Atem.«[2]

Wir haben das Handwerkszeug für innere Veränderung also immer bei uns: unsere Achtsamkeit und unseren Atem.

Am besten ist es, möglichst einfach vorzugehen und bei sich selbst zu beginnen, bei Ihrem Körper und den Empfindungen der Atmung – achten Sie darauf, wo sie für Sie am deutlichsten spürbar sind, während der Atem ein- und ausströmt. Mit der Zeit können Sie Ihr beobachtendes Gewahrsein ausweiten auf all das Kommen und Gehen, die Umtriebe und Kapriolen Ihrer Gedanken und Gefühle, Wahrnehmungen und inneren Impulse, all die Regungen Ihres Körpers und Geistes, das Treiben der Welt. Allerdings kann es einige Zeit dauern, bis Ihre Konzentration und

Achtsamkeit stabil genug sind, um eine solche Vielzahl von Eindrücken im Gewahrsein zu halten, ohne sich darin zu verlieren, an Einzelnem hängen zu bleiben oder von alldem einfach überwältigt zu werden. […]
Zu Beginn sollten Sie sich, wie gesagt, in erster Linie auf die Atemempfindungen konzentrieren, wo immer sie im Körper am lebhaftesten spürbar sind, und sie als Anker benutzen, der Sie zurückbringt, wenn Sie bemerken, dass Ihre Aufmerksamkeit abdriftet.

Jon Kabat-Zinn, *Im Alltag Ruhe finden*, S. 116–117

Viele Menschen denken, Meditation bedeute, Gedanken und Gefühle auszuschalten oder gar keine zu haben. Das ist unmöglich. Wir sind schließlich keine Maschinen, keine Roboter. In unserem Oberstübchen wirbelt und rumort es. Wenn wir meditieren, werden wir mit unseren Gedanken, unseren Gefühlen und unserem Innersten vertraut und wir lernen, unser Potenzial zu erforschen.

Im Tibetischen ist »Bewusstsein« nicht gleich »Gehirn«. Viele asiatische Traditionen verstehen, dass Kopf und Herz untrennbar miteinander verbunden sind. Wenn man einen Tibeter bittet, auf seinen Geist zu zeigen, wird er seine Hand aufs Herz legen. Manche übersetzen das tibetische Wort für Geist oder Bewusstsein (Sanskrit *chitta*, tibetisch *sem*) deshalb als »Herz-Geist«.

Meditation ist keine intellektuelle Übung. Sie lässt uns großherziger und großmütiger werden, damit wir dem Zickzack-Kurs des Lebens mit Achtsamkeit und Liebe begegnen können. Meditation in ihrer elementarsten Form heißt, einfach präsent zu sein. Zu beobachten, was auftaucht. Wir betrachten unsere Gedanken, Emotionen und Zipperlein wie ein gutmütiger Opa, der Kindern beim Spielen zusieht. Wir mischen uns nicht ein, sondern werden gelassen Zeuge dessen, was sich entwickelt, und ankern uns dabei durch unseren Atem. »Achtsam zu sein heißt nichts anderes, als aufmerksam auf alles zu achten und die Dinge so zu sehen, wie sie sind«, erklärt Kabat-Zinn. »Es geht nicht darum, irgendetwas zu verändern. Heilung setzt Empfänglichkeit und Akzeptanz voraus, die Einstimmung auf den Zusammenhang und das Ganze. Nichts davon lässt sich erzwingen.«[3]

Die Achtsamkeitsmeditation, wie er sie lehrt, ruht auf sieben Säulen der inneren Einstellung, die wir bewusst während der Meditation entwickeln:

1. Nicht urteilen
2. Geduld
3. Den Geist des Anfängers bewahren
4. Vertrauen
5. Nicht erzwingen
6. Akzeptanz
7. Loslassen

»Es sind sieben Aspekte einer einzigen Haltung, und jeder von ihnen steht mit den anderen unmittelbar in Verbindung«, schreibt Kabat-Zinn. »Je mehr uns also ein Haltungsaspekt gelingt, desto stärker prägen sich auch die anderen in uns aus, sodass wir eigentlich immer an allen zugleich arbeiten. Gemeinsam bilden sie die Grundlage für die Ausbildung einer stabilen individuellen Meditationspraxis.«[4]

Diese »sieben Säulen« machen schon klar, warum wir das, was wir in der Meditation lernen, auch im Leben anwenden können. Wie würden sich unsere Beziehungen zu unseren Mitmenschen und unsere Herangehensweise an Situationen verändern, wenn wir weniger urteilten, mit Geduld, Anfänger-Geist, Vertrauen und Akzeptanz agierten und dabei nichts erzwängen, sondern ließen los?

Welchen Glauben wir auch immer haben, achtsam und in

der Gegenwart zu sein, hilft uns in allen Bereichen unseres Lebens, aber ganz besonders in unseren Beziehungen und beim Bewältigen von Schwierigkeiten.

Das schaffen wir kaum, ohne diese Präsenz zunächst in formalen Sitzungen zu üben.

Der Buddha wird meist im Lotossitz meditierend dargestellt. Sie können im Schneidersitz auf einem Kissen auf dem Boden sitzen oder auf einem Stuhl, mit beiden Fußsohlen auf dem Boden. Wichtig ist, dass Sie aufrecht sitzen, mit gerader Wirbelsäule, aber bequem. Schließen Sie die Augen, wenn Ihnen das hilft, oder lassen Sie die Augen leicht geöffnet, den Blick leicht nach unten gerichtet. Ihre Schultern sind entspannt, ihre Hände liegen locker auf den Oberschenkeln. Lassen Sie Ihren Mund leicht geöffnet, als wollten Sie »Ah« sagen.

In der buddhistischen Tradition, mit der ich am besten vertraut bin, schließen wir die Augen nicht ganz. Sie können die Augen schließen, wenn Ihnen das hilft, oder den Blick zur Konzentration senken, wenn Ihre Gedanken gar zu schnell rasen, aber generell verschließen wir in der buddhistischen Tradition unsere Augen und Ohren, überhaupt unsere Sinne, nicht vor unserer Umwelt, sondern lassen sie offen und wach, aber entspannt. Diese beiden Worte fassen die Essenz der Meditation zusammen: wach und entspannt.

Wenden Sie Ihre Aufmerksamkeit nun Ihrem Atem zu. Atmen Sie natürlich, aber tief. Spüren Sie, wie der Atem Ihre Nasenflügel berührt, Ihren Körper betritt – die Lungen und bis hinunter zum Zwerchfell. Lassen Sie ihn dort einen Moment verweilen. Dann spüren Sie den Atem wieder aufsteigen. Lassen Sie Ihre Aufmerksamkeit leicht auf dem Ausatmen verweilen. Lassen Sie los.

Fangen Sie von vorne an. Atmen Sie ein, lassen Sie Ihre Aufmerksamkeit dem Atmen folgen. Atmen Sie aus. Lassen Sie los. Einatmen, ausatmen. Spüren Sie den Atem bewusst.

Wenn Sie abgelenkt werden, bringen Sie Ihre Aufmerksamkeit einfach zurück zum Atmen. Es gibt keinen Grund, das Geschehen im Kopf zu kommentieren. Wir stehen nicht auf, um den Anruf entgegenzunehmen, und die Einkaufsliste können wir später schreiben; wir kehren einfach zu den Empfindungen des Atmens zurück. Folgen Sie dem Atem aufmerksam, aber geben Sie ihm viel Raum.

Wenn wir anfangen, ruhig zu sitzen, ist oft das Erste, was uns auffällt, wie laut und geschäftig unser Gehirn plappert. Das ist das sogenannte Wasserfall-Stadium, in dem Gedanken, Ideen und Erinnerungen auf uns niederprasseln.

Aber mit der Zeit wird aus dem Wasserfall der ruhige Fluss, von dem Thich Nhat Hanh spricht. Unser Bewusstsein verwandelt sich in einen Spiegel, in dem wir uns selbst und unsere Umwelt klarer erkennen. Unser Job ist: präsent sein. Nicht zu manipulieren, zu urteilen oder zu reparieren. Wir beobachten, was auch immer auftaucht.

Wenn Kabat-Zinn rät, den »Geist des Anfängers« zu bewahren, erinnert er uns daran, dass jeder Augenblick neu ist. Ganz allgemein gesprochen hat Achtsamkeit zwei Komponenten: im gegenwärtigen Augenblick präsent zu sein und alles, was uns begegnet, mit einer Haltung der Akzeptanz zu begrüßen.

Kann ich damit präsent bleiben, wie die Dinge gerade sind? Kann ich Raum und Weite in die Ängste atmen? Kann ich mich selbst liebevoll annehmen, auch wenn ich mich in Fallstricken verfangen habe?[5]

Es ist praktisch unmöglich und wäre auch sinnlos, sich täglich der Meditation zu widmen, ohne eine Vorstellung davon zu haben, warum man meditiert, welchen Wert die Meditation für unser Leben besitzt, und ohne zumindest eine Idee davon, mit ihr auf dem eigenen Weg zu sein und nicht gegen imaginäre Windmühlen zu Felde zu ziehen. […]

Soll es Ihnen gelingen, die Meditation auf lange Sicht zu einem festen und verbindlichen Bestandteil Ihres Leben zu machen – als eine Art des Seins und nicht als eine weitere Aufgabe, die Sie sich selbst aufbürden –, dann brauchen Sie Ihre ureigene Vision – eine Vision, die ebenso tief wie unumstößlich ist und die nahe bei dem liegt, was für Sie Ihr innerstes Wesen ausmacht, was für Sie im Leben wichtig ist und was Sie als Ihren Weg ansehen.

Allein die Kraft einer solchen lebendigen Vision und die Motivation, der sie entstammt, können Sie Jahr für Jahr auf diesem Weg halten. Dazu gehört die Bereitschaft, sich so gut wie jeden Tag der formalen Übung zu widmen, ob Ihnen danach zumute ist oder nicht, an alles, was geschieht, auf achtsame Weise heranzugehen, sich allem zu öffnen, was Sie im gegenwärtigen Augenblick wahrnehmen, sich davon jegliches Festhalten und Anhaften vor Augen führen zu lassen und zu erkennen, dass die Möglichkeit, loszulassen und zu erwachen in jedem einzelnen Augenblick präsent ist – wenn auch Sie es sind.

Meditation hat wenig Romantisches an sich. Die Bereiche unseres Wesens, in denen wir es am meisten nötig haben zu wachsen, sind in der Regel diejenigen, in denen unsere Abwehrhaltung am stärksten ausgeprägt ist und deren Existenz uns auch nur einzugestehen wir uns am meisten sträuben – ganz zu schweigen von der Bereitschaft, sie uns achtsam und ohne inneren Widerstand anzusehen, um dann Veränderungen vorzunehmen. Es führt ebenfalls nicht weit, von sich selbst die hehre Vorstellung eines in der Meditation und Achtsamkeit versierten Menschen zu hegen. Sie werden auch nicht weit damit kommen, wenn Sie einfach glauben, dass Meditation für Sie »gut ist«, weil sie das auch schon für andere war oder weil östliche

Weisheit für Sie einen besonders romantischen oder tiefgründigen Anklang hat oder weil Sie ja regelmäßig Ihre »Meditationssitzung« mehr oder weniger mechanisch absolvieren. Die Vision oder Motivation, von der hier die Rede ist, muss von irgendwo tief aus Ihrem Inneren kommen. Sie muss Tag für Tag bekräftigt, wiedergefunden und erneuert werden.

Jon Kabat-Zinn, *Im Alltag Ruhe finden*, S. 91–93

Kabat-Zinn spricht hier ein Element an, dessen Bedeutung kaum zu überschätzen ist: unsere Motivation. Warum interessieren Sie sich für Meditation? Was erhoffen Sie sich von ihr?

In vielen asiatischen Ländern wird Meditation von der kulturellen Tradition bekräftigt und unterstützt. Zum Beispiel ist es in Thailand völlig normal, sich einige Monate in ein buddhistisches Kloster zurückzuziehen. »In den Kulturen des Ostens unterzog man sich als Buddhist*in der Übung der Meditation, weil sie allgemein als Weg zu Einsicht, Mitgefühl und Buddhaschaft galt, als der Weg der Weisheit, der zur Überwindung des Leidens führt«, schreibt Kabat-Zinn. »In der modernen westlichen Kultur hingegen fand man bis vor Kurzem kaum Unterstützung in der Entscheidung, einen persönlichen Weg der geistigen Disziplin zu gehen, insbesondere, wenn es sich um einen so ungewöhnlichen Weg handelt, der Einsatz erfordert, aber im Sinne des Nicht-Tuns, zu dem viel Energie gehört, aber ohne zu einem vorzeigbaren ›Resultat‹ zu führen.«[6]

Unsere Motivation wird entscheiden, ob wir bei den Achtsamkeitsübungen bleiben und wie wir sie erleben. Buddhistische Lehrer halten uns dazu an, vor jeder Sitzung – eigentlich vor jeder Handlung – unsere Motivation zu überprüfen. Wie eine Leitung oder ein Kanal bestimmt sie, wohin unsere Bemühungen am Ende fließen.

Wir sehen das auch im Alltag. Ein Beispiel, das ich von buddhistischen Lehrenden öfters gehört habe, ist das eines Chirurgen, der alles versucht, um das Leben eines Patienten mit einer Operation zu retten. Er wird auch dann nicht angeklagt, wenn der Patient stirbt, obwohl der Arzt sein Bestes gab. Das Entscheidende ist seine Motivation.

Es mag paradox klingen: Kabat-Zinn fordert uns auf, unsere Motivation ehrlich zu durchleuchten und zu etablieren. Gleichzeitig weist er uns aber an, nichts zu erzwingen und in der Meditation absichtslos zu sein.

»Echte Meditation geht über das Konzept von Erfolg und Misserfolg hinaus. Gerade deswegen ist sie ein machtvolles Instrument der Entwicklung, Wandlung und Heilung«, schreibt er. »Das bedeutet nicht, dass Sie in Ihrer Meditationsübung keine Fortschritte machen können oder keine Fehler, die die Übung in ihrem Wert beeinträchtigen. Meditation verlangt sehr wohl ein gewisses Maß an Anstrengung. Diese Anstrengung zielt jedoch nicht darauf, einen bestimmten Zustand zu erreichen – sei es Entspannung, Schmerzfreiheit, Genesung oder geistige Klarheit. All dies stellt sich durch fortgesetztes Üben von selbst ein, weil es als Möglichkeit in jedem beliebigen Augenblick angelegt ist. Daher ist jeder Augenblick gleichermaßen gut geeignet, seine Gegenwart zu spüren. So gesehen gibt es nichts Sinnvolleres, als jeden Augenblick so, wie er sich entfaltet, anzunehmen, ihn bewusst in seiner Fülle zu erfahren und ihn dann wieder loszulassen.«[7]

Vielleicht wollen Sie es mit der Meditation versuchen, um Entspannung, innere Stille und Konzentration zu finden. Daran ist nichts verkehrt, aber *in* der Meditation auf das Eintreten dieser Qualitäten zu warten oder sie gar erzwingen zu wollen, ist keine Achtsamkeitspraxis, denn wir sind dann nicht im Hier und Jetzt präsent.

Meditation wird zwar oft als Pfad zur Selbstverbesserung

verkauft, aber im traditionellen und eigentlichen Sinn geht es um viel mehr: Das Ego ist nicht der Boss.

In der buddhistischen Tradition praktizieren wir nicht nur für uns selbst oder die uns Nahestehenden, sondern für alle fühlenden Wesen. Idealerweise motiviert uns ein umfassendes Mitgefühl, das nicht um unser Ego kreist.

Um mich daran zu erinnern, beginne ich jeden Tag und jede Meditationssitzung mit einem traditionellen Motivationsgebet, mit dem ich mir liebende Güte, Mitgefühl, Freude und Gleichmut in mir und für alle Menschen wünsche (mehr dazu im Kapitel über Mitgefühl).

Die bewusste Besinnung auf diese Motivation erinnert mich daran, dass ich nicht (nur) für mich und für mein Wohlergehen praktiziere, sondern ein Puzzleteilchen in einem größeren Gefüge aller Menschen und Lebewesen bin. Am Ende widmen wir die Sitzung dem Wohl aller Wesen, indem wir die Hände falten und uns kurz verbeugen.

Die Motivation aufrechterhalten

Berühren wir unser tiefstes Verlangen, fällt uns die Konzentration leicht und bleibt uns lange erhalten. Wir werden konzentriert sein, nicht nur in der Meditationshalle, sondern auch im Badezimmer, im Garten, in der Küche, auf dem Markt, wo immer wir sind.

Thich Nhat Hanh, *Einfach präsent*, S. 63

Meditation wirkt am besten, wenn wir sie regelmäßig praktizieren. Wie beim Zähneputzen ist es am effektivsten, jeden Morgen und Abend wenigstens kurz zu üben, statt in einer stundenlangen Sitzung das ganze Pensum der Woche nachzuholen.

Nehmen Sie sich mindestens zwölf Minuten Zeit. Warum zwölf? Weil in einer Studie mit amerikanischen Marinesoldaten nachgewiesen wurde, dass kognitive Vorteile nachlassen, wenn man weniger als zwölf Minuten täglich meditiert.[8] Sie atmen ohnehin ein und aus, warum also nicht auf achtsame Weise?

Es hilft, sich einen ruhigen Ort einzurichten, der uns zur Entspannung einlädt, und uns eine Zeit auszusuchen, während der wir möglichst nicht unterbrochen werden. Wir brauchen dazu nicht unbedingt Meditationskissen oder einen Altar. »Ich persönlich halte ein wenig Förmlichkeit für gut, denn sie drückt unsere Wertschätzung aus, schließlich gehen wir ja auch nicht in Shorts auf einen Ball«, meint Charlotte Joko Beck. »Aber hinsichtlich unserer Übung ist sie nicht das Entscheidende, denn die besteht darin, immer und immer wieder zu Gewahrsein, Erfahrung und Ergründen zurückzukehren.«[9]

Auch wenn wir uns nur einige Minuten Zeit nehmen, um daraus eine tägliche Gewohnheit zu machen, ist dies hilfreicher als ein Meditations-Marathon am Wochenende. Zwanzig bis dreißig Minuten pro Sitzung sind eine gute Zeit für Anfänger.

Finden Sie einen Ort, wo Sie niemand stört. Schalten Sie Ihr Telefon aus. Wenn Sie keinen ruhigen Rückzugsort finden, können Sie sogar in Ihrem (geparkten) Auto oder an Ihrem Küchentisch sitzen. Stellen Sie einen Wecker, damit Sie nicht versucht sind, auf die Uhr zu schielen.

Unser Atem hält uns am Leben und in der Gegenwart. Achtsam zu atmen wirkt sich zutiefst auf unsere Gesundheit aus, auf unseren Geisteszustand, unsere Ruhe und unsere Fähigkeit, Stress auszuhalten. In manchen Traditionen umfasst die Achtsamkeit auf den Atem die gesamte Praxis, andere nehmen Mantren, also wiederkehrende Silben hinzu, zählen die Atemzüge oder praktizieren Achtsamkeit in der Bewegung.

Für eine tiefergehende Einführung in die Meditation empfehle ich Jon Kabat-Zinns Klassiker, *Gesund durch Medita-*

tion – Das große Buch der Selbstheilung, in dem er sein wissenschaftlich geprüftes Achtsamkeitstraining mit Meditationen, Atem- und Yogaübungen ausführlich erklärt. Universitäten, Kliniken und Meditationszentren bieten die von ihm entwickelte achtsamkeitsbasierte Stressreduktion bzw. MBSR an zahlreichen Orten an, auch online und mithilfe von geführten Audio-Meditationen.

Es ist essenziell, dass wir zuerst in formalen Sitzungen lernen, unseren Atem, unseren Körper und den Augenblick bewusst wahrzunehmen. Wenn wir regelmäßig in dieser Weise praktizieren, wird sich die Achtsamkeit auch in unseren Alltag schleichen. Natürlich können wir Achtsamkeit jederzeit praktizieren, etwa wenn wir gestresst sind, wenn wir uns langweilen, wenn wir an der Kreuzung vorbeikommen, an der der Unfall passierte, oder im Aufzug auf dem Weg ins Büro. Ich mache zum Beispiel bewusst Achtsamkeitsübungen, bevor ich ein wichtiges Gespräch führe oder einen Vortrag halte.

Am besten ist es, wenn Sie nach einem angeleiteten Meditationskurs oder einer Meditationsgruppe suchen, wo Sie Unterstützung finden. Meditation ist kinderleicht und zugleich eine enorme Herausforderung, weil sie uns dazu anhält, präsent zu bleiben, egal was auftaucht, und seien es schmerzhafte Gefühle oder Trauma-Flashbacks. Die Unterstützung durch erfahrene Meditierende hilft enorm dabei, diese Herausforderung konstruktiv und kreativ zu bewältigen.

Innehalten

Meditation hat zwei Aspekte: Innehalten und tiefes Schauen. Wir neigen oft dazu, die Bedeutung des tiefen Schauens hervorzuheben, weil tiefes Schauen uns zu Einsicht verhilft und uns von Leiden und Kummer befreien kann. Aber grundlegend dafür ist die Praxis des Innehaltens. Innehalten ist der eigentliche Beginn der Meditationspraxis.

Wenn wir nicht imstande sind innezuhalten, werden wir keine Einsicht gewinnen können. Wir müssen die Kunst des Innehaltens lernen; das heißt, unsere Gedanken, unsere Gewohnheitsenergien, unsere Unachtsamkeit und die starken, uns oftmals so beherrschenden Emotionen stoppen. Wenn eine Emotion wie ein Sturm über uns hereinbricht, haben wir keine Ruhe. Wir schalten den Fernseher ein und dann wieder aus. Wir nehmen ein Buch in die Hand und legen es dann wieder weg.
Wie können wir diesen Zustand der Aufgeregtheit beenden? Möglich ist uns das, indem wir achtsames Atmen, achtsames Gehen und tiefes Schauen üben.

Thich Nhat Hanh, *Einfach präsent,* S. 20

Als ich zum ersten Mal *Anapanasati* im Dschungel von Thailand lernte, fand ich es ehrlich gesagt grauenvoll langweilig. Einatmen, ausatmen, immer dasselbe. Ich nutzte die Methode nach dem Retreat eine Weile, um vor dem Einschlafen meine Gedanken zu beruhigen.

Heute weiß ich: Wenn ich mich langweile, ist das ein Zeichen, dass ich nicht präsent bin. Kein Augenblick gleicht dem nächsten. Den Geist des Anfängers zu bewahren, von dem Kabat-Zinn schreibt, bedeutet, jeden Moment neu zu erleben, weil jeder Moment neu und einzigartig *ist.*

Mit jedem Atemzug atmen wir neuen Sauerstoff ein. In vielen Kulturen gilt der Atem als Synonym für Leben, gar für die Seele. Im Tibetischen steht das Wort für Atem, *lung,* nicht nur für den physischen Atmungsvorgang, sondern auch für die Lebenskraft; ähnlich im Sanskrit, *prana.*

Pranayama, Atemübungen, nehmen in fernöstlichen Lehren einen enorm wichtigen Platz ein. Fernöstliche Zen- und Qigong-Meister wussten schon lange, dass wir mit unserem Atem auch unseren Blutdruck und unseren Herzschlag, unser

Immunsystem und unser Schmerzempfinden beeinflussen können – alles Erkenntnisse, die die westliche Medizin inzwischen bestätigt.

»Ein wesentliches Argument, das für die Atmung als Meditationsobjekt spricht, stützt sich auf den engen Zusammenhang zwischen Atmung, vegetativer Erregung und Emotionen«, schreibt der Neurowissenschaftler Ulrich Ott. »Eine gleichmäßige, vertiefte Atmung ist eine effektive Methode, innere Ruhe und Entspannung herbeizuführen. Aus diesem Grund betonen klinische Standardverfahren wie das autogene Training oder die progressive Muskelentspannung die wichtige Rolle der Atmung für eine effektive Entspannung, und auch bei der Behandlung von Angststörungen werden in akuten Stresssituationen langsame Atemzüge als natürliches Beruhigungsmittel eingesetzt. [...] Durch das ›Andocken‹ an Ihre Atmung können Sie die hektische Betriebsamkeit der Gedanken sehr effektiv beruhigen. Nehmen Sie die innere Ruhe wahr, die im gleichmäßigen Rhythmus der Atmung liegt. Mit einer kurzen Atembeobachtung steht Ihnen in fast jeder beliebigen Situation eine Übung zur Verfügung, um sich zu besinnen und zur Ruhe zu kommen.«[10]

Thich Nhat Hanh war davon überzeugt, dass achtsames Atmen nicht nur unser Gedankenkarussell, sondern auch unseren Körper heilt. Er lehrte achtsames Atmen sein Leben lang anhand des *Sutra über das bewusste Atmen,* ein prägnantes Beispiel dafür, wie Achtsamkeit auf den Atem als Medizin wirkt, um Angst, Verzweiflung und Wut zu verwandeln. Das Sutra dehnt die Achtsamkeit mit dem Atem auf die Wahrnehmung unseres Körpers, unserer Gefühle, unserer Gedanken und schließlich aller Phänomene aus. »Im *Sutra über das bewusste Atmen* zeigt uns der Buddha, wie wir mehr Konzentration entwickeln und unsere Angst, Verzweiflung, Wut und unser Verlangen transformieren können«, schreibt Thich Nhat

Hanh. »Ich war so glücklich, als ich diesen Text entdeckte. Ich hatte das Gefühl, den größten Schatz der Welt gehoben zu haben. Vorher hatte ich mich damit begnügt, einfach nur Wissen zu erlangen. Ich wusste nicht, wie ich den gegenwärtigen Moment genießen, in tiefer Weise mein Leben betrachten und die positiven Bedingungen um mich herum genießen konnte. Dieses Sutra ist so grundlegend und wunderbar. [...] Es ist in vier Gruppen mit je vier Übungen unterteilt. In der ersten Gruppe geht es um den Bereich des Körpers, in der zweiten um unsere Gefühle, in der dritten um die Betrachtung unseres Geistes, in der vierten um die Betrachtung der Geistesobjekte: um alle Phänomene.«[11]

Manche Menschen empfinden Sitzmeditation oder die Konzentration auf den Atem als beengend; sie können buchstäblich nicht »ruhig sitzen«. Dann empfehle ich Gehmeditation. Das Prinzip ist dasselbe, nur dass wir beim bewussten Gehen aufmerksam auf unsere Bewegung achten – auf das Berühren des Bodens mit den Zehen, das Abrollen der Fußsohle, das Heben des Beins ...

Auch regeneratives Yoga ist Meditation in Bewegung. Jon Kabat-Zinn integriert seit Jahrzehnten einfache Yogabewegungen in seine Meditationskurse; im nächsten Kapitel über den Körper mehr dazu.

Wie schon gesagt, gewinnen wir Zugang zum Gewahrsein [...], indem wir unsere Aufmerksamkeit auf eine bestimmte Art und Weise lenken, nämlich indem wir sie gezielt und ohne zu werten auf den gegenwärtigen Augenblick richten. Wenn wir auf diese Weise aufmerksam sind, erhalten wir unmittelbaren Zugang zum Gewahrsein selbst.

Und wenn wir lernen, uns im Gewahrsein »niederzulassen« und darin »zu Hause zu sein«, lädt das auf natürliche Weise zu mehr Wohlbefinden, Klarheit und Mitgefühl ein

und eröffnet uns einen tieferen Einblick in die Wirklichkeit des gegenwärtigen Augenblicks und seiner besonderen Bedeutung.
Die systematische Pflege der Achtsamkeit durch formale Meditationstechniken macht uns die Tatsache bewusst, dass sich unser Leben allein in einer Folge von Augenblicken entfaltet. Sind wir in vielen dieser Augenblicke nicht völlig präsent, so übersehen wir nicht nur das, was in unserem Leben am wertvollsten ist, sondern verkennen auch den Reichtum und die Fülle unserer Möglichkeiten zu Wachstum und Wandlung – ein Prozess, der oft schon im nächsten Moment einsetzen kann, zusammen mit einem tiefgreifenden Sichabfinden mit den Dingen, wie sie sind, was meine Arbeitsdefinition von Heilung ist. […]

Achtsamkeit ist eine einfache und gleichzeitig hochwirksame Methode, um uns aus der Sackgasse zu befreien und wieder mit unserer Weisheit und Lebendigkeit in Berührung zu bringen. Sie gibt uns die Möglichkeit, Richtung und Qualität unseres Lebens selbst zu bestimmen, einschließlich unserer Beziehung zur Familie, zu unserer Arbeit und zur Welt als Ganzem sowie – und das ist das Wesentlichste – unserer Beziehung zu uns selbst.

Jon Kabat-Zinn, *Im Alltag Ruhe finden*, S. 29–30

Dass ich Jon Kabat-Zinn in diesen beiden Kapiteln so häufig zitiere, hat auch den Grund, dass die Form der Achtsamkeitsmeditation, die er auf der Basis fernöstlicher Lehren und seiner eigenen Tätigkeit als Arzt entwickelte, zu den am besten erforschten Methoden zählt.

Nicht jeder von uns will Buddhist werden oder hinduistische Riten erlernen. Kabat-Zinn studierte zwar mit Zen-Meistern, entwarf dann aber einen Lehrplan für Meditation, der in die ambulante medizinische Versorgung integriert wurde und für Menschen aller Glaubensrichtungen funktioniert. Wenn Meditation buddhistisch sei, müsse die Schwerkraft britisch sein, schließlich habe Isaac Newton sie entdeckt, scherzte er in San Francisco.

Wie eingangs erwähnt, entwickelte er die Meditation ursprünglich, um Schmerzpatienten zu helfen, die als »austherapiert« galten, als »hoffnungslose Fälle«, darunter Krebspatienten, Amputierte, Veteranen. Kabat-Zinn unterrichtete sie in Achtsamkeitsmeditation, weil er davon überzeugt war, sie würden davon profitieren, aber mit einem derart umfassenden Erfolg hatte auch er nicht gerechnet. Achtsamkeitsmeditation half den Patientinnen und Patienten, mehr Akzeptanz für einen anderen Umgang mit ihrem Schmerzempfinden zu entwickeln.

Genau wie Forscherinnen Arzneimittel klinisch testen, bevor diese zugelassen werden, entwarfen Kabat-Zinn und sein Team Meditations-Versuchsreihen für Menschen mit chronischem Schmerz, Burn-out, Immunstörungen und anderen Diagnosen.

Die Klinik zur Stressreduzierung, die er Ende der 1970er-Jahre gründete, war Teil eines Paradigmenwechsels – ein Element in der Entwicklung, den kranken Körper nicht mehr als kaputte Maschine zu sehen, deren Motor in der Werkstatt ausgewechselt werden muss, sondern in der Medizin den *ganzen* Menschen zu betrachten und miteinzubeziehen.

Obwohl Achtsamkeitsmeditation Tausende von Jahren alt ist, war das Bahnbrechende an Kabat-Zinns Forschung deren Integration in die »konventionelle« Medizin.

Es klingt für mich wie eine Binsenweisheit zu schreiben, dass die Psyche eines Menschen, seine Verfassung, seine Einstellung zu sich und seinem Körper einen enormen Einfluss auf seine Gesundheit hat – aber ich bin sicher nicht die Einzige, die schon mehr als einem Arzt begegnet ist, der sich nur auf einige Symptome fokussierte, die er mit ein, zwei Medikamenten verschwinden lassen wollte.

Wie also können wir Achtsamkeitsmeditation nutzen, um unseren Körper und unser Sein zu heilen?

Was ist Praxis?

Bei der Praxis geht es darum, unser Gewahrsein, so gut wir können, auf das zu richten, was im gegenwärtigen Augenblick ist – also um die Achtsamkeit, die wir dem Moment entgegenbringen. Wir bemühen uns, so ehrlich wie möglich wahrzunehmen, was gerade in uns vorgeht, und dies schließt auch all jenes ein, das wir nicht mögen. Wir sind uns der Gedanken und Impulse, die uns einreden, was wir lieber hätten, bewusst. Im Endeffekt geht es beim Üben darum zu erleben, was in unserem Körper sowie unserem Wesen vor sich geht, darum, darin zu verweilen und zu ruhen. Praxis bedeutet, dies Tausende Male zu tun, immer und immer wieder, bis es sich selbst verschleißt. Wir sind die Freude, die Liebe und das Mitgefühl des gegenwärtigen Augenblicks, ganz gleich, wie es von außen wirken mag.

Charlotte Joko Beck,
***Zen und das alltägliche Wunder,* S. 126**

Die Wirksamkeit von Achtsamkeitsmeditation wurde mittlerweile so intensiv erforscht, dass sich selbst ungewöhnliche Kandidaten dafür interessieren: vom Militär über internationale Tech-Giganten wie Google bis hin zur Weltbank. Der britische Gesundheitsdienst (National Health Service, NHS) erlaubt inzwischen die Verschreibung von Meditationskursen auf Rezept, zum Beispiel bei Depressionen, weil der Kurs die Rückfallgefahr um mehr als ein Drittel reduziert. Auch bei deutschen Krankenkassen findet man inzwischen solche Angebote.

Weil auf die gängigsten Behandlungen für posttraumatischen Stress (Psychopharmaka und Psychotherapie) nur etwa die Hälfte der Soldaten anspricht, experimentiert das amerikanische Militär mit alternativen Ansätzen, etwa Gehirnimplantate oder Methamphetamine (synthetisch hergestellte psychoaktive Substanzen). Meditation hat sich als eine vielversprechende Methode entpuppt.

Emma Seppälä, Psychologin und wissenschaftliche Leiterin des Zentrums für Mitgefühl- und Altruismus-Forschung an der Stanford University, konnte nachweisen, dass Achtsamkeitsmeditation, die sich auf den Atem konzentriert, die Symptome von posttraumatischem Stress, Ängste und Schreckreflexe erheblich reduzieren kann.[12] Eine weitere Studie kam zu dem Schluss, dass sich Marine-Soldaten mit Achtsamkeitstraining von den Belastungen eines Einsatzes schneller erholen.[13]

Meditation ist Teil einer ganzheitlichen, uralten Tradition und wird normalerweise im Tandem mit Empathie und Mitgefühl praktiziert. Ich hatte das Glück, mit einigen der größten Meditationsmeistern unserer Zeit zu studieren, etwa dem Dalai Lama. Aber die meisten wissenschaftlichen Studien im Westen stützen sich auf sehr einfache, säkulare Varianten der Achtsamkeitsmeditation, die jeder Mensch unabhängig von seinem Glauben praktizieren kann.

»Immer noch halten viele Menschen die Meditation für eine nur religiöse Praxis, mit der sich vor allem rot gewandete Mönche im Himalaja beschäftigen«, schrieb ein Wissenschaftsautor in der *Süddeutschen Zeitung*.[14] »Tatsächlich ist sie eine psychische Technik, mit der prinzipiell jeder Mensch seinen Geist und die Gesundheit beeinflussen kann. Die Frage ist nicht mehr, ob Meditation einen Effekt hat – sondern welchen.«

Ich betrachte diese Erfolge mit einer gewissen Ambivalenz.

Einerseits freue ich mich, dass Meditation so vielen Menschen hilft, andererseits betrachte ich diese »abgespeckte« Version als Krücke, der wesentliche Aspekte fehlen.

Wir sehen das manchmal, wenn Meditationslehrende Ego-Kulte um sich herum betreiben oder Menschen enttäuscht aufgeben, nachdem sie einige Monate meditierten und Schwierigkeiten auftauchen.

Sogar bei Scharfschützen wurde Meditation schon im Training eingesetzt: weil sie sich dann besser konzentrieren können. Das scheint mir eine Perversion der Grundidee. Es mag zwar technisch funktionieren, so wie ich ein Messer sowohl zum Brotschneiden als auch zum Töten einsetzen kann, aber Achtsamkeitsmeditation ist eben mehr als eine Technik.

Wer die Tiefe der Meditation ausschöpft, schärft die Fähigkeiten der Konzentration zum rechten Verstehen und erweitert gleichzeitig die Fähigkeit zu ethischem Verständnis, Mitgefühl und einem entsprechenden lebensbejahenden Verhalten im Alltag.

So wie wir achtsam sein können, wann immer wir gehen und nicht nur dann, wenn wir uns in der Gehmeditation üben, können wir in jedem Augenblick unseres Alltagslebens mit seinen Aufgaben, Erlebnissen und Begebenheiten Achtsamkeit bewahren: wenn wir eine Mahlzeit zubereiten, den Tisch decken, essen, abwaschen, Wäsche waschen, staubsaugen, den Müll hinausbringen, Gartenarbeit verrichten, den Rasen mähen, die Zähne putzen, duschen oder ein Bad nehmen, mit den Kindern spielen oder ihnen dabei helfen, sich für die Schule fertig zu machen, Fahrrad fahren, in den Bus oder die U-Bahn einsteigen, unsere Katze streicheln, den Hund ausführen, einen Menschen umarmen, küssen, berühren oder mit ihm schlafen, wenn wir zur Arbeit gehen oder auch nur auf einer Parkbank sitzen. Die Kunst besteht darin, Stille, inneres Gleichge-

wicht und geistige Klarheit zu einem Teil des Alltags zu machen.

Jon Kabat-Zinn, *Gesund durch Meditation*, S. 169

In seinem Buch *Im Alltag Ruhe finden* erzählt Kabat-Zinn, dass er mit dem Meditieren begann, als er Anfang zwanzig war. Als junger Mensch ohne große Verpflichtungen gönnte er sich die Freiheit, an mehrwöchigen Meditationskursen teilzunehmen. Vor der Geburt seines ersten Kindes wurde ihm klar, dass es mit seinen langen Auszeiten bald vorbei sein würde. Stattdessen beschloss er, die Ankunft des Kindes als Startschuss für eine neue Praxis zu nehmen.

Wo sonst kann man Geduld besser üben als mit einem Neugeborenen, das nicht mit guten Worten auf ein späteres Mittagessen zu vertrösten ist? Wie lernt man Toleranz besser als mit einem aufmüpfigen Kleinkind in der Trotzphase? Und wie könnte man seine Seelenruhe besser trainieren als mit einem widerspenstigen Teenager? Kabat-Zinn wollte seine Kinder als »persönliche Achtsamkeitslehrer« betrachten, die ihn mindestens 18 Jahre lang unentwegt fordern würden. Vater zu werden betrachtete er als »eindeutig die größte Transformation« in seinem Leben.

Der Meditationslehrer, der jahrelang das Loslassen gepredigt hatte, wusste, dass in der Vaterschaft auch eine einzigartige Chance lag: Schließlich brauchen Babys die volle Präsenz ihrer Eltern.[15]

Auch Sie können sich bestimme Auslöser für Ihre informelle Achtsamkeitspraxis abseits der formalen Sitzungen aussuchen, zum Beispiel beim Zähneputzen oder beim Warten an der roten Ampel.

Oder schauen Sie, wie sich Ihre Kommunikation entwickelt, wenn Sie jedes Mal vor dem Lesen einer E-Mail oder dem Abheben des Telefons achtsam atmen und die sieben Säulen von

Kabat-Zinns Meditationsanleitung erinnern: Nicht-Urteilen, Geduld, den Geist des Anfängers bewahren, Vertrauen, Nicht-Erzwingen, Akzeptanz und Loslassen.

Zu einer wirksamen Praxis gehören zwei Aspekte. Der eine ist tägliches Sitzen. Solange wir nicht bereits, sagen wir, fünfundzwanzig, dreißig oder mehr Jahre meditieren, kommen wir darum nicht herum. Wir brauchen es alle. Es ist die Disziplin, die sehr wirkungsvoll unsere Aufmerksamkeit schult.
Der andere Aspekt einer effektiven Praxis besteht in unserem Geschick, auch außerhalb der sitzenden Praxis in jedem einzelnen Augenblick mit Gewahrsein durchs Leben zu gehen. Zuerst ist diese Fähigkeit unter Umständen noch kaum vorhanden, doch je länger wir üben, desto mehr entdecken wir den Unterschied zwischen einem achtsamen Leben und einem, in dem wir in unseren Tendenzen gefangen sind.

Charlotte Joko Beck,
***Zen und das alltägliche Wunder*, S. 129**

Zwischen der Meditation und dem Schrubben des Küchenbodens gibt es keinen Unterschied. Damit meine ich, dass wir, wenn wir wirklich putzen, im gegenwärtigen Augenblick vollkommen präsent sind. Ich spreche also von etwas, das uns hilft, in den jeweiligen Moment zurückzukommen. Meditation findet nicht nur im Sitzen statt, sondern in jedem Augenblick des Tages.

Charlotte Joko Beck,
***Zen und das alltägliche Wunder*, S. 139**

Charlotte Joko Beck (1917–2011) hatte als alleinerziehende Mutter schlicht nicht den Luxus, sich in lange Meditationsretreats zurückzuziehen, bis ihre vier Kinder älter waren. Sie hatte eigentlich Musik studiert, arbeitete als Klavierlehrerin, Sekretärin und später als Verwaltungskraft in der Chemieabteilung an der University of California in San Diego. Ihre Schülerin Jan Chozen Bays beschreibt im Vorwort zu *Zen und das alltägliche Wunder*, dass die Professoren oft bei ihr Schlange standen, weil alle mit ihr reden wollten, wenn der Dekan außer Haus war.

Beck hatte sich von ihrem Mann, einem psychisch kranken Professor getrennt, nachdem er sie fast umgebracht hätte. »Sie verdankte ihr Leben allein der Tatsache, dass ihr Nachbar damals zufällig vorbeigeschaut hatte. Dank dieser Erfahrungen blieb sie glücklicherweise angesichts der Klagen einiger Schülerinnen und Schüler stets unbeeindruckt; die Härten in ihrem eigenen Leben hatten sie gelehrt, was wirklich zählt«[16], meint Jan Chozen Bays.

Beck fand zum Zen, als sie eine öffentliche Diskussion zwischen Zen-Lehrer Taizan Maezumi Roshi und einem christlichen Geistlichen besuchte. Sie war so von der Souveränität und Präsenz Maezumi Roshis berührt, dass sie seine Schülerin wurde. Da war sie Ende vierzig. Später gründete sie ihre eigene Gemeinschaft, die Ordinary Mind School im kalifornischen San Diego.

Ihre Schülerinnen beschreiben sie als lebhafte, eigensinnige und direkte Persönlichkeit, die zu ihnen entwaffnend ehrlich und direkt war und trotzdem oder gerade deshalb eine enorme Anziehungskraft auf viele Menschen unterschiedlichster Herkunft ausübte. Sie trug keine Roben, schor sich die Haare nicht und nahm auch keine Ehrentitel an.

Wie Bays erzählt, war eine Quelle von Becks Inspiration eine enge Freundin, die an Krebs erkrankt war. Diese Freundin hatte acht Kinder und meditierte in einer kleinen Kammer, in der auch die Waschmaschine und der Wäschetrockner standen – dem einzigen Ort in ihrer Wohnung, an dem sie etwas Ruhe hatte.

Bays schreibt, dass Beck die Erste war, von der sie ganz praktische Anweisungen zu dem hörte, was heute als »Achtsamkeitspraxis« in aller Munde ist. »Sie sagte Dinge wie: ›Wenn ihr Geschirr abspült, dann spült nur ab. Spürt die Wärme des Wassers, spürt, wie sich die Seife anfühlt und der Teller in eurer Hand.‹ Sie machte aus Zen-Ritualen alltägliche Praktiken.«[17]

Einem ihrer Schüler, einem erschöpften, überarbeiteten Chirurgen in einem Krankenhaus in Los Angeles, riet sie, zwischen Patientenbesuchen den Gang immer achtsam entlangzulaufen, dabei auf nichts anderes zu achten als die Empfindungen seiner Fußsohlen, die den Boden berührten. Statt an die nächste Operation zu denken, sollte er nur seine Bewegung spüren. Nach einer Weile stellte er fest, dass er am Ende des langen Arbeitstages weniger müde war. Das achtsame Gehen bescherte ihm kurze Augenblicke der Erholung, mental und körperlich.[18]

> *Praxis ist keine Zeitverschwendung. Auf lange Sicht wird man durch sie sogar – um es ganz amerikanisch auszudrücken – effektiver. Eigentlich ist geistige Abwesenheit bei einer Beschäftigung das Uneffektivste, das man nur tun kann.*
>
> **Charlotte Joko Beck,**
> ***Zen und das alltägliche Wunder*, S. 198**

Es gibt den berühmten Spruch eines Zen-Meisters: »Vor der Erleuchtung: Wasser schöpfen und Holz tragen. Nach der Erleuchtung: Wasser schöpfen und Holz tragen.«

Dahinter steckt die Anekdote eines hoch angesehenen Meditierenden, der einmal nach seiner Praxis gefragt wurde. Er antwortete einfach: »Meine täglichen Aktivitäten sind nicht außergewöhnlich. Ich bin nur mit ihnen im Einklang. Ich greife nach nichts und lehne nichts ab. Welch übernatürliche Kräfte und wundervolle Handlungen, Wasser zu schöpfen und Feuerholz zu tragen.«[19]

Auch Thich Nhat Hanh schrieb davon, dass das Spirituelle im Alltäglichen liegt: »Mit Achtsamkeit und Konzentration wird alles spirituell. Wo suchen Sie das Spirituelle? Suchen Sie es in jeder alltäglichen Tätigkeit. Das Fegen des Bodens, das Putzen und Waschen des Gemüses und das Spülen des Geschirrs werden durch Achtsamkeit und Konzentration heilig. Jede Minute kann eine heilige Minute sein. Beim Geschirrspülen in der historischen Dimension sehe ich den hohen Stapel Teller. Von der letztendlichen Dimension aus betrachtet, stellt der Stapel kein Hindernis dar.«[20]

Das ist ja letztlich, wohin Achtsamkeitspraxis führt: in die Ausweitung der Achtsamkeit auf unser tägliches Leben. Die revolutionäre Einsicht Buddhas ist, dass wir sind, was wir denken – dass wir unsere Wirklichkeit in unserem Kopf entwerfen. Unser Geist erschafft Glück und Leiden, unabhängig von den äußeren Umständen.

Manche Meditationskurse versprechen Friede, Freude, Eierkuchen. Damit liegen sie nicht ganz verkehrt. Zahlreiche Studien weisen tatsächlich nach, dass regelmäßige Meditation die Lebensqualität und Zufriedenheit erhöht. Aber gleichzeitig heißt Meditation, auch für das präsent zu bleiben, was uns in unserem Leben schmerzt, ärgert und irritiert.

Und vielleicht, ganz vielleicht, taucht aus der Achtsamkeit etwas auf, mit dem wir nicht gerechnet haben: ein neuer Sinn. Ein neuer Sinn unseres Lebens, unserer Tätigkeiten, unserer Beziehungen, unseres Seins.

Mit Konzentration geht Verstehen einher

Je achtsamer wir sind, desto konzentrierter sind wir. Das Wort für Konzentration, im Sanskrit heißt es samadhi, bedeutet Stetigkeit, Nicht-Unterbrechung, Nicht-Wanken. Das Objekt Ihrer Konzentration kann eine Wolke, eine Blume oder Ihr Ärger sein. Wenn Ihr Fokus stirbt und irgendwann später wiedergeboren wird, dann ist die Konzentration schwach. Im Zustand der Konzentration halten Sie Ihren Fokus, stetig, gleichmäßig und kontinuierlich. Wenn unsere Achtsamkeit und Konzentration stark sind, können wir einen Durchbruch erzielen und Einsicht erlangen. Einsicht bringt Verstehen mit sich und hat die Kraft, uns von Unwissenheit, wertender Unterscheidung, Begierde, Angst, Wut und Verzweiflung zu befreien.

Thich Nhat Hanh, *Einfach präsent*, S. 10

Trotz aller Skepsis gegenüber der Kommerzialisierung von Meditation glaube ich gleichzeitig, dass Achtsamkeitstraining wohl nie wichtiger war als gerade jetzt, im 21. Jahrhundert. Wenn wir lernen, unsere Achtsamkeit auf unseren Atem zu fokussieren, trainieren wir unser Bewusstsein so, dass es uns leichter fällt, uns auch in anderen Gebieten auf das zu konzentrieren, worauf wir unsere Aufmerksamkeit richten wollen, sei es Arbeit, Schreiben, Vokabelnlernen, was auch immer.

Wenn Meditierende sich Monate oder gar Jahre lang in die Abgeschiedenheit zurückziehen, um sich in der Achtsamkeitspraxis zu üben, lernen sie, sich über lange Strecken zu konzentrieren. Das ist keine Einbildung. Die Wirkungen lassen sich sogar im Gehirn nachweisen. Der Neurologe Ulrich Ott beschreibt, dass Meditation die »Netzwerke für die Steuerung und Überwachung der Aufmerksamkeit aktiviert, die dafür sorgen, dass der gewählte Fokus erhalten bleibt und bei einem Abdriften wiederhergestellt wird«.[21] Er verweist unter anderem auf Studien, in denen bei Mitarbeitern einer Biotechnologie-Firma nach einem achtwöchigen MBSR-Kurs Veränderungen in der Hirnaktivität und der Immunreaktion erfasst wurden. Beispielsweise verschob sich die Aktivität mehr in die linke Hirnhälfte, was mit einer positiveren Gefühlslage in Verbindung gebracht wird.[22] Mit den Fortschritten der Hirnforschung lernen wir ständig mehr über die Wirkungen von Meditation.

Bei der »Wisdom 2.0«-Konferenz, bei der ich Jon Kabat-Zinn zuletzt traf, hörte ich auch Tristan Harris. Harris war eigentlich ein gut bezahlter Design-Ethiker bei Google, bis er es 2016 nicht mehr mit seinem Gewissen vereinbaren konnte, für den Tech-Giganten zu arbeiten. Er kündigte und gründete die Organisation *Time Well Spent* (übersetzt: Sinnvoll verbrachte Zeit). In San Francisco erklärte er, wie Facebook & Co bewusst so entwickelt wurden, dass uns die Technologie süchtig macht wie Spielautomaten in Las Vegas. Die rote Farbe der Benachrichtigung signalisiert unserem Gehirn Alarm, worauf wir dringend reagieren »müssen«. Der Algorithmus beim Scrollen durch Facebook oder Instagram belohnt uns mit immer neuen Entdeckungen wie Kinder mit Überraschungseiern; so werden genau auf das menschliche Bedürfnis abgestimmte Belohnungsreflexe ausgelöst – jeder »Like« ein kleiner Dopaminschub.

Im Durchschnitt verbringen wir täglich fünf bis neun Stunden vor Bildschirmen, also Fernseher, Handy, Tablet. Nutzungsdauer steigend. Wie achtsam steuern wir diesen Informationsfluss? Oder reagieren wir eher auf Impulse, die uns kaum bewusst sind?

Wenn Slack-Nachrichten, Messenger und das Smartphone um die Wette blinken, lassen wir uns nicht nur von Algorithmen der Konzerne steuern, die unsere Aufmerksamkeit zu ihrem Geschäftsmodell gemacht haben. Wir trainieren unser Gehirn gleichzeitig im genauen Gegenteil von Achtsamkeit. Unsere Aufmerksamkeit flackert ständig hin und her. Und das hat nicht nur Auswirkungen auf unser unmittelbares Arbeitsleben, sondern wir konditionieren so unser Gehirn auf längere Sicht. Wie ein lernfreudiger Welpe erwartet unser Bewusstsein ständig neue Belohnungshäppchen, und selbst wenn wir dann aus dem Büro nach Hause fahren, können wir nicht »abschalten«.

Letztendlich, so hat Harris erforscht, werden wir damit nicht produktiver, sondern ganz im Gegenteil erhöht sich durch die vielen Benachrichtigungen und Unterbrechungen unser Stresspegel. In mehreren Studien wurde nachgewiesen: Schaltet eine Gruppe Nutzer alle Benachrichtigungen einfach aus, sinkt der Stress. Nimmt man ihnen einige Tage oder gar Wochen ihre Handys weg, erholt sich das Gehirn merklich. Die Studien zeigten auch, dass allein die Präsenz des Handys im gleichen Raum ablenkt und wir uns merklich besser konzentrieren, wenn wir das Handy in einem anderen Raum lassen.

Können Sie sich zumindest einen Tag in der Woche eine Auszeit vom Bildschirm gönnen? Abends ab sechs oder sieben Uhr einen Schlusspunkt setzen und Ihr Smartphone ausschalten? Es auch nicht mit ins Schlafzimmer nehmen, damit ihm nicht abends der letzte und morgens der erste Blick gilt? Bei Begegnungen mit Freunden und während gemeinsamer Mahlzeiten nicht auf die neuesten Nachrichten schielen? Und im Urlaub ausprobieren, wie es ist, mehrere Tage am Stück ganz ohne elektronische Nachrichten auszukommen?

Die Reisen, bei denen ich ohne Internet unterwegs bin, weil es keinen Empfang gibt, sind immer am erholsamsten. Zu groß ist sonst für mich die Versuchung, mal kurz nachzuschauen, was gerade in der Welt passiert. Wenn ich darauf verzichte oder verzichten muss, beruhigt sich mein Gedankenkarussell ganz von allein. Ich bin dann automatisch präsenter, konzentrierter und genieße meine Umgebung intensiver.

Der Ausgangspunkt unserer Yogapraxis: das sich selbst überlassene Gehirn

Sobald wir beginnen, unsere Achtsamkeit zu schulen, wird uns bewusst, in welchem Maße sie eigentlich ungeschult ist! In unserer Kultur gibt es bisher so gut wie keine Ansätze, bereits bei Kindern die Aufmerksamkeit und den Mind zu schulen. Aus diesem Grunde weisen sehr viele Kinder in der westlichen Welt zunehmend größer werdende Defizite in dieser Hinsicht auf, denn insbesondere die sehr früh beginnende und äußerst intensive Beschäftigung mit Smartphones und Computerspielen gewöhnt das heranreifende Gehirn daran, dass Aufmerksamkeit immer an einen Reiz gebunden ist. Da piept es, blinkt es, bewegt sich schnell über den Bildschirm – und lockt so die Aufmerksamkeit. Wenn jedoch nichts piept, nichts blinkt oder sich bewegt – also die Reize ausbleiben –, empfindet ein in dieser Weise geprägtes Gehirn sehr schnell Langeweile und wird unruhig.

Anna Trökes & Bettina Knothe, *Neuro-Yoga*, S. 29

Es gibt immer mehr Schulen, die Achtsamkeitspraxis in den Lehrplan integrieren, auch in Deutschland. Der Bedarf ist hoch: Die internationale COH-FIT Studie zeigte eine deutliche Zunahme der psychischen Erkrankungen, vor allem Depressionen, Angststörungen und anhaltende Frustration bei Jugendlichen, gerade auch im Vergleich zur Zeit vor der Covid-Pandemie.[23]

In den USA sagten 2021 mehr als ein Drittel der Schüler, ihr Wohlbefinden habe sich während der Pandemie verschlechtert, und 44 Prozent beschrieben sich als ständig traurig oder hoffnungslos. Die amerikanischen Gesundheitsbehörden bewerten die Umfragen als »Hilfeschrei«.

Achtsamkeitspraxis kann diesen Tendenzen nachweislich entgegenwirken. Erica Sibinga, Professorin für Kinderheilkunde an der Johns Hopkins University School of Medicine, erforscht die Wirksamkeit von Achtsamkeitstraining für Kinder und Jugendliche. Das Programm nutzt die Prinzipien von Jon Kabat-Zinns Achtsamkeitskursen, aber vereinfachte die Anweisungen kindgerecht. Sibinga fand, dass schon zwölfwöchige Kurse mit fünfzig Minuten Praxis pro Woche einen Unterschied machen: weniger Streit, größeres Wohlbefinden und größere Selbstakzeptanz. Eine Meta-Studie kam unter anderem zu dem Schluss, meditierende Kinder seien weniger ängstlich, schlafen besser und seien weniger gestresst.[24]

Eine Schule in Nashville meldet achtzig Prozent weniger Verweise, seit sie Meditation in den Unterricht integriert.

Ich finde diese Ergebnisse nicht nur ermutigend, sondern ich meine, es ist geradezu zwingend, jungen Leuten Methoden an die Hand zu geben, mit denen sie ihre Aufmerksamkeit trainieren können. Die Schule ist schließlich dazu da, uns – im weitesten Sinne – aufs Leben vorzubereiten. Ich hätte mir sehr gewünscht, als Kind nicht nur Mathe, sondern auch Meditation zu lernen. Gerade in einer Zeit, in der allgegenwärtige Bildschirme um unsere Aufmerksamkeit buhlen, scheint es mir verantwortungslos, Kindern und Jugendlichen nicht zu zeigen, wie sie ihre Aufmerksamkeit steuern können.

So wie eine Pianistin jeden Tag übt, um ihre Fingerfertigkeit zu verbessern, braucht eben auch unser Gehirn ein gewisses Training, um konzentrationsfähig und flexibel zu bleiben.

Wohlgemerkt ist diese Art der Achtsamkeitsmeditation säkular. Den Kindern wird keine Religion aufgezwungen. Alle Weltreligionen kennen schließlich Phasen der Einkehr und Besinnung.

Vielleicht erkennen wir mit der täglichen Praxis, dass wir den Sinn unseres Lebens nicht in fernen Gefilden oder in der Zukunft entdecken, sondern genau hier und jetzt, an dem Ort, an dem wir gerade sitzen.

Es klingt paradox: Wir brauchen eine solide Motivation, um uns der Meditationspraxis zu widmen, aber gleichzeitig betonen Meditationsmeisterinnen die Absichtslosigkeit unseres Unterfangens. Wohin wir auch wollen, wir sind schon da.

Die Absichtslosigkeit ermöglicht uns, uns selbst, den blauen Himmel und alles, was im gegenwärtigen Moment erfrischend und heilend ist, zu genießen.
Wir müssen nach nichts streben und Dingen hinterherlaufen. Wir haben bereits alles, wonach wir suchen. Das Leben ist kostbar, so wie es ist. Alle Elemente für unser Glück sind schon da. Es gibt keinen Grund zu rennen, zu streben, zu suchen oder zu kämpfen; seien Sie einfach da. Einfach da sein, in diesem Augenblick und an diesem Ort, ist die tiefste Meditationspraxis. Die meisten Menschen können nicht glauben, dass es ausreicht, einfach nur zu gehen, so als müsse man nirgendwohin. Sie halten Streben und Konkurrenzkampf für normal und notwendig. Versuchen Sie einmal nur fünf Minuten lang, Absichtslosigkeit zu praktizieren, und Sie werden sehen, wie glücklich Sie während dieser fünf Minuten sind.
Der Moment des Holzhackens und Wassertragens ist der Moment des Glücks. Wir müssen nicht warten, bis diese Arbeiten erledigt sind, um glücklich zu sein. In diesem Moment glücklich zu sein ist der Geist der Absichtslosigkeit. Andernfalls werden wir uns für den Rest unseres Lebens im Kreis drehen. Wir haben alles, was wir brauchen, um die Gegenwart zu gestalten. Wir haben alles, was wir brauchen, um den gegenwärtigen Moment zum glücklichsten Moment unseres Lebens zu machen, selbst

wenn wir Kopfschmerzen oder eine Erkältung haben. Erkältet zu sein ist ein Teil des Lebens.

Wir meditieren nicht, um Erleuchtung zu erlangen, denn die Erleuchtung ist bereits in uns gegenwärtig. Wir müssen nirgendwo danach suchen. Wir brauchen keinen Zweck, keine Bestimmung oder ein Ziel. Wir praktizieren nicht, um eine hohe Position zu erreichen. Wenn wir sehen, dass es uns an nichts fehlt, dass wir bereits das sind, was wir werden wollen, dann kommt unser Streben einfach zum Stillstand. Wir sind im Frieden im gegenwärtigen Augenblick, wenn wir nur das Sonnenlicht durch unser Fenster strömen sehen oder das Geräusch des Regens hören. Wir müssen nirgendwohin rennen. Wir können jeden Augenblick genießen.

Die Menschen reden davon, ins Nirvana zu gelangen, aber wir sind bereits dort.

Thich Nhat Hanh, *Einfach präsent,* S. 123–124

3
Die Weisheit des Körpers

Für mich ist es erstaunlich, welch großen Wert wir einerseits auf unser äußeres Erscheinungsbild (oder das unserer Mitmenschen) legen, während wir andererseits das Gefühl für den Körper vollkommen verloren haben. Generell scheint unsere Gesellschaft in hohem Maße auf die äußere Form bezogen zu sein und insbesondere auf die des Körpers. In der Werbung wird der Körper benutzt, um alles Mögliche zu verkaufen, von Autos über Smartphones bis hin zu Bier. Warum ist das so? Die Werbung macht sich unsere starke Prägung auf bestimmte, dem jeweiligen Lebensalter entsprechende Idealtypen zunutze. Wir identifizieren uns mit den Darstellungen attraktiver Frauen und Männer, die uns die Idee eines besonderen Lebensgefühls, von Wohlbefinden, Jugendlichkeit oder Glück vermitteln sollen.

Jon Kabat-Zinn, *Gesund durch Meditation*, S. 112

Nur mal unter uns, ganz ehrlich: Ziehen Sie sich nackt aus und stellen Sie sich vor Ihren Badezimmerspiegel. Hand aufs Herz: Mögen Sie, was Sie da sehen? Gefallen Sie sich so, wie die Natur Sie schuf – von Kopf bis Fuß, von vorne und hinten, Busen, Bauch, Beine, Po? Wenn Sie die Kohle und keine Angst vor dem Skalpell hätten, würden Sie da nicht gerne ein wenig nachhelfen und ein paar Glieder ein wenig kürzer oder länger machen, einige Polster von unten nach oben verschieben?

Dass die Möglichkeiten zur Körpergestaltung heute endlos sind, hat das Problem (wie wir es wahrnehmen) nicht gelöst, sondern multipliziert. Wir haben Körper, mit denen wir uns nicht einfach zufrieden geben, die wir nicht lieben, Zonen des Leidens und des Misstrauens. »Die Norm ist, unzufrieden mit dem Körper zu sein und ständig damit beschäftigt«, diagnostiziert die Psychotherapeutin Susie Orbach. »Zu einer anderen Zeit hätten wir diese Ängste als Krankheit bezeichnet und, weil so viele daran leiden, als Epidemie.«[1]

Susie Orbach ist die vermutlich berühmteste Psychotherapeutin in London seit Sigmund Freud. Die quirlige Frau mit den ungebändigten grauen Locken war die Bulimie-Therapeutin von Prinzessin Diana. Ihr Therapiezentrum in einem Londoner Vorort füllt sich täglich mit Bulimikerinnen und Anorektikern, Depressiven, Einsamen und allgemein mit Menschen, die alle daran leiden, dass sie ihren Körper nicht leiden können. Eigentlich hat sie sich vorgenommen, höchstens zwei bis drei Körpergestörte pro Tag zu behandeln, »aber der Körper ist mittlerweile mehr oder weniger das Symptom, an dem fast jeder meiner Patienten sein Leiden festmacht. Das ist neu.«

Susie Orbach ist die Kronzeugin eines nicht ganz neuen, aber immer grotesker werdenden Trends, in dem wir alle einer gigantischen Lüge aufsitzen: »Ich wünschte, wir könnten unseren Körper als den Ort behandeln, von dem aus wir leben. Stattdessen betrachten wir ihn wie eine peinliche alte Küche, die dringend renoviert werden muss.«[2] Der »Körperterror«, wie Susie Orbach es nennt, hat uns unsere Behausung genommen: »Ich sehe eine um sich greifende Panik, sich einen Körper erarbeiten zu müssen.«

Jon Kabat-Zinn und seine Kolleginnen schlagen eine ganz andere Kur vor: achtsame Wahrnehmung unseres ganzen Körpers.

»Tief im Innern fühlt man sich zu klein, zu groß, zu dick, zu dünn, zu alt oder zu hässlich, als gäbe es für den Körper eine perfekte Form, eine Maßgabe, wie er zu sein hat«, diagnostiziert Kabat-Zinn. »So fühlen wir uns niemals wirklich wohl in unserer Haut, und wir haben Probleme damit, andere Menschen zu berühren oder uns berühren zu lassen, und folglich auch mit Intimität. Eine Misere, zu der sich mit zunehmendem Alter noch das Bewusstsein körperlichen Abbaus und das unaufhaltsame Dahinschwinden des jugendlichen Aussehens gesellen. Derartige Nöte entstehen überhaupt erst aufgrund einer beschränkten Körperwahrnehmung, und erst wenn diese sich verändert, können sich auch die negativen Gefühle in Bezug auf den Körper ändern.«[3]

Wenn wir unsere Energie einmal darauf richten, unseren Körper wirklich zu spüren, und uns davor hüten, in das urteilende Denken über den Körper zu verfallen, können sich unser ganzes Körpererleben und das Erleben unserer selbst in radikaler Weise verwandeln. Zunächst einmal ist es ganz erstaunlich, wozu unser Körper imstande ist! Er kann sich aufrichten, gehen, sprechen und nach etwas greifen; er kann Entfernungen abschätzen, Nahrung verdauen und Dinge durch Ertasten erkennen. Normalerweise halten wir diese Fähigkeiten für vollkommen selbstverständlich und wissen sie kaum zu schätzen, bis wir krank werden oder uns verletzen.
Dann begreifen wir plötzlich, wie schön es war, Dinge tun zu können, zu denen wir jetzt nicht mehr in der Lage sind. Sollten wir also nicht, bevor wir uns das nächste Mal einreden, unser Körper sei zu sehr dies oder zu wenig jenes, uns dem Aspekt öffnen, wie wunderbar es ist, überhaupt einen Körper zu haben, egal wie er aussieht oder in welcher Verfassung er gerade ist?
Dazu spüren wir achtsam in den Körper hinein, ohne Urteile zu fällen. Wenn Sie Ihre Aufmerksamkeit auf das sanfte Auf und Ab der Bauchdecke oder das Ein- und Ausströmen des Atems durch die Nasenlöcher lenken,

stimmen Sie sich auf eine Gefühlsebene ein, auf der das Leben selbst über Ihre Körperfunktionen spürbar wird. Normalerweise blenden wir diese Gefühlsebene aus, weil sie ja immer da ist. Stimmen Sie sich aber auf sie ein, erlangen Sie im selben Moment Ihr eigenes Körper- und Lebensgefühl zurück und werden im wahrsten Sinne des Wortes wirklicher und lebendiger.
Sie leben Ihr Leben im Hier und Jetzt, sind seiner in jedem Augenblick gewahr, sind für es, mit ihm und in ihm präsent. Ihr Erleben ist erneut im Körper verankert.

Jon Kabat-Zinn, *Gesund durch Meditation*, S. 112–114

Natürlich haben sich Frauen (und Männer) seit jeher für Schönheitsideale geschunden. Afrikaner verlängerten ihre Hälse mit Reifen, Chinesinnen band man die Füße zu Stümpfen, Krieger kennzeichneten sich mit Tattoos. Aber neu ist, dass wir glauben, wir sollten von der Kindheit bis zum Altersheim aussehen wie Angelina Jolie. Die Obsession, mit der die Welt über Michelle Obamas muskulöse Oberarme diskutierte, zeigt, dass es dabei wahrlich nicht nur um Gesundheit geht.

Schon vierzig Prozent aller Mädchen zwischen sechs und 16 Jahren würden sich gerne Fett absaugen lassen. Zwei Drittel aller Mädchen auf der ganzen Welt sagen, dass sie es schwierig finden, sich schön zu fühlen. Jedes dritte Mädchen in Deutschland hat laut Robert Koch-Institut »ein auffälliges Essverhalten«; schon Siebenjährige mit Diäterfahrung werden in das Frankfurter Zentrum für Ess-Störungen eingeliefert. Wenn sie später eigene Kinder haben, übertragen sie ihre Körper-Unsicherheit. Allein der Stolz von Promi-Müttern, bis zum sechsten Schwangerschaftsmonat rank und schlank auszusehen, treibt massenhaft neue Patientinnen in die Esskliniken. Denn: Wer im Mutterbauch hungert, hat später eine dreißig Prozent höhere Chance, fett zu werden – und weiß nicht einmal, warum. Selbst in Altersheimen nimmt die Zahl der Frauen zu, die Symptome langjähriger Essstörungen zeigen.

Dabei stimmt nicht einmal die Binsenweisheit schlank = gesund. Da können Gesundheitspolitiker, Frauenzeitschriften und Fitnesstrainerinnen noch so lange das Gegenteil trompeten: Sportliche Übergewichtige sind gesünder, leben länger und erkranken seltener an Herz- und Kreislaufstörungen als faule Dünne.[4] Aber in der öffentlichen Wahrnehmung begleitet die Rhetorik von Sexyness, Spaß und Erfolg nur diejenigen, die sich dünne machen.

Der Körperterror ist eine lebenslange Obsession geworden, atemlos getrieben von einer Schönheitsindustrie, die mehr als 570 Milliarden Euro pro Jahr umsetzt, davon knapp 19 Milliarden in Deutschland.[5] Jedes Jahr legt allein der Umsatz der Schönheitschirurgen um eine weitere Milliarde zu,[6] nicht zuletzt weil mittlerweile ein Drittel der Kunden Männer sind und bei der weiblichen Zielgruppe nun schon Minderjährige gewonnen werden. Weil das Aussehen als Grund Nummer eins für Mobbing an brasilianischen Schulen genannt wird, sind in Teilen Brasiliens Schönheits-OPs für Kinder kostenlos; abstehende Ohren werden ab einem Alter von fünf Jahren umsonst korrigiert, Nasen und Brüste ab 18.

»Eine Schönheitsoperation kann einen Menschen kurzfristig selbstbewusster machen«, sagt Orbach, »aber es ist nur ein oberflächliches Pflaster, es heilt nicht die eigentliche Verletzung.« Die eigentliche Verletzung ist, dass wir uns unseres Körpers nicht mehr sicher sind. Wir können ihn nicht einfach bewohnen wie ein gemütliches Haus. Wir haben unsere Arme, Beine, Nase immer bei uns, aber oft spüren wir sie nicht. Wir haben Augen, Ohren und Tastsensoren, aber wie oft nehmen wir bewusst wahr, was wir sehen, hören, spüren?

Susie Orbach selbst hatte Essstörungen, bevor sie in den 1970er-Jahren ihren Bestseller gegen den Diätwahn schrieb.

Heute mit fast achtzig Jahren grinst sie belustigt, wenn man sie nach ihrem Gewicht fragt und sagt, sie habe keine Ahnung: »Mit Waagen wiegt man Fische, nicht Menschen.« Zum letzten Mal wurde sie nach der Geburt von Lianna, ihrer zweiten Tochter, gewogen. Das war vor mehr als 35 Jahren. Ihr Erfolgsrezept für eine normale, gesunde Figur: »Iss, wenn du Hunger hast. Iss, was dir guttut. Hör auf, wenn du satt bist.«[7] So einfach ist das. Wenn es nur so einfach wäre.

Schön sein, Sie selbst sein

Wenn Sie Ihren Körper akzeptieren können, so wie er ist, gibt Ihnen das die Möglichkeit, ihn als Ihr Zuhause anzusehen. Sie können in Ihrem Körper ruhen, sich wohlfühlen und entspannen sowie Freude und Leichtigkeit empfinden. Sie können nicht bei sich selbst zu Hause sein, wenn Sie Ihren Körper und Geist nicht annehmen. Sie müssen sich so akzeptieren, wie Sie sind. Das ist eine sehr wichtige Praxis. Wenn Sie sich darin üben, sich in sich selbst zu Hause zu fühlen, werden Sie immer schöner.

Thich Nhat Hanh, *Einfach lieben*, S. 23

Natürlich sind wir davon überzeugt, dass wir keinen dummen Werbekampagnen aufsitzen, sondern es unser ureigenster Wunsch ist, die neue Keto-Diät auszuprobieren oder uns die Nase richten zu lassen. Dabei gibt es handfeste Indizien dafür, dass dies nicht allein unsere eigenen Ideen sind: Mit den Image-Bildern der westlichen Welt haben wir nachweislich auch unsere Körperängste exportiert. Drei Jahre nachdem das Fernsehen auf den Fidschi-Inseln eingeführt wurde, hingen 11,3 Prozent der Mädchen über den Kloschüsseln, um sich westliche Model-Figuren zu erzwingen. Nicht nur das westliche Schönheitsideal, auch der Körperhass ist zum Exportschlager geworden. Die Hälfte (!) aller Koreanerinnen[8] hat sich schon westliche Augenlider schneidern lassen. Je verbreiteter, billiger und normaler diese Prozeduren weltweit werden, desto drängender wird die Frage, warum man den eigenen Körper noch nicht renoviert hat.

Klar, wir wissen, dass die ohnehin schon recht ansehnliche Heidi Klum nur mithilfe einer Armada an Fitnesstrainern, Kosmetikerinnen, Art-Direktoren, Stylistinnen, Beleuchtern und Photoshop-Kreativen die Illusion von der schönsten Frau der Welt erschaffen konnte. Wir lesen im Abspann, dass Matt Damons übermenschliche Körperkraft in dem Actionfilm *The Bourne Ultimatum* nur mithilfe von 169 Stuntmen und 70 Experten für Spezialeffekte auf die Leinwand projiziert werden konnte. Geschätzte 5000 Mal pro Woche sehen wir Bilder, die digital verstärkt wurden. Allein in einer einzigen Ausgabe der amerikanischen *Vogue* sind 144 Bilder digital retuschiert worden, vom Cover bis zu den Anzeigen und Modefotos. Kein Mensch sieht so aus wie die konkurrenzlos perfekten Pixelwesen im Instagram-Filter – celullitefrei, makellos, allmächtig. Das wissen wir; wir machen es uns aber nicht bei jedem Umblättern und jeder Kino-Szene klar.

Ein Erwachsener reagiert innerhalb von dreißig Millisekunden auf einen Gesichtsausdruck, der ihm gezeigt wird – das passiert automatisch, zu schnell und flüchtig, um ins Bewusstsein zu dringen. Bevor wir darüber nachdenken können, haben wir bereits ein dazugehöriges Gefühl oder ein Verlangen entwickelt.

Wie achtsam antworten wir auf diesen endlosen Strom von Gesichtern, Körpern und Körperteilen, die uns aus Anzeigetafeln, Zeitschriften und Bildschirmen entgegengestreckt werden? Was machen wir mit all diesen vielen Bilder, deren einzige Existenzberechtigung darin liegt, Emotionen und Sehnsüchte auszulösen?

Kaum jemand von uns hat ein unkompliziertes Verhältnis zum eigenen Körper. Und wenn er krank wird und nicht das tut, was wir von ihm verlangen, gilt das umso mehr.

»Genau genommen ist alles, was der Körper leistet, ungewöhnlich und erstaunlich«, schreibt Kabat-Zinn. »Gehen ist ein weiteres gutes Beispiel. Wenn Sie jemals in der Situation waren, nicht laufen zu können, dann wissen Sie, welch kostbare und wunderbare Fähigkeit das Gehen ist. Nicht anders verhält es sich mit dem Sehen, Hören, Sprechen, Atmen, Denken, mit jedem Sinneseindruck und jeder Bewegung, der Sie Ihre bewusste Wahrnehmung zuwenden.«[9]

Vielleicht deshalb integriert Kabat-Zinn die sogenannte Body-Scan-Meditation in die achtsamkeitsbasierte Stressreduktion. Vor allem in den ersten vier Wochen des achtwöchigen Kurses praktizieren Teilnehmer sie intensiv. Sie »scannen« im Liegen oder Sitzen ihren Körper, spüren bewusst und systematisch alle Körperregionen von den Zehen bis zum Scheitel und entwickeln so eine neue Körperwahrnehmung.

Die Grundprinzipien sind die gleichen wie bei der Atemmeditation. Während wir bei der Achtsamkeit auf den Atem dem Ein- und Ausatmen folgen, konzentrieren wir uns bei der Körpermeditation auf einzelne Körperregionen. Wir richten unsere Bewusstheit auf diese Regionen und spüren sie, als nähmen wir sie zum ersten Mal aufmerksam wahr. Offen und ohne zu werten.

Ganz präsent spüren wir von den Zehen im rechten Fuß, Wade, Knie, Oberschenkel bis hoch in die Hüfte, gehen zum linken Fuß über, linke Wade und so weiter.

Bei dem Kurs, den ich in Santa Monica mitmachte, gab es kaum eine Teilnehmerin, für die der Body-Scan keine überraschenden Entdeckungen brachte.

Manche stellten fest, dass sie bestimmte Körperregionen einfach nicht spüren konnten, dass einige Regionen wie taub oder abgetrennt von ihrem Körperbewusstsein schienen. Andere entdeckten einen Zusammenhang zwischen Körperzonen und konkreten Erinnerungen. Und wieder andere konzentrierten sich auf die Region, von der ein beständiger oder stechender Schmerz ausging, etwa im unteren Rücken oder der Hüfte.

Die Anleitung zur Meditation ähnelt hier der Achtsamkeit auf den Atem: Egal was auftaucht, wir bleiben präsent, ohne zu urteilen.

»Ein wenig Besinnung genügt, um zu erkennen, dass der Körper wunderbare Dinge vollbringt, die Sie jedoch wahrscheinlich für vollkommen selbstverständlich halten,« weiß Kabat-Zinn. »Haben Sie schon einmal über die unglaubliche Leistung Ihrer Leber nachgedacht? Die Leber ist das größte innere Organ. In jeder Sekunde laufen in ihr mehr als 30 000 Enzymreaktionen ab, mit denen sie den Stoffwechsel im Gleichgewicht hält. Der große Immunologe Lewis Thomas schreibt in seinem Buchklassiker *The Lives of a Cell,* dass er sich lieber ins Cockpit einer Boeing 747 setzen würde, ohne etwas vom Fliegen zu verstehen, als für die Funktionen seiner Leber zuständig zu sein.«[10]

Wenn wir unsere Achtsamkeit auf unseren Körper richten, ist es fast unmöglich, ihn nicht wertzuschätzen. Ein weiteres Beispiel: Wir mögen die Lunge für eine simple Pumpe halten, die ein Gas einsaugt und ein anderes ausstößt. Tatsächlich ist sie ein lebendiges Organ, das eine komplexe Chemie und einen guten Teil unseres Immunsystems verantwortet. Die 20 000 Atemzüge, die wir im Durchschnitt jeden Tag nehmen, schieben Sauerstoff und andere Gase durch 2400 Kilometer Lungenpassagen zu etwa 500 Millionen Luftbläschen. Unsere Lungen sind extrem fragil und gleichzeitig unser stärkstes Bollwerk gegen Viren und andere Eindringlinge von außen.[11] Es grenzt an ein Wunder, dass wir überhaupt Sauerstoff verarbeiten können. All die vielen Faktoren, die zusammenkommen müssen, damit wir atmen, gehen, leben können!

Unser Planet kam gut zwei Milliarden Jahre lang ohne Sauerstoff in der Atmosphäre aus, und vermutlich lebten auf ihm nur einige anaerobe Mikroorganismen, bevor sich Algen bildeten, die Sauerstoff erzeugten – der Beginn allen Lebens auf der Erde.

Die Kraft des Atems zu nutzen, kann unseren Blutdruck senken, entzündungshemmende Gene anfeuern, unseren Stoffwechsel, sogar unseren Insulinspiegel beeinflussen, um nur einige Aspekte zu nennen. Dass es so schwer ist, lange die Luft anzuhalten, liegt auch daran, dass die Lungen mit jedem Atemzug unser Blut reinigen. Wenn wir nicht ausatmen und das Gefühl haben zu ersticken, steigt die Kohlendioxid-Konzentration; wir übersäuern. Lungen verdienen unseren Respekt – und unsere Achtsamkeit – genauso wie der Rest unseres Körpers.

»Der Bodyscan ist eine gute Möglichkeit, achtsames Gewahrsein zu üben, indem der Übende alle Empfindungen und Gedanken beobachtend annimmt, die in der Innenschau auftauchen«, schreiben Anna Trökes und Bettina Knothe in *Neuro-Yoga*.[12] Wir lernen so, unseren Körper wieder ganz zu bewohnen.

Wenn Sie den Körper nicht still halten können, können Sie auch Ihr Denkorgan nicht still halten. Wenn Sie die Stille des Körpers nicht kennen, können Sie auch nicht die Stille des Geistes erkennen und verstehen. Handlung und Stille müssen sich verbinden. Wenn da eine Handlung ist, muss da auch Stille sein. Wenn da Stille ist, kann es ein bewusstes Handeln und nicht bloß einfach Bewegung geben. Wenn sich Handlung und Stille verbinden wie die zwei Scheiben der Kupplung im Auto, dann bedeutet das, dass die Intelligenz in Gang gekommen ist.

B. K. S. Iyengar, *Licht fürs Leben*, S. 68

Viele Krankheiten wie Burn-out oder Essstörungen hängen damit zusammen, dass wir unseren Körper und seine Botschaften missachten. Unser Körper ist ausdrucksstark. Er teilt uns unmissverständlich mit, wenn wir zu viel arbeiten oder zu lange sitzen, wann er Hunger hat und welche Nahrung ihm guttut. Ein Gutteil der Therapien in Kliniken für Essstörungen und Rehabilitation besteht daraus, uns wieder beizubringen, auf unseren Körper zu hören. Wie viel Krankheit und Schmerz könnten wir vermeiden, wenn wir das von vornherein täten?

Die meisten von uns sind es nicht gewohnt, auf diese Signale zu achten; wir tun sie ab, bis der Körper so aufbegehrt, dass wir die Schmerzen nicht mehr ignorieren können.

B. K. S. Iyengar, der wohl bekannteste Yogalehrer im Westen, schreibt davon, mit Yoga die »Intelligenz im Körper« zu entwickeln, aber natürlich lässt sich dies auch mit anderen Methoden erreichen. Iyengar plädiert dafür, den Körper nicht zu vernachlässigen oder zu negieren.

»Körper und Geist sind nicht voneinander getrennt«, schreibt auch Thich Nhat Hanh. »Was im Körper geschieht, hat eine Wirkung auf den Geist und umgekehrt. Der Geist bedarf des Körpers, um sich zu manifestieren, und der Körper ist auf den Geist angewiesen, um lebendig zu sein. Wenn Sie jemanden lieben, müssen Sie diesem Menschen mit Respekt begegnen, nicht nur seinem Geist, sondern auch seinem Körper. Sie respektieren Ihren eigenen Körper und den des anderen. Ihr Körper, das sind Sie. Ihr Körper ist Ihr Geist. Auch bei dem anderen Menschen sind Körper und Geist verbunden.«[13]

Respektieren Sie Ihren Körper? Wie oft hören Sie wirklich auf Ihren Körper? Wie genau lauschen Sie seinen Signalen? Wie anders würde Ihr Leben aussehen, wenn Sie auf Ihre innere Stimme hörten und Ihrem Körper genau die Nahrung, Bewegung und Energie gäben, die er braucht?

Manchmal glauben Menschen, Meditation sei etwas Abgehobenes, Esoterisches. Dabei erdet kaum etwas so sehr wie eine Meditationssitzung. Wir spüren den Boden unter unseren Füßen oder unter unserem Allerwertesten, und wir nehmen uns ganz bewusst wahr, jede Körperzelle, jedes Ein- und Ausatmen. Wie berühren wir die Erde? Ist unser Körpergewicht gleichmäßig verteilt oder fühlt sich eine Seite schwerer an?

Natürlich gibt es auch esoterische Meditationsrituale, aber die Praxis der Achtsamkeit ist am einfachsten, und sie bringt uns zurück auf den erdigen Boden unserer unmittelbaren Wahrnehmung.

Die Weisheit des Körpers

Wenn wir sitzen, entwickeln wir echtes Körpergewahrsein. In der Bibel (Lukas 17,21) steht: »Das Reich Gottes ist mitten unter euch.« Ich glaube, damit ist nicht gemeint, dass die Erleuchtung irgendwo in einer kleinen versteckten Ecke sitzt, sondern dass das Erwachen in uns liegt, in jeder einzelnen Zelle unseres Körpers. […]
Mit der Meditation werden wir uns bewusst, wo wir im Körper unsere Emotionen festhalten und wo unsere sensiblen Punkte liegen. Das ist nichts, was wir verstandesmäßig ergründen könnten, und wenn wir sechs Doktortitel hätten. Vielleicht macht der Verstand die Sache sogar noch komplizierter. Einfachheit bei der Meditation ist hilfreich. […]
Das traditionelle westliche Denken behauptet oft, im Körper liege keine Weisheit, aber das Gegenteil ist der Fall, er beherbergt sehr viel davon. Fühlen wir uns zum Beispiel bedroht, reagiert der Körper schon lange, bevor die betreffende Nachricht das Gehirn erreicht. Für unser Überleben ist nicht etwa der Verstand das Ausschlaggebende, sondern die uns angeborene Intelligenz, die in unserem Körper zu Hause ist.

Charlotte Joko Beck,
***Zen und das alltägliche Wunder*, S. 130**

Sie kennen sicher die bekannteste Körperhaltung des Buddha, mit gekreuzten Beinen im Lotos auf der Erde sitzend, und mit einer Hand berührt er die Erde als Zeugin seiner Erleuchtung. Im letzten Kapitel habe ich kurz die ideale Meditationshaltung beschrieben, geerdet und mit aufrechter Wirbelsäule.

»Eine krumme, schiefe, gebeugte Haltung wirkt sich wie ein Narkotikum auf den Körper aus«, schreibt B. K. S. Iyengar. »Es ist die Aufgabe des Rückgrats, den Geist wach und aufmerksam zu halten.«[14]

In gekrümmter Haltung bekommt das Zwerchfell nicht genügend Platz, und damit wird eine tiefe Bauchatmung fast unmöglich. Das Experiment kann jeder selbst machen: Wie wir sitzen und stehen, wie wir uns »halten«, beeinflusst auch unsere innere Haltung. Wenn ich in der Meditationssitzung in mich zusammensinke, fällt es mir schwerer, wach und fokussiert zu bleiben.

Inzwischen gibt es zahlreiche Studien, die den Zusammenhang zwischen Körperhaltung und Stimmung bestätigen. Wir können den Körper mit unserem Bewusstsein beeinflussen, aber es funktioniert auch umgekehrt: Wir beeinflussen unser Bewusstsein mit unserem Körper, unserer Haltung, unserer Ernährung.

Wer aufrecht sitzt, besteht zum Beispiel Stresstests besser und ist weniger angespannt, wenn er oder sie einen Vortrag vor Publikum halten soll.[15] Depressive Menschen bewegen sich langsamer und weniger energisch als gesunde.[16] Dagegen hebt es nachweislich die Stimmung, sich aufzurichten oder sogar, sich einen Stift zwischen die Zähne zu klemmen. Im Gehirn kommen Lachsignale an, auch wenn wir sie einem Stift verdanken. Psychologinnen erklären das damit, dass sich unser Gedächtnis in Netzwerken organisiert: Mit bestimmten Erinnerungen, Gedanken und Erfahrungen assoziiert es entsprechende Körperhaltungen.

Dies ist kein rein intellektueller Prozess. »Die grundlegenden Meditationsanweisungen des Buddha besagen, dass wir auf den sich wandelnden Strom von Empfindungen achten sollen, ohne zu versuchen, an irgendeiner von ihnen festzuhalten, sie zu verändern oder sich ihr zu widersetzen«, schreibt Tara Brach. »Er stellt klar, dass diese auf die Empfindungen gerichtete Achtsamkeit nicht bedeutet, dass wir daneben stehen und sie quasi wie ein unbeteiligter Zeuge beobachten. Vielmehr erleben wir das Geschehen in unserem Körper ganz direkt. Statt zum Beispiel unsere Hand als äußeren Gegenstand wahrzunehmen, spüren wir sehr genau in die Energie hinein, die unsere Hand in jedem gegebenen Moment ist. Wir üben uns darin, den Körper von innen heraus zu erleben und wahrzunehmen.«[17]

Über Trauma und Haltung

Unser Körper spiegelt unser Selbst. Wenn wir sitzen und unseren Körper in die Praxis einbeziehen, entwickeln wir auch die Fähigkeit, mit unserem größten Trauma zu arbeiten. Und die Art, wie wir meditieren, kann den Heilungsprozess entweder behindern oder fördern.

Charlotte Joko Beck,
***Zen und das alltägliche Wunder,* S. 142**

Traumata und psychische Wunden manifestieren sich auch in unserem Körper. Der Körper zeichnet jedes unserer Erlebnisse und unsere Emotionen auf. Mit dem Körperbewusstsein zu arbeiten kann deshalb tief sitzende Erinnerungen freisetzen, verschüttete Wunden freilegen, gar seelische Narben aufbrechen. Inzwischen ist das auch Stand der Forschung.

Zur Heilung müssen wir das *ganze* Netzwerk neu tarieren: Gedanken, Gefühle, Körper. Wir heilen erst dann umfassend, wenn wir lernen, die Orte in uns zu berühren und zu entspannen, in denen die körperliche Erinnerung an unsere Traumata feststeckt. Deshalb kann die bewusste Rückkehr in den Körper mit enormer Angst besetzt, aber wahrlich heilend sein.

Trauma-Therapeuten empfehlen oft Atemübungen, Berührungen und rhythmische Bewegungen wie Yoga, Tai-Chi und Tanzen, um ein ausgeglicheneres Körpergefühl zu entwickeln. Es müssen aber nicht immer die »klassischen« Achtsamkeitsdisziplinen sein.

Ich – und etwa 15 000 andere Menschen weltweit – haben im letzten Jahr an einer achtwöchigen »Surftherapie« teilgenommen. Die Surftherapeutin Natalie Small, bei deren gemeinnütziger Organisation in Kalifornien ich die Therapie machte, betrachtet das Meer wie einen Spiegel, um die Stimmung einzuschätzen: Wie hoch schlagen die Wellen heute, die emotionalen in mir und die da draußen auf dem Wasser? Was will ich heute im Meer entdecken? Und was zurücklassen?

»Wenn wir darüber sprechen, wie wir die Wellen einschätzen, ist das auch damit verbunden, wie wir den emotionalen Wellengang in uns navigieren«, sagt die lebhafte, blonde Therapeutin. »Auch beim Surfen lehre ich nicht nur das körperliche Know-how, sondern wir verbinden jede Bewegung mit dem Atem und Achtsamkeit.«

Ob auf dem Surfbrett oder der Yogamatte, ich lernte ähnliche Strategien: die richtige Balance finden zwischen Anspannung und Loslassen, präsent sein, wenn die Welle kommt, und spüren: Wie weit will ich heute gehen? Nur die Zehen nass machen oder mich kopfüber in die Fluten stürzen?

Der britische Gesundheitsdienst NHS hat Surftherapie 2020 offiziell anerkannt, und britische Ärztinnen verschreiben sie auf Rezept unter anderem bei Depressionen und zur Traumabewältigung. Die US-amerikanische Marine bietet Surftherapie schon seit 2008 standardmäßig an, mit nachweislichen Erfolgen vor allem bei Depressionen und posttraumatischem Stress. Die Psychologin Kristen Walter hat als erste Forscherin mehr als eine Million Dollar Forschungsgelder von der Navy bekommen, um Surftherapie für Matrosen und Marines zu erforschen. »Wir sehen eine sofortige Wirkung«, berichtet sie. »Vor allem posttraumatische Belastungssymptome, Depressionen und Angstzustände nehmen im Lauf der acht Wochen stark ab.« Am stärksten ist der Effekt auf positive Gefühle. »Sowohl bei Depression als auch posttraumatischer Belastung ist die Unfähigkeit, positive Emotionen zu spüren, ein Symptom«, erklärt Walter. »Die Tatsache, dass Teilnehmer durch diese Therapie nachweislich mehr positive Gefühle spüren, verdeutlicht die einzigartigen Aspekte der Surftherapie, die wir so nicht in anderen Standardbehandlungen sehen.«[18]

Mein Rat ist: Finden Sie eine Bewegungsart, die Ihnen Spaß macht und Ihrem Körper guttut. Zu oft vergessen wir auf unserer »spirituellen« Reise, den Körper mitzunehmen. Sie können achtsam wandern, surfen, schwimmen.

Gehen Sie raus. Zahlreiche Studien zeigen, dass Natur sich positiv auf unser Wohlbefinden auswirkt. Das grüne Allheilmittel wirkt beruhigend, reduziert nachweislich Stress, Angst und Depressionen und stärkt unser Immunsystem. »Leute, die von der Persönlichkeit her eher ängstlich sind, profitieren besonders von Natur«, erklärte mir Andreas Meyer-Lindenberg, der als Direktor der Klinik für Psychiatrie und Psychotherapie in Mannheim nicht nur über viel Praxiserfahrung verfügt, sondern seit 2007 auch die Effekte von Natur auf die Psyche erforscht. »Wenn man den Unterschied misst zwischen keinerlei Naturkontakt oder hundert Prozent, dann wirkt sich dieser Unterschied stärker auf das Wohlbefinden aus als jeder andere positive Faktor, den wir messen, außer gerade Sex zu haben«, fasst er den Stand der Forschung zusammen. »Dieser positive Effekt von Grün auf das Wohlbefinden ist zum Beispiel größer, als mit seinen Kindern zu spielen oder mit seinem Partner abends zu essen.«

Hören Sie auf sich. »Ganz gleich, wie tief wir verwundet wurden, wenn wir auf die innere Stimme hören, die uns zu unserem Körper, zur Ganzheit zurückruft, beginnen wir unsere Reise«, schreibt die Psychotherapeutin Tara Brach.[19] »Vielfältige Emotionen, eine Kombination aus körperlichen Empfindungen und Geschichten, die wir uns selbst erzählen, schaffen so lange Leiden, bis wir auf der Erfahrungsebene entdecken, wo im Körper sie leben. Wenn wir der unmittelbaren körperlichen Erfahrung einer Emotion stetige Aufmerksamkeit entgegenbringen, kommen vormals damit verknüpfte, in Körper und Geist eingeschlossene Empfindungen und Geschichten zum Vorschein. Es kann sein, dass ganze Schichten von Verletzungen, Ängsten und Wut, die sich in der Vergangenheit angesammelt haben, sich im Licht des Gewahrseins auszuagieren beginnen.«[20]

Wir sind auf der sicheren Seite, wenn wir uns dabei Unterstützung suchen und uns zum Beispiel von einem erfahrenen Therapeuten begleiten lassen. Eine Freundin von mir, die nach einer gewalttätigen Beziehung eine Essstörung entwickelte, fand durch ein spezielles Yogaprogramm für Traumatisierte wieder zu einem gesünderen Verhältnis zu ihrem Körper. Anderen hilft es, zu tanzen, zu wandern oder Zeit in der Natur zu verbringen – was auch immer Ihnen, Ihren Sinnen und Ihrem Körper guttut. Ob Trommeln oder somatische Heilungsmethoden, Yoga oder Wandern – wichtig ist, dass wir lernen, unseren Körper wieder intensiver zu spüren und anzunehmen.

Durch ein sanftes Hineinspüren in unsere schiefe Hüfte, in den Bauch, der drei Fehlgeburten in sich trug, in das Kinn, das die Anspannung des Tages im Kieferknochen hält, werden wir der Anspannung nicht nur gewahr, sondern können sie auch lösen, und mit ihr die damit verbundenen emotionalen und seelischen Blockaden.

In den vergangenen zehn bis fünfzehn Jahren hat es in der Grundlagenforschung drei aufsehenerregende Entdeckungen gegeben, die unser Verständnis des Wirkungszusam-

menhangs zwischen Körper und Geist und seiner Bedeutung für die Gesundheit grundlegend verändern.
Die erste Entdeckung ist das Phänomen der Neuroplastizität.
Es ist inzwischen erwiesen, dass das Gehirn ein lebenslang lernfähiges Organ ist, das bis ins hohe Alter hinein und in Anpassung an äußere Einflüsse ständig weiter ausreift, sich wandelt und neu strukturiert. Es ist auch bekannt, dass gezielte Übung, gleich welcher Art, und wiederholte Konfrontation mit komplexen Aufgabenstellungen diese grundlegende Fähigkeit des Gehirns zusätzlich stimuliert.
Die zweite große Entdeckung fällt in das Forschungsgebiet der Epigenetik. Wie sich herausstellte, weist auch das Genom »Plastizität«, also eine Art Formbarkeit, auf, von der man sich noch vor Kurzem keinerlei Vorstellung machte. Die Epigenetik erforscht im Einzelnen, auf welche Weise unsere Erfahrungen, Verhaltensweisen, die Art unserer Lebensführung und sogar unsere inneren Einstellungen Einfluss darauf haben können, welche Gene unserer Chromosomen »eingeschaltet« oder »ausgeschaltet« werden. Daraus ergeben sich weitreichende Konsequenzen, die besagen, dass unser genetisches Erbe keineswegs so schicksalhaft ist, wie es die klassische Auffassung vertrat. Demnach sind wir in der Lage, unser Erbgut zumindest mittelbar zu beeinflussen, indem wir es in seinen einzelnen Ausprägungen aktivieren oder deaktivieren, und haben es auf diese Weise theoretisch selbst in der Hand, ob und wann bestimmte Krankheiten zum Ausbruch kommen.

Jon Kabat-Zinn, *Gesund durch Meditation*, S. 220–221

Was ist Stress? Was genau sind unsere persönlichen Stressfaktoren? Und welche davon haben wir »selbst in der Hand«?

Dass Kabat-Zinn die Stressreduktion in den Namen seines

Kurses einbaute, hat auch den Hintergrund, dass er Stress recht umfassend definiert und damit nicht nur (aber auch) einen hektischen Berufsalltag meint. Stressbedingte Erkrankungen sind geradezu epidemisch.

Kabat-Zinn betrachtet Krankheitssymptome als »Boten, die kommen, um Ihnen etwas Wichtiges über Ihren Körper und Ihre Verfassung mitzuteilen«.[21] Wenn wir diese Botschaften missachten, ignorieren wir damit auch die Verbindung zu unserem Körper. Krankheit bedeutet immer auch Stress.

Als »dritte aufsehenerregende Entwicklung« nennt Kabat-Zinn die Bedeutung von gesellschaftlicher Unterstützung für unsere Gesundheit und unser Wohlbefinden, den gemeinschaftlichen Zusammenhalt. Dazu mehr im nächsten Kapitel.

Der Neurowissenschaftler Ulrich Ott geht davon aus, dass mehr als die Hälfte aller Fehltage von Berufstätigen auf psychische Ursachen zurückgehen, und er untersucht in seinem Buch *Meditation für Skeptiker* die Wirkung von Achtsamkeitsmeditation auf das Stressempfinden. Wir alle kennen die negative Spirale: Eine körperliche Erkrankung ist auch eine psychische Belastung und löst Stressreaktionen aus, die wiederum den Krankheitsverlauf negativ beeinflussen. Ott zufolge gilt das besonders für Erkrankungen, »bei denen das Immunsystem eine wichtige Rolle spielt. So liegen inzwischen bereits mehrere Studien zu positiven Wirkungen von MBSR bei Krebs vor«, aber auch bei der Rehabilitation nach Hirnverletzungen, Diabetes, Herzkrankheiten, Immunschwäche, Organtransplantationen, Arthritis, Tinnitus und Schmerzsyndromen wie Fibromyalgie etc.[22] Laut Ott wirft dies »die Frage auf, ob achtsamkeitsbasierte Stressreduktionsprogramme nicht auch einen wichtigen Beitrag zur Vorbeugung von Krankheiten leisten können«.[23]

Ott schreibt: »Das MBSR-Programm leitet die Teilnehmer gezielt dazu an, ihre Selbstheilungskräfte zu mobilisieren. Negative Bewertungen, die zu einer Verschlechterung der Situation beitragen und zu einem Gefühl der Ohnmacht und Hoffnungslosigkeit führen, werden bewusst gemacht und abgebaut. Stattdessen wird die Selbstverantwortung betont und durch die Förderung einer wohlwollenden Haltung das Selbstwertgefühl gesteigert und das Selbstvertrauen, die Erkrankung aus eigener Kraft bewältigen zu können.«[24]

Durch tiefes, ruhiges Atmen lernen wir, Stress zu regulieren und Angst zu beruhigen.[25]

Ott zitiert auch Meta-Analysen, die zeigten, dass Meditation Stress genauso mindert wie klinische Standard-Entspannungsmethoden. Darüber hinaus sind Teilnehmer von achtsamkeitsbasierten Kursen weniger ängstlich und grüblerisch, zeigen aber mehr Mitgefühl und Selbstfürsorge. Er zieht das Fazit, dass »MBSR durchweg einen positiven Effekt mittlerer Größe auf die psychische Gesundheit der Teilnehmer hatte. [...] Die Effekte waren zeitlich stabil und fielen bei Gesunden höher aus als bei Patienten. [...] Die Autorinnen kommen zu dem Fazit, dass achtsamkeitsbasierte Programme wie MBSR bei Gesunden mit normaler und erhöhter Stressbelastung langfristig die Achtsamkeit und die psychische Gesundheit fördern.«[26]

Zu möglichen Nebenwirkungen von Meditation zählen ein niedrigerer Blutdruck, ein gestärktes Immunsystem,[27] und wir können Schmerz besser tolerieren. Meditation mindert Entzündungen und beeinflusst sogar unsere Gene.[28] Sie kann Depressionen effektiver lindern als Antidepressiva.[29] Meditation kann sich nachweislich auf Schlaflosigkeit, Ängstlichkeit, Empathie und unsere Konzentrationsfähigkeit auswirken. Wir können damit auch viele der Fähigkeiten verbessern, die wir als Kernkompetenzen für Resilienz identifizieren, wie Optimismus, Eigenwirksamkeit, unsere Belastungsfähigkeit, mentale Kontrolle und flexibles Denken.

Das kann erstaunlich rasch gehen. Harvard-Neurobiologin

Sara Lazar und ihre Kollegen luden Menschen, die nie zuvor meditiert hatten, zu einem achtwöchigen Stressreduktionsprogramm ein, bei dem die Teilnehmenden jeden Tag dreißig bis vierzig Minuten meditierten. Die überraschend eindeutige Konsequenz: Der Hippocampus, also der Bereich im Gehirn, der für das Lernen und die Selbstbeherrschung zuständig ist, wurde stärker, während die Amygdala – der Mandelkern, der uns vor Wut ausflippen lässt oder eine Panikattacke orchestriert – schrumpfte. »Es gab tatsächlich einen neurobiologischen Grund, warum sie sich weniger gestresst fühlten«, sagt Sara Lazar. »Meditation kann buchstäblich das Gehirn verändern.«[30]

Der Schlüssel ist: Meditation verstärkt die Nervenbahnen in unserem Gehirn, die uns für Stress und Herausforderungen wappnen.

Wie genau Meditation das Gehirn beeinflusst, hängt auch von der Meditationsmethode ab. »Es macht einen Unterschied, ob Sie mit der Aufmerksamkeit durch den Körper wandern, ein Meditationsbild betrachten, ein Mantra wiederholen oder eine Haltung liebevollen Mitgefühls in sich hervorrufen«, schreibt Ulrich Ott. »Je nach gewähltem Fokus der Aufmerksamkeit werden spezifische Hirnregionen aktiviert, die für die betreffenden Sinnesmodalitäten und Emotionen zuständig sind.«[31]

Eine Studie des Max-Planck-Instituts wies nach neun Monaten Training Achtsamkeitsmeditation eine Verdickung des präfrontalen Kortex nach und zeigt, dass Mitgefühlsmeditation zu mehr Plastizität führte in den Hirnregionen, die unter anderem für Motivation zuständig sind.[32] Je präziser wir diese Zusammenhänge verstehen, desto mehr hoffen Psychologinnen, verschiedene Meditationen recht spezifisch je nach Bedarf einzusetzen.

Diese Ausflüge in die Neurowissenschaft mögen etwas komplex klingen; tatsächlich aber ist der Nutzen für uns sehr konkret: Wir können viele Faktoren selbst steuern. Es liegt an uns zu entscheiden, wie wir auf die Signale unseres Körpers antworten und mit ihnen umgehen.

Inzwischen wissen wir auch, dass Meditation buchstäblich neue Schneisen im Gehirn bahnen kann. Lange dachten Ärzte und Wissenschaftlerinnen, das Gehirn sei in jungen Jahren ausgereift und verändere sich dann nicht mehr. Zahlreiche Untersuchungen beweisen jedoch, dass sich unser Gehirn ein Leben lang verändern kann, unter anderem durch Meditation.

Natürlich stellen sich solche Veränderungen nicht immer sofort ein. Vor einigen Jahren habe ich als Versuchskaninchen an einer Studie der University of California, Los Angeles, teilgenommen. Eileen Luders, eine deutsche Neurowissenschaftlerin, schob mich in den Hirnscanner. Sie suchte nach Anzeichen, dass jahrelange Meditationserfahrung körperliche Spuren im Gehirn hinterlässt, und sie fand Beweise: Je länger jemand meditierte, desto dicker war der Kortex – ein Hinweis darauf, dass das Gehirn Informationen schneller verarbeiten kann. Ihre Studien legen auch nahe, dass die Verbindungen zwischen Gehirnzellen bei Meditierenden stärker ausgebildet sind.[33]

Wie kann Achtsamkeit so tief reichende Auswirkungen haben? Weil unser Gehirn ein Leben lang lernfähig ist, wenn wir ihm nur kontinuierlich Aufmerksamkeit widmen und auf Fokus und Kurskorrekturen achten. Wir können unser Gehirn in jedem Lebensalter neu verdrahten.[34] Mit jedem Gedanken, den wir denken und jedem Gefühl, das wir fühlen, lernt das Gehirn dazu.

Heilung in dem Sinn, in dem wir das Wort hier verwenden, bedeutet nicht unbedingt Genesung, auch wenn die Begriffe im allgemeinen Sprachgebrauch häufig als Synonyme gelten.
Dennoch ist es wichtig, zwischen beiden zu differenzieren,

weil sich aus ihnen vollkommen unterschiedliche Überlegungen ableiten. […] Auch wer nicht gesund wird, kann heil werden, das heißt lernen, mit den Bedingungen, wie sie sich uns in diesem Moment zeigen, zu leben und zu arbeiten. Heilung schließt die Möglichkeit ein, gegenüber Krankheit, Schmerz und sogar Tod unsere Einstellung zu verändern, indem wir lernen, mit den Augen der Ganzheit zu sehen.

Menschen mit chronischen Erkrankungen oder stressbedingten Problemen können genauso ihre Ganzheit erfahren wie jeder andere auch. In Augenblicken, in denen man Ganzheit erlebt und sich mit den Dimensionen des eigenen Seins verbindet, hat man oft das deutliche Gefühl, mehr als die körperliche Krankheit, mehr als die Probleme zu sein, unter denen man zu leiden hat, und ist dann weit besser in der Lage, diese zu akzeptieren. Wer sich schon eine Weile in der Meditation übt und glaubt, ein Versager zu sein, weil er »trotzdem« noch Krebs oder Aids hat oder herzkrank ist, hat MBSR und die Übung der Achtsamkeit gründlich missverstanden.

Wir meditieren nicht, um Schmerzen, Krankheit oder Probleme zu beseitigen, ebenso wenig wie wir meditieren, um besondere Gefühlsebenen zu erreichen. Ob man an einer unheilbaren Krankheit leidet oder kerngesund ist, niemand weiß, wie lange er noch leben wird. Das Leben entfaltet sich allein in diesem Augenblick, und die heilende Wirkung der Achtsamkeit liegt darin, ihn in seiner ganzen Fülle zu erleben und als das zu akzeptieren, was er ist, während wir den nächsten Augenblick auf uns zukommen lassen, offen für eine neue Erfahrung des Jetzt.

Jon Kabat-Zinn, *Gesund durch Meditation*, S. 209–210

»Paradoxerweise birgt gerade dieser Wechsel in der Orientierung und Wahrnehmung ein umfassendes Verwandlungspotenzial«, schreibt Kabat-Zinn. »Akzeptierendes Geschehenlassen bedeutet keineswegs passive Ergebung oder Resignation. Es bedeutet, einer Situation so vollständig wie möglich gewahr zu sein, wie schwierig sie auch sein mag. Erst dann können wir, bewusst oder auch intuitiv, die Wahl treffen, zu dem gegenwärtigen Augenblick auf andere Art in Beziehung zu treten.«[35]

Dennoch bedeutet Meditation natürlich nicht, dass wir Krankheit einfach wegatmen können. Aber wir können Verantwortung übernehmen. Wir können »heil« werden, auch wenn wir mit einer Diagnose leben. Wir sind nicht unsere Krankheit. Wir sind nicht unsere Symptome. Wir sind auch nicht unser Körper.

Tibeter haben ein grundlegend anderes Verständnis vom Körper als westliche Ärzte und Ärztinnen. Der tibetische Begriff für den Körper ist *lü*, wörtlich »das, was zurückgelassen wird«. Der Körper wird als nützliches Vehikel betrachtet, das uns durchs Leben trägt. So wie wir das Auto oder das Fahrrad, mit dem wir zur Arbeit fahren, gut behandeln, regelmäßig warten und dafür sorgen, dass es gut läuft, sollten wir natürlich auch unseren Körper möglichst gut versorgen. Aber diese übertriebene Anhaftung an den Körper, die Identifizierung mit einem bestimmten Körperbild, gar das Festmachen des eigenen Werts an der äußeren Erscheinung, sehe ich dort selten.

Andere Kulturen haben auch andere Schönheitsideale. Wer kein Sixpack hat, kann nach Japan schielen. »Nichts wiederspricht dem westlichen Schönheitsideal unserer Zeit mehr als ein dicker Bauch«[36], stellte Karlfried Graf Dürckheim fest, als er Ende der 1940er-Jahre nach Japan reiste und dort auf eine radikal andere Vision von körperlichen Idealen stieß. Während im Westen ein runder Bauch als unästhetisch gilt oder gar als Zeichen von Faulheit interpretiert wird, sind Sumo-

Meister in Japan stolz auf ihre beachtliche Körpermitte. »Ihr ›Bauch‹ ist die Stätte ihrer Kraft … Sie bezeugen Hara«, schreibt Dürckheim.[37]

Es gibt keine gute deutsche Übersetzung für das japanische Wort Hara. Wörtlich übersetzt bedeutet Hara einfach »Bauch«, aber tatsächlich meint der Begriff vielmehr die Körpermitte oder »energetische Mitte des Menschen«. »Unter Hara versteht der Japaner den Besitz derjenigen Gesamtverfassung des Menschen, die ihn befähigt, sich den Kräften und der Einheit des ursprünglichen Lebens zu öffnen und sie zugleich in der Meisterung, Sinngebung und Erfüllung seines Lebens zu bezeugen«[38], schreibt Dürckheim.

Sie lässt sich stärken – durch Meditation, Atem- und Körperübungen.

Deshalb hielt Dürckheim »die heute übliche Ablehnung des Bauches« für »widernatürlich und insofern Zeugnis eines irrelaufenden Geistes, als sich darin der Verlust des Instinktes auch für den rechten Schwerpunkt bekundet«.[39] Er beschreibt in seinem Buch *Hara – Die energetische Mitte des Menschen,* wie Meditationsmeister »die rechte Mitte« entwickeln.

Wir alle kennen Menschen, die allein schon durch ihre Körperhaltung beeindrucken, weil sie in sich gefestigt ruhen.

Als ich in Colorado lebte, war ich mit einem sehr guten Physiotherapeuten befreundet. Er liebte seinen Beruf, und wenn wir zusammen im Straßencafé an der Pearl Street saßen, konnte er oft nicht anders, als die Körpersprache der vorbeigehenden Passanten zu analysieren: »Der wird in einigen Jahren einen Herzinfarkt haben.« Oder: »Oh, diese Frau schleppt ein schweres Trauma mit sich herum.«

Zumindest bei den Menschen, die ich kannte, stimmte seine Einschätzung mit frappanter Treffsicherheit. Er konnte anhand der Körperhaltung eines Menschen nicht nur über dessen physische Verfassung Auskunft geben, sondern oft genug auch über seine oder ihre psychische »Haltung«.

Das erinnerte ich oft beim Lesen von Graf Dürckheims Bestseller *Hara*.

»So sehen wir die Menschen das harmonische Verhältnis zu Himmel und Erde verfehlen, indem sie – im Stehen, Sitzen und Gehen – entweder übertrieben und einseitig nach oben gereckt sind oder aber in einer Weise nach unten absacken, die alle Gerichtetheit von und nach oben auslöscht«,[40] beobachtete Dürckheim. »Hier wie dort fehlt die rechte *Mitte*. Es fehlt der Schwerpunkt, dessen Vorhandensein sowohl die rechte Eigenständigkeit als auch die rechte Verbundenheit mit sich selbst und mit der Welt ermöglicht. [...] Ist die Mitte vorhanden, dann mutet uns das Erscheinungsbild an als ein unverstellter Ausdruck inneren Lebens, und es wirkt immer harmonisch-bewegt.«[41]

So wie Menschen ihre seelischen Verletzungen sichtbar mit sich schleppen, so strahlen auch gefestigte, in sich ruhende Menschen ihre Gemütsverfassung mit ihrer Haltung aus.

Ich halte Dürckheims Worte für eine gute Einladung, unsere Mitte zu finden – sowohl körperlich wie im übertragenen Sinne. Was hilft Ihnen, Ihr »Gleichgewicht« wiederzufinden? Gibt es eine körperliche Aktivität, die Sie mal genossen haben und zu der Sie zurückfinden können? Vielleicht Tanzen, Surfen oder Yoga? Wann sind Sie zum letzten Mal barfuß gelaufen und haben die Erde unter den Zehen gespürt?

Jeden Morgen, wenn ich mit meinen Hunden durch den Stadtpark laufe, sehe ich eine Gruppe barfuß im Gras Tai-Chi üben. Wie ein choreografiertes Ballett tanzen die Frühaufsteher in Zeitlupe die uralte chinesische Form des Schattenboxens nach, still, voller Anmut und Präsenz. Gerade mit fernöstlichen Bewegungskünsten wie Tai-Chi oder Qigong lässt sich der eigene Körperschwerpunkt finden und trainieren. Wer einmal mit einem Praktizierenden auf der Matte steht, weiß, wie blitzschnell man das Gleichgewicht verliert, wenn man das Ankern in der eigenen Mitte nicht geübt hat.

In Australien trainierte ich einige Monate mit zwei renommierten Qigong-Lehrern, die diese Kunst in China von klein auf geübt hatten, seit sie sieben Jahre alt waren. Oberflächlich betrachtet hätte man sie im westlichen Sinne auf den ersten Blick vielleicht nicht für »fit« gehalten. Beide trugen ein kleines Bäuchlein vor sich her. Aber sie waren so gelenkig, behände und stark, wie ich das selbst in jungen Jahren nie gewesen bin. Ihre Bewegungen waren fließend, ruhig, achtsam. Sie zeigten mir Videos von sich, wie sie schwere Lastwagen allein mit ihrer Körperkraft zogen. Ich bin nicht beim Qigong geblieben, aber die Lehrstunden mit den beiden flößten mir Respekt ein für das traditionelle Verständnis der Körperenergien.

Was kann Ihnen dabei helfen, Ihre »rechte Mitte« zu finden? Was erdet Sie? Wann fühlen Sie Ihren Körper am intensivsten?

Die einfachen Yogaübungen, die Kabat-Zinn in die Achtsamkeitskurse integriert, kann fast jede und jeder machen, egal ob jung oder alt, steif oder gelenkig. Es geht darum, in uns hineinzuspüren und unseren Körper wieder bewusst wahrzunehmen und wertzuschätzen.

Manche Meditationsanleitungen raten uns, zu sitzen wie ein Berg – ruhig, gefestigt, stabil. Es ist mehr als eine Metapher: Wenn wir uns erden, kann uns (fast) nichts »umwerfen«.

Im Grunde ist Yoga eine Methode, den Körper so umzugestalten, dass er einem höheren Zweck dient.

Sadhguru, *Die Weisheit eines Yogi*, S. 35

In unseren westlichen Breitengraden wird Yoga oft als Fitnessübung verwässert, aber mir gefällt die Definition von Sadhguru besser.

»Yoga ist keine Praxis«, schreibt Sadhguru. »Es ist auch keine Übung und keine Technik. Die im öffentlichen Bewusstsein kursierenden Vorstellungen beziehen sich auf eine trivialisierte Form von Yoga, die heute die ganze Welt erobert hat. Das ist ein Zerrbild jener großen, ausgesprochen tiefgründigen Wissenschaft, die auf dem indischen Subkontinent entstanden ist. Die Wissenschaft des Yoga ist ganz schlicht die Wissenschaft, in absoluter Harmonie und vollständiger Übereinstimmung mit dem Leben zu sein.«[42]

Ich begann eigentlich mit Yoga, weil ich im thailändischen Kloster eine erste Erfahrung damit gemacht hatte. Nach den Nächten auf den unbequemen Betonpritschen im Kloster war das morgendliche Biegen und Dehnen eine Wohltat. Besonders faszinierte mich, dass der 53 Jahre alte Yogalehrer sich so gelenkig verbretzeln konnte. Aus meiner damaligen Perspektive einer 23-Jährigen war der Mann uralt, und ich fand seine Geschmeidigkeit beeindruckend. Er habe mit dem Yoga selbst erst Mitte dreißig angefangen, erzählte der amerikanische Lehrer, ursprünglich, weil er seine chronischen Magenprobleme verbessern wollte und ihm ein Arzt dazu geraten hatte. Aus einmal in der Woche Yogapraxis wurden zweimal, dann übte er täglich, die Magenprobleme waren Geschichte, und er wurde hauptberuflich Yogalehrer.

Ich las bald darauf Iyengars Standardwerk *Licht auf Yoga* (O.W. Barth) und fing bei Amrit Stein an, einer bekannten Lehrerin und Tänzerin in München, die Yoga in den 1980er-Jahren in Indien von Iyengar persönlich gelernt hatte. Ich bin beim Yoga geblieben, weil es mir auf vielen Ebenen hilft – körperlich, mental, seelisch.

Ich sehe Yoga als Achtsamkeit in Bewegung, oder wie Iyengar poetisch über das Gewahrsein beim Yoga schreibt: »Jede Pore der Haut muss zu einem Auge werden.«[43]

Gleichzeitig haben mir die Yogaübungen enorm bei der Bewältigung von gesundheitlichen Krisen geholfen, um eine gesunde Balance zu finden zwischen Anstrengung und Entspannung.

Während viele Yogis und Yoginis im Westen darin in erster Linie einen Pfad zu körperlicher Flexibilität und Fitness sehen, verbindet Iyengar mit Yoga viel mehr: »Für einen Yogi ist der Körper sein Leben lang ein Laboratorium, ein Experimentierfeld und ewiges Forschungsgebiet.«[44]

Der Körper ist nur der Ausgangspunkt für ein tieferes Eintauchen in ganzheitliches Sein. »Aus der Freiheit des Körpers entsteht die Freiheit des Geistes und dann die absolute Freiheit.«[45] So wird der Körper zum Werkzeug der Selbsterkenntnis.

Sokrates ermahnte uns zur Selbsterkenntnis. Sich selbst erkennen heißt, den eigenen Körper, den eigenen Geist und die eigene Seele zu kennen. Yoga ist wie Musik [...]. Der Rhythmus des Körpers, die Melodie des Geistes und die Harmonie der Seele erschaffen die Symphonie des Lebens. Die Reise nach innen wird Ihnen die Möglichkeit geben, einen jeden dieser Aspekte Ihres Wesens zu erforschen und zu integrieren. Wir müssen auch die Beziehung zwischen Natur und Seele verstehen. Yoga lehnt nicht das eine um des anderen willen ab, sondern sieht beides als untrennbar miteinander verbunden, so wie sich Erde und Himmel am Horizont vereinen.

Sie brauchen die Freiheit nicht in einem fernen Land zu suchen, denn sie existiert in Ihrem Körper, Ihrem Geist, Ihrer Seele. Erleuchtete Befreiung, Freiheit, reine, ungetrübte Glückseligkeit warten auf Sie, aber um sie entdecken zu können, müssen Sie sich für den Antritt der Reise nach innen entscheiden.

B. K. S. Iyengar, *Licht fürs Leben*, S. 27–28

4
MitGefühl MitMenschen

Wir können den Weg der Weisheit nicht ohne Mitgefühl gehen, weil sie keine getrennten Größen sind, sondern einander durchdringen. […] So wie es kein Ich ohne Du gibt, so auch keine wahre Weisheit ohne Herzenswärme, keine wahre Herzenswärme ohne Weisheit.

Jon Kabat-Zinn, *Gesund durch Meditation,* S. 219

Normalerweise halten Meditationslehrer ihre Retreats in einsamen Bergen und ruhigen Idyllen oder wenigstens in einem stillen Raum ohne Ablenkungen. Zen-Lehrer Roshi Bernie Glassman (1939–2018) dagegen versammelte seine Schüler und Schülerinnen an den Brennpunkten von Konflikten: in Rwanda, Auschwitz, der West Bank, der Bronx.

Als ich ihn einige Jahre vor seinem Ableben an einem sonnigen Morgen im Los Angeles Zen Center traf, summte er leise Leonard Cohens Lied über den Riss, durch den das Licht dringt. *There is a crack in everything. That's how the light gets in.* »Das bringt es auf den Punkt«, sagte er. »Genau darum geht es: den Panzer ablegen, verletzlich werden.«

Meditationsmeister reden gerne über Ganzheit, aber Bernie Glassman betonte lieber »die Erfahrung des Zerbrechens. Ein Bruch ist eine gewaltige Erfahrung. Viele Menschen bleiben sehr hart. Sie brechen nicht oder versuchen, nicht zu brechen. Der Riss ist genauso wichtig, vielleicht wichtiger als das Reparieren, denn ohne den Riss kann die Heilung nicht beginnen. Du findest erst Ganzheit, wenn du bereit bist zu zerbrechen.«

Das ist der Grund, warum er Leute mit auf die Straße nahm: damit der Panzer aufreißt und die Menschen sich ungepanzert begegnen. »Viele denken, sie könnten mit Obdachlosen nicht in *Berührung* kommen. Sie könnten nicht einfach fragen: ›Hallo, wie geht's?‹ Sie wechseln lieber die Straßenseite. Aber wenn man selbst auf der Straße lebt, verschmilzt man zu einem Wesen.«

Vielleicht denken wir, wir wüssten, was es bedeutet, obdachlos, krank oder im Krieg zu sein; Amerikaner zu sein oder Deutsche; Christ, Jude oder Buddhistin. Bernie Glassman forderte uns heraus, von vorne anzufangen: »Wenn du einen Menschen zwei Minuten lang nicht gesehen hast, dann geh nicht davon aus, dass es derselbe Mensch ist. Er oder sie ist jetzt anders.«

Menschen, die mit dem von Glassman gegründeten Zen-Peacemaker-Orden an einem Straßenretreat teilnehmen, verlassen ihre Komfortzone: keine Kreditkarten, keine wohlig warmen Daunenschlafsäcke, keine Ausnahmen. Sie lassen sich auf das Unbekannte ein und auf die Lektionen der Straße mit ihren ungeschriebenen Gesetzen.

Die erste Hürde ist, dass sie sich die Teilnahmegebühr (die den Obdachlosen gespendet wird) erbetteln müssen. Die meisten finden es ausgesprochen peinlich, andere um Geld anzugehen, und diese Bitte verursacht oft den ersten Knacks im Panzer. »Ich habe das angestoßen, weil ich mich mit den Obdachlosen verbünden wollte. Wenn du obdachlos bist und bettelst, ignorieren dich die Leute komplett; man existiert gar nicht«, sagte er. »Wenn man einmal auf diese Weise missachtet wurde, kann man das anderen Menschen so nicht mehr antun.«

Die Teilnehmerinnen sind Wind und Wetter ausgesetzt, schlafen unter Brücken und betteln um ihr Essen, so wie andere Obdachlose jeden Tag. »Ich kenne keinen, der während eines Straßenretreats keine tiefgründigen Erfahrungen hat«, sagte Bernie. Es sei denn – auch das kommt vor –, jemand unterwandert die Spielregeln und bringt einen North-Face-Schlafsack und die Starbucks-Karte mit. Damit verpasst man das Wesentliche. Denn der Punkt ist ja gerade nicht, sich weich zu betten und eine Kuschelecke mit dem gewohnten Komfort einzurichten, sondern sich aus der Behaglichkeitszone hinaus zu wagen.

»Ich habe einen Maßstab, wie weit deine Erleuchtung reicht«, sagte Bernie, der darauf verzichtete, mit seinem Ehrentitel Roshi angesprochen zu werden. »Der Maßstab ist, wie sehr du für andere da bist.«[1]

Ein Herz wie ein Fluss

Wenn Sie eine Handvoll Salz in ein Glas Wasser schütten, wird das Wasser ungenießbar. Doch wenn Sie diese Menge Salz in einen Fluss schütten, können die Menschen dieses Wasser weiterhin zum Kochen, Waschen und Trinken verwenden. Der Fluss ist unermesslich groß und besitzt die Fähigkeit, zu empfangen, zu umarmen und zu verwandeln. Wenn unser Herz klein ist, sind unser Verständnis und unser Mitgefühl begrenzt, und wir leiden. Wir können andere und ihre Fehler nicht akzeptieren und wollen, dass sie sich ändern. Doch wenn unser Herz sich weitet, leiden wir nicht mehr unter genau den gleichen Dingen. Wir haben mehr Verständnis und Mitgefühl für andere und nehmen sie so an, wie sie sind, sodass sie eine Möglichkeit haben, sich zu verändern.

Thich Nhat Hanh, *Einfach lieben*, S. 8

Das Gebot Jesu, Buddhas und unzähliger spiritueller Lehrer, jeden wie unseren Nächsten zu lieben, mag uns in der Praxis unmöglich erscheinen. Aber wir sind nicht mit Hass auf die Welt gekommen. Wir haben erst beim Heranwachsen gelernt, Menschen auszugrenzen, also muss es auch möglich sein, sie wieder hereinzulassen.

»Niemand wird damit geboren, einen anderen Menschen wegen seiner Hautfarbe, seines Hintergrunds oder seiner Religion zu hassen«, schrieb Nelson Mandela in seiner Biografie. »Menschen müssen zu hassen lernen, und wenn sie lernen können zu hassen, dann können Sie auch gelehrt werden zu lieben, denn Liebe berührt das menschliche Herz viel leichter als ihr Gegenteil.«[2] Mandela hat nicht nur einen seiner Gefängniswärter zu seiner Vereidigung als Präsident eingeladen, sondern auch ihm feindlich gesinnte Staatsanwälte zum Mittagessen und die Frauen einstiger Apartheidführer zum Tee. Als er nach 27 Jahren aus dem Gefängnis kam, wusste er »ganz klar«, dass die Unterdrücker »genauso befreit« werden mussten wie die Unterdrückten.

Wenn Menschen diese Art von Mitgefühl zeigen, verleihen wir ihnen Preise, aber wie halten wir es in unserem eigenen Leben mit den Menschen, die uns ungerecht behandelten?

Malala Yousafzai, mit 17 Jahren die jüngste Nobelpreisträgerin aller Zeiten, überlebte bekanntlich als 15-Jährige einen Kopfschuss durch die Taliban, die sie angegriffen hatten, weil sie sich für die Schulbildung von Mädchen in Pakistan einsetzte. Sie sagte, wenn sie die Gewalt der Taliban mit Gewalt vergelte, gebe es »keinen Unterschied« zwischen ihr und den Taliban. »Man darf andere nicht mit Grausamkeit behandeln. Man muss mit Frieden, Dialog und Ausbildung kämpfen.«[3]

Unbekannt bleiben die vielen Menschen überall auf der Welt, die sich jeden Tag wieder neu entscheiden zu vergeben, statt zu vergelten. Jenseits all ihrer unterschiedlichen Kulturen und Religionen erkennen sie die Kraft der liebenden Güte.

Hin und wieder treffe ich jemanden, der mir erzählt, dass Verzeihen eine Schwäche ist. Ich denke, die in diesem Buch zitierten Vordenker beweisen das Gegenteil. Freundschaft triumphiert über Verrat, Vertrauen ist stärker als Misstrauen, die Logik des Herzens besiegt die Gewalt, die aus Hass geboren wurde. Liebende Güte ist eine Stärke und ein kraftvoller Katalysator für Veränderungen, vielleicht der kraftvollste Motor, den wir auf diesem Planeten haben.[4]

»Liebe selbst ist die wirkliche Ausdrucksform Gottes«, schreibt Ramana Maharshi. »Nur wenn die Wahrheit der Liebe erkannt wird, die das wahre Wesen des Selbst ist, wird der festgezurrte Knoten des Lebens gelöst. Nur wenn man den Höhepunkt der Liebe erreicht, wird Befreiung erlangt. Das ist das Herz aller Religionen. Die Erfahrung des Selbst ist Liebe, denn das heißt nur Liebe sehen, nur Liebe hören, nur Liebe fühlen, nur Liebe schmecken und nur Liebe riechen – das ist Seligkeit.«[5]

Wahre Liebe vermag jede Situation zu heilen und zu verwandeln und unserem Leben einen tieferen Sinn zu geben.

Thich Nhat Hanh, *Einfach lieben*, S. 16

Auf die Frage, was ihnen im Leben am wichtigsten ist, antworten die meisten Menschen: Liebe. Das offenste Geheimnis der Welt ist: Obwohl alle nach Liebe suchen, ist sie reichlich vorhanden. Wichtiger, als jemanden zu finden, der uns liebt, ist, dass wir unsere eigene Fähigkeit zu lieben kultivieren. Wenn wir uns selbst nicht lieben, können wir keine Liebe finden, zumindest nicht die wahre Liebe, die mehr ist als ein Pakt, der nur gilt, solange der andere unsere Bedürfnisse erfüllt.

Das vielleicht größte Missverständnis mag sein, dass Meditation eine einsame Sache ist, eine Angelegenheit für Einsiedler. Zwar stimmt es, dass das Ausschalten von äußeren Reizen sinnvoll ist, um Konzentration in der Stille zu entwickeln, aber ob man wirklich meditiert, zeigt sich spätestens, wenn man vom Berg wieder in die Stadt wandert.

Weisheit und Mitgefühl werden im Buddhismus immer Hand in Hand gelehrt, als zwei Stränge, die untrennbar verwoben sind. Auch deshalb sehe ich die Fokussierung *allein* auf

Achtsamkeit in manchen Meditationskursen kritisch. Es mag schon sein, dass diese Art von Praxis die Konzentration steigert und sich positiv auswirkt. Aber es fehlt ein wesentliches Element, und damit steigt die Gefahr, bei der Innenschau nur um den eigenen Nabel zu kreisen.

Das buddhistische Verständnis von Mitgefühl geht um einiges tiefer als das allgemein übliche. Wir fühlen nicht nur mit anderen, sondern werden aktiv.

Das chinesische Wort für Mitgefühl bestehe aus zwei Schriftzeichen, erklärte mir Roshi Bernie Glassman. »Ein Zeichen steht für Mitgefühl im üblichen Sinn, und das andere für das Beseitigen von Furcht. Das ist eine sehr wichtige Praxis. So viele Leute haben Angst, wenn sie auf die Straße gehen. Sie haben Angst vor den Obdachlosen, Angst, dass ihnen etwas zustößt, Angst vor Leid. Ich kenne nur einen Weg, diese Ängste zu beseitigen, und das ist, sie zu den Orten zu bringen, die sie fürchten. Wenn sie kommen, verschwinden die Ängste.«

Bernie Glassman lebte nach drei essenziellen Prinzipien, die sich als roter Faden durch all seine Aktivitäten zogen: nicht wissen, Zeugnis ablegen, aktiv werden.

Von der Ausbildung her war Bernie Ingenieur für Luftfahrttechnik, und Anfang der 1960er-Jahre war er bei dem Raumfahrtunternehmen McDonnell-Douglas in Kalifornien der Projektdirektor für den ersten bemannten Flug zum Mars. Vielleicht ist ihm aus dieser Zeit das sehr methodische Vorgehen geblieben. Aber bald konzentrierte sich seine Vision mehr darauf, eine innere Revolution zu zünden statt Raketen ins All.

Er freundete sich am Zen Center Los Angeles mit dem jungen japanischen Mönch Taizan Maezumi Roshi an, der auch Charlotte Joko Becks Lehrer war.

Bernie absolvierte »Hunderte um Hunderte traditionelle Meditationsretreats«, sagte er mir im Zen Center, wo seine spirituelle Reise begann. Er erlebte tiefe Meditationserfahrungen, Augenblicke des Erwachens und die innige Erkenntnis, dass wir alle miteinander verbunden sind. Aber diese Einsichten hatten einen unerwarteten Nebeneffekt: die drängenden Probleme vor der Haustür ließen ihm keine Ruhe. Wie konnte er die Wonne auf dem Meditationskissen genießen, während in seinem Stadtviertel Obdachlose nicht genug zu essen hatten und die Nachrichten täglich Kriege meldeten? Er begann also zu überlegen: Konnte er den Obdachlosen helfen? Zum Frieden beitragen? Die tiefen Wunden in seiner Familie heilen, deren Vorfahren im Holocaust umgekommen waren?

Diese Fragen treiben viele von uns um. Verbringen wir unsere Zeit besser damit, uns zurückzuziehen und zu meditieren? Oder ist es sinnvoller, aktiv zu werden und an den Problemen auf diesem Planeten zu arbeiten?

Statt für die Ruhe und Einsamkeit eines Zen-Klosters entschied sich Bernie dafür, ins Leben einzutauchen. Und nicht in irgendeinen Lebensbereich, sondern in die Randzonen der Gesellschaft: Gefängnisse, Straßenstriche, Kriegsgebiete. Er gründete unter anderem die Greyston Bäckerei in Yonkers, New York, in der er jeden und jede einstellte, der oder die einen Job wollte, auch Obdachlose oder ehemalige Häftlinge.

»Ich habe gemerkt, dass es viel wirkungsvoller ist, wenn man in einem größeren Rahmen Zeugnis ablegt, als wenn ich nur mich selbst betrachte«, sagte Bernie Glassman. Die traditionellen Zen-Retreats »drehten sich im Wesentlichen um *mich*. Nun sorge ich mich viel mehr um andere.«[6]

Authentische Beziehungen

Im Verstehen unserer Beziehungen zu nahen Freunden und Bekannten liegt der Schlüssel zu allem anderen. Wir sind nichts als unsere gegenseitige Verbundenheit, sind nicht getrennt. […]
Der Moment, in dem wir mit unserer Umwelt in Beziehung treten, erschafft sowohl mein Leben als auch das Ihre. Normalerweise nehmen wir es so wahr, dass mein Leben

auf das Ihre stößt, und manchmal ist das kein glückliches Zusammentreffen. Doch im Universum gibt es nichts als Verbindung, und mit dieser konkreten Tatsache können wir von morgens früh bis abends spät praktizieren. Und das sollten wir auch tun, denn das Verstehen unserer wechselseitigen Beziehungen ist der Schlüssel zum Königreich des Erwachens.

Charlotte Joko Beck,
***Zen und das alltägliche Wunder*, S. 220**

Den Cartoon haben Sie sicher schon mal gesehen: Kommt ein Meditationsschüler zu seinem Lehrer und sagt: »Meister, ich fühle, dass ich in meiner Meditation ziemlich weit vorangekommen bin. Woher weiß ich, ob ich erleuchtet bin?«

»Verbringe eine Woche mit deiner Verwandtschaft und dann reden wir weiter.«

Manchen Menschen fällt es unendlich schwer, allein in einem Raum zu sitzen, sei es auch nur eine Stunde oder einen Tag lang. Andere wiederum sind ungern unter Menschen. Ich zähle eher zu den Introvertierten. Ich lebe auf, wenn ich einige Monate allein auf einer Berghütte verbringe. Dann genieße ich die Aussicht und Innensicht, die Chance ganz ohne äußere Ablenkung mein Kopfkino zu beobachten. In den Pausen beobachte ich am liebsten die Wildtiere, die wilden Geier, Rehe, Kojoten. Sogar Bären sind mir in den Rocky Mountains schon begegnet. Für mich ist die größere Herausforderung, mich wieder in die Stadt einzufädeln, in das ständige Hupen und Piepsen, das unerträgliche Geschnatter über unbedeutende Dinge wie Mode und Handtaschen.

Und genau darin liegt das Herz der Achtsamkeit: Sie in der Stille wie im Getöse zu praktizieren.

Zwar wurde Thich Nhat Hanh oft als »Vater der Achtsamkeit« bezeichnet, aber er war auch ein Aktivist, einer der bekanntesten Vertreter des engagierten Buddhismus. Er praktizierte Achtsamkeit nicht nur in den Tempeln seines Glaubens, sondern auch auf Minenfeldern. Sein »kleines Peace Corps« baute Krankenhäuser, Schulen und renovierte vom Krieg zerstörte Dörfer. Er wurde aus seiner Heimat Vietnam verbannt, weil er sich weigerte, sich in dem zerrissenen Land auf eine Seite zu schlagen.

Ein Merkmal des engagierten Buddhismus ist, dass er nicht missioniert. Thay war mit Martin Luther King jr. und Thomas Merton eng befreundet, traf sich mit Papst Paul VI. und vielen anderen religiösen und spirituellen Leitfiguren. Er war davon überzeugt, dass Liebe und Mitgefühl die Essenz aller Religionen sind.

Wie wichtig ihm das Miteinander war, zeigte sich schon in dem Namen, den er dem von ihm gegründeten Orden gab, »Order of Interbeing«, der sowohl Ordinierte wie Laien aufnahm. Das »Inter-Sein«, ein unübersetzbarer Begriff, drückte für ihn aus, dass wir alle zutiefst miteinander verwoben sind. Wer in seinen Orden eintrat, legte das Gelübde ab, die 14 Gebote des engagierten Buddhismus einzuhalten.

Zu diesen Geboten zählt nicht nur, Hass und harsche Worte beim ersten Aufkeimen mit Achtsamkeit zu ersticken, sondern auch: »Verschließe deine Augen nicht vor Leid. Finde Wege, denen beizustehen, die leiden.«

Der Zen-Buddhismus ist Teil des Mahayana (Sanskrit für »großes Fahrzeug«), einer Richtung des Buddhismus, in der Mitgefühl für alle Wesen und die Befreiung aller fühlenden Wesen von Leid angestrebt wird. Deshalb war Thich Nhat Hanh Vegetarier und hielt seine Schüler dazu an, nicht zum Leid von Tieren beizutragen.

Bodhichitta, das »Herz des Erwachens«, ist mit Mitgefühl nur unzureichend übersetzt. Mitgefühl kann sehr begrenzt sein, aber *bodhichitta* kennt keine Grenzen. *Bodhichitta* bedeutet, das eigene Herz auszuweiten, bis alle Wesen darin Platz finden. Das ist im Verständnis des engagierten Buddhismus kein hehrer Wunsch, sondern ein aktiv praktizierter Weg.

Das Wesen der Liebe ist Verstehen

Das Leiden eines anderen Menschen zu verstehen ist das beste Geschenk, das wir ihm machen können. Verstehen ist der andere Name der Liebe.
Ohne Verstehen können Sie nicht lieben.

Thich Nhat Hanh, *Einfach lieben*, S. 10

Ich begann erst, das umfassende Potenzial dieser Einstellung zu begreifen, als ich längerfristig mit Tibetern studierte, die Jahre oder sogar Jahrzehnte in chinesischen Lagern eingesperrt gewesen waren. Sie betrachteten ihre Haft unter dem grausamen Regime als Gelegenheit, Mitgefühl zu praktizieren. Das sagten sie nicht nur, das meinten sie wirklich ernst.

»Meine größte Angst im Gefängnis war nicht, dass ich sterbe«, sagte mir der Tibeter Tulku Pegyal (1931–2001) in Kathmandu, »sondern dass ich mein Mitgefühl für die chinesischen Wärter verliere.«

Tulku Pegyal war einer der ersten Tibeter, mit denen ich mich im nepalesischen Kathmandu anfreundete. Er ist der Hauptgrund, warum ich mich dem Buddhismus zuwandte, denn er beeindruckte mich mit seiner sanften Weisheit so sehr, dass ich wissen wollte, was er wusste. Als ich ihn traf, war er schon fast siebzig, sein Gesicht voll tiefer Furchen, die meist durch ein Lächeln vertieft wurden.

Er hatte 25 Jahre in chinesischen Arbeitslagern verbracht. Sein Vergehen: Buddhismus zu lehren. Noch zwanzig Jahre nach seiner Flucht aus China bewegte er sich mit der sachten, vornübergebeugten Zögerlichkeit, die den Schmerz in seinen gefolterten Knochen verriet. Sein Körper hatte der beinharten Arbeit, dem mickrigen Essen und der sadistischen Folter nicht standgehalten, aber sein Gesicht hätte kaum weicher, liebevoller und wärmer sein können. Nichts finde ich beeindruckender, als zu sehen, wie echte Praktizierende mit noch mehr Mitgefühl und Empathie aus Katastrophen hervorgehen, statt mit Bitterkeit und Zorn.

Wenn ich mich über jemanden ernsthaft ärgere, dann versuche ich, mir Tulku Pegyals Gesicht vor Augen zu rufen. Er hatte eine unmenschliche Behandlung erlitten, durch Soldaten, die sogar seine Mutter umbrachten, und doch hatte er es geschafft, nicht zu hassen. Er erklärte mir, dass Wut dem Versuch gleicht, glühende Kohle aus dem Feuer zu holen und sie auf das Objekt des Hasses zu schleudern: Man kann damit vielleicht andere verletzen, aber man verbrennt sich garantiert selbst.

Der Dalai Lama nennt eine mitfühlende Haltung »weisen Egoismus«, weil sie letztendlich uns selbst nützt: »Wenn du willst, dass andere glücklich sind, praktiziere Mitgefühl. Wenn du glücklich sein willst, praktiziere Mitgefühl.«

Und doch, ein solch umfassendes Mitgefühl zu entwickeln, fällt nicht leicht. Diese Haltung stammt nicht von einem naiven Idealismus, sondern vom täglichen, stündlichen, minütlichen Training des eigenen Geistes.

Das buddhistische Geistestraining beginnt mit der Kontemplation, dass wir uns in wesentlichen Dingen nicht sehr unterscheiden: Wir alle wollen Glück, und wir alle wollen kein Leiden.

»Wenn wir die geheime Geschichte unserer Feinde lesen könnten«, schrieb der amerikanische Dichter Henry Wadsworth Longfellow, »dann fänden wir im Leben jedes Menschen genügend Kummer und Leid, um alle Feindseligkeit aufzugeben.«[7]

Unermesslicher Geist
Liebende Güte, Mitgefühl, Freude und Gleichmut werden im Buddhismus als grenzenlose Geisteszustände bezeichnet, denn sie wachsen immer weiter und können nicht ermessen werden. Je mehr Sie Liebe praktizieren, desto mehr wird Ihre Liebe zunehmen, bis sie keine Grenze mehr kennt. Je mehr Sie sich in Mitgefühl üben, desto größer wird es. Je mehr Freude Sie kultivieren, desto mehr Freude werden Sie spüren und mit anderen teilen. Je mehr Sie verstehen, desto mehr lieben Sie, je mehr Sie lieben, desto mehr verstehen Sie. Beide sind zwei Seiten einer Wirklichkeit. Der Geist der Liebe und der Geist des Verstehens sind ein Geist.

Thich Nhat Hanh, *Einfach lieben*, S. 81

Thich Nhat Hanh spricht hier von den vier Elementen wahrer Liebe, die traditionell auch als »höchste Zustände« (Sanskrit *brahmaviharas*) bekannt sind und schon vom historischen Buddha gelehrt wurden: liebende Güte (Skr. *maitri,* Pali *metta*), Mitgefühl (Skr. *karuna*), Freude (Skr. *mudita*) und Gleichmut (Skr. *upeksha*).

Diese vier Prinzipien sind so essenziell, dass ich die Sanskritbegriffe dazusetze, weil Sie Ihnen in der Literatur häufig begegnen, etwa wenn von Metta-Meditation die Rede ist oder sich eine gemeinnützige Organisation Karuna nennt.

Von Kabat-Zinn bis Iyengar, fast alle Weisheitslehrer lehren diese vier Elemente. Iyengar nannte sie »die gesunden und heilsamen Bewusstseins-Qualitäten« und setzte wissend hinzu: »Diese vier scheinen so einfach, dass es sich schon banal ausnimmt. In Wirklichkeit aber sind sie subtil und tiefgreifend.«[8]

Was diese vier Elemente wahrer Liebe so besonders macht, ist, dass sie nicht im konventionellen Sinn interpretiert, sondern als gänzlich grenzenlos verstanden werden.

Liebende Güte wird so zur Medizin für Hass und Feindseligkeit, Mitgefühl zum Gegenmittel für Aggression, Freude übertrumpft Neid und Missgunst, und Gleichmut verhindert, dass wir nur unsere Lieblinge bevorzugen.

Interessanterweise wirken diese vier Elemente auch gegen »falsche Freunde« oder »indirekte Feinde«, wie es in den buddhistischen Schriften heißt: Liebende Güte wirkt dem Gefühl der Anhaftung entgegen, Mitgefühl der Lähmung, vom Leid anderer überwältigt zu werden. Freude ist nicht zu verwechseln mit Überschwang, und Gleichmut impft gegen Gleichgültigkeit. Die Praxis liegt darin, liebende Güte, Mitgefühl, Freude und Gleichmut so auszuweiten, dass sie tatsächlich grenzenlos in ihrer Ausdehnung sind, weil sie alle fühlenden Wesen einschließen – auch uns selbst und sogar unsere ärgsten Widersacher.

Zu lieben bedeutet als Erstes, uns selbst so anzunehmen, wie wir tatsächlich sind. Die erste Übung der Liebe besteht darin, sich selbst kennenzulernen. Das Paliwort metta *bedeutet »liebende Güte«. Wenn wir Metta-Meditation praktizieren, erkennen wir die Bedingungen, die uns zu dem gemacht haben, was wir sind; das erleichtert es uns, uns, unser Leiden und unser Glück anzunehmen. Bei der Metta-Meditation berühren wir unsere tiefsten Wünsche. Doch der bloße Wille und der tiefe Wunsch zu lieben sind noch keine Liebe. Wir müssen tief schauen, mit unserem ganzen Sein. Die Metta-Meditation ist keine Autosuggestion. Wir müssen unseren Körper, unsere Gefühle, Wahrnehmungen, geistigen Formkräfte und unser Bewusstsein auf tiefe Weise betrachten. Wir werden bemerken, wie viel Frieden, Glück und Leichtigkeit bereits da sind. Wir werden wahrnehmen, ob wir Missgeschicken oder Schicksalsschlägen voller Angst begegnen und wie viel Wut, Ärger, Furcht, Angst und Sorge noch immer in uns sind.*

Wir verstehen uns immer besser, wenn wir uns der Gefühle in uns bewusst werden. Wir erkennen, dass unsere Ängste, unser Unfriede zu unserem Unglücklichsein beitragen, und wir erfahren, welchen Wert Selbstliebe und ein mitfühlendes Herz haben. Liebe wird dann unsere Gedanken, Worte und Handlungen durchdringen.

Thich Nhat Hanh, *Einfach lieben*, S. 64–65

Wie in der Achtsamkeitsmeditation sitzen wir in einer bequemen, aufrechten Haltung.

Nehmen Sie sich einige Minuten Zeit, Ihre Aufmerksamkeit in die Gegenwart zu lenken, sich auf Ihren Atem und den Augenblick zu konzentrieren.

Dann richten Sie den Fokus auf Ihre Herzregion und denken an einen Menschen, für den sie warme, positive Gefühle empfinden. Es kann jemand sein, dem Sie dankbar sind, jemand, der Ihnen in einer brenzligen Situation aus der Patsche half. Am besten suchen Sie sich für den Anfang jemanden aus, der am Leben ist und mit dem Sie eine unkomplizierte Beziehung verbindet, vielleicht auch ein Kind. Wenn Ihnen sonst niemand einfällt, kann es sogar ein Haustier sein.

Lassen Sie sich mit dem warmen Gefühl von Dankbarkeit und Liebe erfüllen. Dann lassen Sie mit der Achtsamkeit auf den Atem den Wunsch fließen: »Mögest du Glück und die Ursachen von Glück erfahren, mögest du frei sein von Leid und den Ursachen von Leid.«

Wir können diese Zeilen wie ein Mantra innerlich vor uns hin sprechen, einfach als Gefühl spüren oder bewusst mit jedem Atemzug Liebe und Mitgefühl an uns und die Welt schicken.

Atmen Sie mit dem Gedanken ein: »Mögest du Glück und die Ursachen von Glück erfahren«, und atmen Sie mit dem Gedanken aus: »Mögest du frei sein von Leid und den Ursachen von Leid.«

Wiederholen Sie den Wunsch wie ein Mantra, und senden Sie diesem Menschen warme Gefühle, vielleicht in Form von Licht oder Liebe. Wie sieht diese Person aus, wenn sie glücklich ist?

Dann wenden Sie sich mit diesem warmen Gefühl sich selbst zu: »Möge ich Glück erfahren und die Ursachen von Glück. Möge ich frei sein von Leid und den Ursachen von Leid.«

Senden Sie sich mehrere Minuten lang das Gefühl von Liebe und Glück, Heilung und Wärme, wonach Sie sich auch immer sehnen. Stellen Sie sich vor, wie Sie glücklich sind. Sie können eine Handfläche auf Ihre Herzregion legen. Das hilft Ihnen, mit Ihrer eigenen Wärme in Kontakt zu kommen. Bleiben Sie bei dem Gefühl von Wärme und Liebe. Wenn Sie von Gedanken abgelenkt werden, lenken Sie Ihre Aufmerksamkeit auf Ihren Atem und den Wunsch nach Glück zurück.

Wohlwollen und Mitgefühl kultivieren

Wie stehen Sie zu sich selbst? Mögen Sie sich? Wie viel Perfektionismus, Verachtung oder gar Hass sich selbst gegenüber tragen Sie in sich? Können Sie sich so annehmen, wie Sie sind? Oder ist Ihr Leben angefüllt mit Erwartungen, wie Sie eigentlich sein sollten und müssten? Bevor Sie sich daranmachen können, Wohlwollen und Mitgefühl anderen gegenüber zu entwickeln, ist es erforderlich, sich mit diesen Fragen auseinanderzusetzen.Die Grundhaltung, mit der Sie Meditation praktizieren, ist von großer Bedeutung. Prüfen Sie erneut Ihre Motivation, die Quelle Ihres Antriebs zu meditieren. Was wollen Sie erreichen? Haben Sie eine bestimmte Vorstellung davon, in welcher Weise Sie sich durch Meditation verändern möchten? Untersuchen Sie die emotionale Qualität, die hinter Ihrem Wunsch nach Veränderung und nach neuen Erfahrungen steckt. Sind Sie unzufrieden, sehnen Sie sich

nach mehr innerer Harmonie, oder sind Sie einfach nur neugierig und offen für das, was sich in der Meditation zeigt?
Paradoxerweise erreichen Sie beim Meditieren oft umso weniger, je mehr Sie sich anstrengen, ein bestimmtes Ziel zu erreichen. Erwartungen sind tatsächlich eins der größten Hindernisse für tiefer gehende Erfahrungen überhaupt. […] Der erste Schritt bei der Entwicklung positiver Emotionen besteht darin, dass Sie sich selbst gegenüber eine wohlwollende Haltung einnehmen. Erinnern Sie sich an eine Person, die für Sie den Inbegriff von menschlicher Wärme, Güte und Großherzigkeit verkörpert. Das kann eine religiöse Figur sein, eine historische oder zeitgenössische Person oder auch jemand aus Ihrem persönlichen Umfeld. Wenn Sie kein Bild von einer konkreten Person haben, dann stellen Sie sich eine Mutter vor, die ihr Kind liebevoll ansieht, oder einen Vater. Schauen Sie sich nun in derselben Weise selbst an, mit einem inneren Lächeln, das Freundlichkeit, Güte und Wohlwollen ausdrückt. Lassen Sie Ihren inneren Antreiber verstummen, und werden Sie sich selbst ein weiser Lehrer, der Schwierigkeiten mit Geduld, Verständnis und Humor begegnet.

Ulrich Ott, *Meditation für Skeptiker*, S. 86–87

Ein Teil der Übung fällt vielen Menschen leicht: Es fühlt sich gut an, anderen Menschen ein Gefühl von Liebe zu schicken. Aber ganz oft höre ich, dass es Menschen schwerfällt, sich selbst Liebe und Mitgefühl zu senden.

Wie oft vernachlässigen wir den Menschen, der uns am nächsten ist? Uns selbst.

Uns selbst zu akzeptieren, heißt nicht, negative Gefühle zu unterdrücken, oder dass wir keine Gewohnheiten haben, die wir ändern müssen. Doch nur wenn wir eine echte Freundschaft mit uns selbst schließen, können wir ehrlich an uns arbeiten.

Meditationsmeister rufen damit nicht zum Narzissmus auf oder dazu, dass wir noch mehr um uns selbst, unsere Bedürfnisse und unsere Emotionen kreisen. Sie sprechen davon, dass wir uns mit uns selbst anfreunden und uns um uns kümmern. Viele Menschen haben tolle Erfolge aufzuweisen, aber insgeheim hassen sie sich. Vielleicht haben wir in der Vergangenheit fatale Fehler gemacht, oder wir denken, wir wären einfach nicht gut genug.

Bevor wir darangehen, anderen wirklich helfen zu können, müssen wir uns über uns selbst im Klaren sein. Deshalb ist diese Art von Meditation auch eine Medizin für das Gefühl von Wertlosigkeit.

Klar, wir bringen all unsere Begleiter mit auf das Kissen: unsere Unsicherheit, unsere Überheblichkeit, unsere Ängste, unsere Hoffnungen. Besonders perfide ist, dass unsere Neurosen uns auch als Einflüsterer auf unserem Weg begleiten. Oft genug sind wir sogar in unserer Meditationspraxis von Ehrgeiz und Selbstzweifeln getrieben. Viele, die es mit der Meditation versuchen, zweifeln daran, dass sie »richtig« meditieren. »Du meditierst nicht richtig / nicht oft genug / zu unkonzentriert!«, flüstert unser innerer Aufpasser. Es scheint so, als würden alle anderen es irgendwie besser hinkriegen.

Oder wir verbinden mit unserer Meditation möglicherweise die Hoffnung, wir könnten auch unsere Selbstzweifel einfach wegmeditieren und wegatmen. Das funktioniert nur, wenn wir sie klar sehen und das Gegenmittel anwenden: echte Selbstlosigkeit.

Ein geringes Selbstwertgefühl ist immer noch die Kehrseite des Anhaftens an das Ego. Selbsthass kann genauso egobezogen sein wie übertriebene Eitelkeit.

Tara Brach erzählt in ihrem Buch *Mit dem Herzen eines*

Buddha von einem Gefühl, das wir fast alle kennen: die Überzeugung, nicht zu genügen. Die Ahnung »Mit mir stimmt etwas nicht«, auch wenn wir nach außen hin scheinbar funktionieren. Wenn wir uns unzulänglich fühlen, tragen wir dieses Gefühl vermutlich auch in die Achtsamkeitspraxis.

Eine renommierte Psychotherapeutin, mit der ich gut befreundet bin, Susan Ollar, bittet ihre Patienten manchmal, Baby- oder Kinderbilder von sich mitzubringen, damit sie sich ein Bild von sich selbst vor Augen halten, das ihrem wahren Wesen eher entspricht: grundlegend gut und liebenswert.

»Wenn wir uns selbst mit der gleichen bedingungslosen Freundlichkeit anschauen, die wir einem Freund oder einer Freundin entgegenbringen, dann hören wir auf, unser Leiden abzustreiten und zu verleugnen«, schreibt Brach.[9]

Wohl weil uns die Selbstkritik und die Selbstzweifel so leichtfallen, empfehlen deshalb viele, die Mitgefühlspraxis mit uns selbst zu üben und erst einmal mit uns selbst etwas freundlicher umzugehen, bevor wir andere mit unserem Mitgefühl beglücken.

Tara Brach schlägt diese Meditation vor:

Gütige Liebe erwecken

- *Möge ich von gütiger Liebe erfüllt sein; möge ich von gütiger Liebe umfangen und getragen sein.*
- *Möge ich mich so akzeptieren, wie ich bin.*
- *Möge ich glücklich sein.*
- *Möge ich großen und natürlichen inneren Frieden erfahren.*
- *Möge ich die natürliche Freude am Lebendigsein erfahren.*
- *Mögen mein Herz und mein Geist erwachen; möge ich frei sein.*

Tara Brach, *Mit dem Herzen eines Buddha*, S. 326–327

Es gibt im Buddhismus eine fundamentale Wahrheit, die ich anfangs schwer zu akzeptieren fand: Alle Menschen sind Buddhas.

Ich bin im christlichen Glauben mit den biblischen Erzählungen über die Ursünde aufgewachsen, mit der Überzeugung, wir kämen unrein auf die Welt und müssten uns dann von diesen Makeln befreien. Buddha sah es genau andersrum: Wir sind pure Liebe und verheddern uns nur in Emotionen wie Anhaftung oder Gier, die wir auch wieder loswerden können.

Die Meditationslehrer Jack Kornfield, Sharon Salzberg und Tara Brach[10] beschreiben eine Episode, die sie mit dem Dalai Lama erlebten, als sie und mehr als ein Dutzend weiterer westlicher Lehrender sich mit ihm Ende der 1980er-Jahre in Indien trafen. Kornfield erzählte dem Dalai Lama, dass der rigorose monastische Ansatz im Westen nicht besonders gut funktioniere. Er beobachte, dass sich die Strenge mit Ehrgeiz und Selbsthass vermische, wenn sich das Meditieren nicht wie erhofft entwickle.

Der Dalai Lama fragte verwundert: »Was ist Selbsthass?« Es gab einiges Hin und Her mit den Übersetzern, bis der Dalai Lama verstand, was damit gemeint war. Ob dieser Selbsthass weitverbreitet sei, fragte er weiter, und wie viele der Lehrer hier im Raum ihn schon einmal erlebt hätten? Fast alle Hände hoben sich.

Der Dalai Lama schüttelte den Kopf. Wie könne es sein, dass viele so negativ über sich selbst denken, fragte er, wo doch alle Wesen Buddha-Natur haben.

Tatsächlich gibt es im Tibetischen keinen Begriff für Selbsthass. Nicht, dass ich die tibetische Kultur verherrlichen will, aber in dem Bereich haben Tibeter tatsächlich ein Problem weniger.

Der historische Buddha lehrte, dass jedes menschliche Leben ein kostbares Geschenk ist. Vor allem im tibetischen Buddhismus wird der Mensch als grundlegend gut betrachtet, gar als Buddha, der oder die nur von temporären Verblendungen geplagt ist – das genaue Gegenteil des kulturellen schlechten

Gewissens, mit dem ich und Millionen andere Menschen erzogen wurden.

Die Psychologin Kristin Neff von der University of Texas erkennt drei Komponenten des Mitgefühls für uns selbst: liebende Güte, Menschlichkeit und Achtsamkeit. Neff erforscht Selbst-Mitgefühl seit mehr als einem Jahrzehnt und hat herausgefunden, dass es nicht nur Trauma-Überlebenden dabei hilft, verstörende Ereignisse besser zu bewältigen, sondern uns auch allgemein besser in die Lage versetzt, zu verzeihen und das Leid anderer mitfühlend wahrzunehmen. »Immer mehr Forschungsergebnisse legen nahe, dass Selbst-Mitgefühl es Menschen ermöglicht, aufzublühen und weniger zu leiden«, sagt sie. »Selbst-Mitgefühl wird in der Forschung kontinuierlich mit weniger Ängstlichkeit und Depression in Verbindung gebracht.«[11] Harsche Selbstkritik lässt nachweislich den Stresshormonpegel ansteigen; schon eine kurze Übung in liebender Güte für uns selbst senkt ihn.

Indem wir liebende Güte für uns selbst praktizieren, verstärken wir unsere Fähigkeit, Gelassenheit und positive Gefühle zu empfinden, selbst wenn wir mit einer belastenden Situation konfrontiert sind.

Ich schätze an dieser Übung besonders, dass wir sie zwar erst in formalen Sitzungen üben, aber dann leicht in unseren Alltag übernehmen können. Wenn selbstzerstörerische Gedanken auftauchen oder Sie sich dabei ertappen, wie Sie sich selbst niedermachen, können Sie eine Hand auf Ihr Herz legen, Ihre Aufmerksamkeit auf den Atem richten und sich selbst liebende Güte senden.

Liebende als Heiler

Das Sanskritwort karuna wird oft als »Mitgefühl« und manchmal auch als »Mitleid« übersetzt. Mitleid bedeutet, mit einer anderen Person zu leiden. Karuna ist jedoch weit mehr als das. Es bezeichnet die Fähigkeit, Leiden zu verwandeln. Es hilft Ihnen gar nichts, wenn die Ärztin, die Sie aufsuchen, nur Ihr Leiden mit Ihnen teilt. Ein Arzt muss Ihnen bei der Heilung der Krankheit helfen. Wenn Sie jemanden lieben, sollten Sie die Fähigkeit besitzen, ihm dabei zu helfen, weniger zu leiden. Das ist eine Kunst. Verstehen Sie die Ursachen seines Leidens nicht, können Sie nicht helfen, so wie auch eine Ärztin nicht helfen kann, Ihre Krankheit zu lindern, wenn sie deren Ursache nicht kennt. Sie müssen wissen, warum Ihr Partner, Ihre Partnerin leidet, um wirklich zu helfen.

Thich Nhat Hanh, *Einfach lieben,* S. 47

Eine fundamentale Praxis im Buddhismus ist, sich in die Perspektive anderer zu versetzen. Nicht nur als rationale Überlegung, sondern als Fähigkeit, die Welt tatsächlich mit anderen Augen zu sehen. Tara Brach zitiert Henry David Thoreau: »Gibt es ein größeres Wunder, als durch die Augen eines anderen zu sehen, und sei es auch nur für einen kurzen Moment?«[12]

Nachdem Sie einige Zeit lang Mitgefühl für sich selbst praktiziert haben, weiten Sie diese Anteilnahme, diese liebende Güte, dieses Mitgefühl aus – zuerst auf Menschen, die Ihnen nahestehen, Ihre besten Freundinnen und Ihre Familie, dann auf alle Menschen, mit denen Sie jemals zu tun hatten oder zu tun haben werden, und schließlich auf alle fühlenden Wesen überall, selbst die, mit denen Sie Schwierigkeiten haben.

»Diese Praxis des bewussten Reflektierens über das Leiden – unser eigenes Leiden und das Leiden anderer – ist die Grundform buddhistischer Mitgefühlsmeditationen«, schreibt Tara Brach. »Wir schließen das Leiden derer mit ein, die wir lieben und schätzen, derer, die wir kaum kennen, derer, die wir schwierig finden, und derer, denen wir nie begegnet sind, bis hin zum allerweitesten Kreis. Diese Praxis verstärkt unsere Fähigkeit, Mitgefühl walten zu lassen, auch wenn wir nicht in jeder Meditation formal über alle in jedem Bereich reflektieren. [Wir] merken [...] beim Besinnen auf das Leiden anderer, dass wir in unserem Schmerz nicht allein sind. Wir sind durch unsere Verletzlichkeit miteinander verbunden.«[13]

Immer beginnen wir wie in der Achtsamkeitsmeditation mit der Aufmerksamkeit auf den Atem. Dann bringen wir uns einen guten Freund vor Augen, spüren liebende Güte für ihn und uns selbst. Das ist unser Ausgangspunkt, um Herzensgüte für andere, für Freunde und weitere Menschen zu praktizieren. Sie können die Herzensgüte wieder auf dem Atem segeln lassen.

Wenn Sie die Meditation ausweiten, können Sie eine Freundin, einen Freund nach dem anderen miteinbeziehen und dann an »neutrale« Menschen denken, also Menschen, die wir oft einfach übersehen, etwa die Busfahrerin oder den Bäckerei-Verkäufer. Sie können alle Menschen miteinbeziehen, denen Sie heute begegnen.

Wenn Ihre Herzensgüte von ablenkenden Gedanken sabotiert wird, schenken Sie ihnen keine Aufmerksamkeit, sondern kehren zu Ihrem Atem zurück und dem Gedanken: »Mögen ich und alle Lebewesen Glück erfahren und die Ursachen von Glück. Mögen wir frei sein von Leid und den Ursachen von Leid.«

Dies ist nicht die Zeit, um Diskussionen oder Situationen aus der Vergangenheit im Kopf abzuspielen. Drücken Sie die Pause-Taste. Nehmen Sie sich eine Auszeit von Ihrer Agenda. Meditation gibt uns den Raum, uns auf die Gegenwart und auf unsere Herzensgüte zu konzentrieren.

Das dritte Element, die Freude, bezieht sich auf die Mitfreude, wenn es anderen gut geht. Das vierte Element, Gleichmut, kann so interpretiert werden, dass wir allen Wesen gleichermaßen liebende Güte, Mitgefühl und Mitfreude entgegenbringen.

Dieses Kultivieren von Achtsamkeit und Mitgefühl nennt Tara Brach »radikale Akzeptanz«: »Radikale Akzeptanz kehrt unsere Gewohnheit um, mit unvertrauten, erschreckenden oder intensiven Erfahrungen im Kriegszustand zu leben. Sie ist das Gegenmittel zu all den Jahren der Selbstvernachlässigung, der Selbstverurteilung und des harten Umgangs mit sich selbst, zu den Jahren, in denen wir die Erfahrung des Augenblicks abgelehnt und zurückgewiesen haben. Sie ist die Bereitschaft, sich selbst und das eigene Leben so wahrzunehmen und zu erfahren, wie es ist. Ein Augenblick radikaler Akzeptanz ist ein Augenblick echter Freiheit.«[14]

Die folgenden Zeilen in der Übersetzung von Tara Brach können als Motivationsvers dienen oder als Hauptteil der Praxis.

- *Mögen alle Wesen von gütiger Liebe erfüllt sein.*
- *Mögen alle Wesen großen und natürlichen Frieden erfahren.*
- *Möge Frieden auf Erden, möge allerorten Frieden sein.*
- *Mögen alle Wesen erwachen; mögen sie alle frei sein.*

Tara Brach, *Mit dem Herzen eines Buddha,* S. 329

Die Erfolgsbilanz der liebenden Güte ist mehr als 2000 Jahre alt, und die Meditationsverse, die ich hier zitiere, stammen aus einigen der ältesten bekannten buddhistischen und altindischen Texte. Gleichzeitig sind sie hochaktuell: In einer wegweisenden Studie zeigten die Psychologin Barbara Fredrickson und ihre Kollegen, dass »die siebenwöchige Praxis von liebender Güte zu mehr Liebe, Freude, Zufriedenheit, Dankbarkeit, Stolz, Hoffnung, Interesse, Vergnügen und Ehrfurcht führt«. Die tägliche Erfahrung dieser positiven Gefühle hilft, die Lebenszufriedenheit zu erhöhen und depressive Verstimmungen zu mildern.[15] Probieren Sie es aus!

Richard Davidson, der Gründungsvorsitzende des Center for Investigating Healthy Minds an der University of Wisconsin, wies nach, dass sich die Gehirnwellen bei Meditationsprofis so verändern, dass Meditierende sogar Schmerz und negative Emotionen durch Freude und Glücksgefühle ersetzen können.[16] Als die Wissenschaftler buddhistische Mönche erstmals baten, im Rahmen ihrer Forschung über liebende Güte und Mitgefühl zu meditieren, dachten sie zuerst, ihre Maschinen seien kaputt, weil die Emotionen der Meditierenden so stark ins Positive ausschlugen.

Metta-Meditation zeigt ähnliche Wirkung auf das Gehirn wie Achtsamkeitsmeditation, verstärkt aber zusätzlich unsere Empathie und Fürsorge für andere. Ein internationales Forschungsteam kam zu dem Schluss, dass »das Training in Mitgefühl eine neue Bewältigungsstrategie darstellt, um Resilienz zu stärken«.[17] Liebende Güte verringert Vorurteile,[18] stärkt soziale Bindungen[19] und wirkt langfristig.[20]

Wenn erfahrene Meditierende verstörende Geräusche hören, etwa das Schreien einer Frau oder das Weinen eines Babys, empfinden sie statt negativen Gefühlen spontan Liebe, Empathie und Mitgefühl.[21] Ich kenne einige der Meditationsmeister aus diesen Studien persönlich, etwa den Tibeter Mingyur Rinpoche und den französischen Wissenschaftler und Mönch Matthieu Ricard, und kann bestätigen, dass sie zu den freundlichsten, mitfühlendsten und fröhlichsten Menschen gehören.

»Egal ob Mitgefühl nun tief in unserer biologischen Struktur verwurzelt ist oder unserem Gewissen entspringt, ob es instinktiv, absichtlich oder sozial vorgeschrieben ist – durch wissenschaftliche Forschungen wissen wir, dass es sowohl das Wohlergehen von mitfühlend behandelten Personen verbessert als auch denen guttut, von denen es ausgeht«, schreibt Roshi Joan Halifax. »Mitgefühl gehört zu den Erfahrungen, die eine tiefe Wirkung auf das menschliche Herz haben, ob wir es nun spenden, empfangen oder beobachten.«[22]

Joan Halifax zitiert Studien, die den positiven Einfluss von starken zwischenmenschlichen Verbindungen auf die körperliche Gesundheit nachweisen: Sie »scheinen entzündungshemmend zu wirken, die Immunfunktion zu unterstützen, eine schnellere Genesung von Erkrankungen zu bewirken und das Leben zu verlängern.« Außerdem weisen Forschungen darauf hin, dass eine mitfühlende Behandlung postoperative Schmerzen und die Erholungszeit nach Operationen reduziert, die Heilung von Traumata fördert, die Überlebenszeit von unheilbar Kranken verlängert, die Glukosekontrolle verbessert, die Sterblichkeit wirksamer reduziert als Raucherentwöhnung und die Immunfunktion ankurbelt. Da er so viele gesundheitliche Vorteile hat, könnte ein mitfühlender Umgang mit Patienten womöglich sogar die Behandlungskosten und den Stress des Krankenhauspersonals reduzieren. »Mitgefühl zu erfahren, scheint zudem Depressionen und Angstgefühle zu vermindern, weil es den Horizont über die Enge des kleinen Ichs hinaus öffnet.«[23]

David Kearney vom Seattle Institute for Biomedical and Clinical Research lud Veteranen, die an posttraumatischem Stress litten, zu einem zwölfwöchigen Kurs in dieser Meditation ein. Und tatsächlich: Die Meditation verringerte ihre Trauma-Symptome und Depressionen.[24]

Mitgefühl für andere ist nachweislich heilend. Wenn Sie es nicht für andere tun wollen, dann tun Sie es für sich: Wer sich regelmäßig für andere einsetzt, ist gesünder und lebt signifikant länger (44 Prozent!).[25] Statt uns Glück im Laden zu kaufen, könnten wir das Geld für andere Menschen verwenden, denn das macht uns tatsächlich glücklicher.[26] Sogar Kleinkinder sind glücklicher, wenn sie etwas *geben* statt nehmen.[27]

Der Psychologe Martin Seligman, Vordenker der Positiven Psychologie an der University of Pennsylvania, fasst Jahrzehnte der Forschung zur positiven Kraft der Hilfsbereitschaft zusammen: »Wir Wissenschaftler haben gezeigt, dass eine freundliche Handlung mehr zur Steigerung des eigenen Wohlbefindens beiträgt als jede andere Übung, die wir getestet haben.«[28]

Die Vernetzung mit anderen ist ein enorm wichtiges Schutzpolster, gerade während und nach einer Krise. Schon lange ist durch zahlreiche Studien erwiesen, dass einsame und isoliert lebende Menschen auch gesundheitlich leiden. Menschen mit sozialer Unterstützung leben wesentlich länger, sind weniger schmerzempfindlich und erfahren häufiger posttraumatisches Wachstum.[29] Ausgeschlossen zu werden tut nicht nur im übertragenen Sinn weh.[30] Das Fehlen von gesellschaftlicher Vernetzung führt zu »einem größeren Schaden für die Gesundheit als Übergewicht, Rauchen oder Bluthochdruck«.[31] Gesellschaftliche Isolierung »wird als bedeutendes Gesundheitsrisiko betrachtet«.[32] Eine so einfache Geste wie das Halten der Hand des geliebten Partners verringert Angst und Schmerz.[33]

»Wir nehmen Anteil an den Sorgen anderer Menschen, weil wir alle miteinander verbunden sind«, schreibt Kabat-Zinn. »Da wir als ein Ganzes zugleich Teil immer größerer Sphären der Ganzheit sind, können wir die Welt verändern, indem wir uns selbst verändern. Werden wir in diesem Augenblick zu einem Zentrum der Liebe und Güte, dann besitzt die Welt darin einen – wenn auch vielleicht nur kleinen, aber deshalb nicht unbedeutenden – neuen Kern der Liebe und Güte, den sie im Augenblick zuvor nicht besaß. Das kommt sowohl uns selbst als auch anderen zugute.«[34]

Als der Psychiater George E. Vaillant das Leben von 236 erfolgreichen Harvard-Absolventen über 75 Jahre verfolgte, gelangte er zu verblüffenden Einsichten, was für ein glückliches und erfülltes Leben verantwortlich ist: Nicht der IQ oder der sozioökonomische Hintergrund, nicht die Geselligkeit und Extrovertiertheit waren ausschlaggebend, sondern das Einfühlungsvermögen und der Erfolg in Beziehungen, die Fähigkeit zu lieben, zu vergeben und dankbar zu sein. »Zusammengefasst war es der Verlauf von warmen, innigen Beziehungen – und die Fähigkeit, sie im Alter aufrechtzuerhalten –, der sich als bester Indikator für das Florieren aller Aspekte im Leben dieser Menschen erwies.«[35]

Nach einer Krise oder einem Trauma ziehen sich viele Menschen zurück, und das Alleinsein kann guttun. Aber uns mit anderen zusammenzutun ist ein integraler Bestandteil von Heilung und Lebenssinn. Im Idealfall knüpfen wir Beziehungen, die auf gegenseitigem Vertrauen und Verstehen beruhen. Es kann notwendig werden, dass wir uns von einigen Menschen distanzieren, wenn sie uns nicht guttun oder unsere Energie aussaugen. Aber laut den Erkenntnissen von Psychologen brauchen wir mindestens einen oder zwei Freunde, mit den wir uns wahrlich verbunden fühlen.

Wenn uns niemand einfällt, mit dem wir uns wirklich verbunden fühlen, sehen wir dann Wege, wie wir mit anderen auf sinnvolle Weise Kontakt aufnehmen können? Die Übung besteht darin, die Hand auszustrecken und Kontakt herzustellen. Echten Kontakt. Selbst wenn Kontakt das Allerletzte ist, wonach uns gerade der Sinn steht, wenn wir bettlägerig sind und zu krank, um viel zu unternehmen, können wir uns doch mit Menschen oder einer gemeinnützigen Organisation vernetzen, und sei es via Telefon oder Internet.

Greifen Sie zum Hörer, und rufen Sie einen Menschen oder eine Gruppe an, mit der Sie gerne Verbindung aufnehmen möchten. Bleiben Sie dran. Wiederholen Sie die Kontaktaufnahme, wie es Ihnen guttut.

Manchmal sind wir von Menschen umgeben und fühlen uns immer noch einsam. Dann hören Sie einfach zu. Nicht nur mit den Ohren, sondern mit ganzem Herzen. Jeder, wirklich jeder Mensch auf diesem Planeten möchte gehört und verstanden werden.

»Wenn Sie einen tiefen Wunsch haben, ein Lebensziel, dann ist die Liebe für andere ein Teil dessen und keine Ablenkung davon«, schreibt Thich Nhat Hanh. »Wenn Sie und Ihr Partner, Ihre Partnerin etwas tun wollen, um das Leiden in der

Welt zu mindern, dann ist Ihre Liebe füreinander auch mit der Liebe für andere verbunden, und sie wird unaufhaltsam größer und weiter, um die ganze Welt zu umfassen.«[36]

Wenn Sie sich einsam fühlen und niemanden finden, der sich um Sie kümmert, überlegen Sie, ob jemand in Ihrer Nähe Ihre Hilfe gebrauchen könnte, und tun Sie den ersten Schritt. Es kann sein, dass wir unsere Art, mit anderen zu kommunizieren, überdenken und ändern müssen. Oder, wie der Dalai Lama sagt: »Sei herzensgut, wann immer es dir möglich ist. Es ist immer möglich.«

> *Sich mit etwas in Verbindung zu fühlen verleiht dem Leben unmittelbar einen Sinn. Allein schon durch unsere menschlichen Bindungen ist unser Leben von Bedeutung getragen. Sinnerfahrung und menschliche Bindung sind Facetten des Verbundenseins und Eingebundenseins in einen größeren Zusammenhang. Über sie ist der Faden individuellen Lebens mit einem größeren Ganzen verwoben, durch das der Einzelne erst sein individuelles Gepräge erhält. Ich sehe im Verbundensein (connectedness) und im größeren Zusammenhang (interconnectedness), also der prinzipiellen Wechselseitigkeit aller Verbindungen, eine, wenn nicht die grundlegende Dimension der Beziehung zwischen dem, was wir Geist nennen, und unserer leiblich-seelischen Gesundheit.*
>
> **Jon Kabat-Zinn, *Gesund durch Meditation,* S. 255**

Nach einigen Wochen regelmäßiger Praxis der Herzensgüte können Sie den Kreis noch weiter ausdehnen und sogar schwierige Zeitgenossen mit einschließen. Haben Sie nicht gleich den Ehrgeiz, sich an Ihren größten Widersacher heranzuwagen, sondern beginnen Sie mit einem Menschen, mit dem Sie kleinere Probleme haben. Zwingen Sie sich nicht dazu, eine bestimmte Emotion zu spüren. Es heißt »praktizieren«, nicht »perfektionieren«. Bleiben Sie bei dem einfachen Format: Senden Sie diesem Menschen Wärme und Herzensgüte.

Mit der Zeit kann diese Praxis eine großartige Übung im Alltag werden. Wenn ein Autofahrer sich vordrängelt, senden Sie ihm liebende Güte. Wenn Sie jemanden unterstützen wollen, aber nicht wissen, wie, senden Sie ihm oder ihr Herzensgüte. Wenn ein Konflikt auftaucht, atmen Sie Liebe. Wir versuchen damit nicht, unsere Umgebung zu kontrollieren, sondern arbeiten mit unserem eigenen Herzen – aber unsere Umgebung wird die Kraft unserer Praxis mit der Zeit spüren.

Die Menschen, von denen Sie am tiefsten verletzt wurden, sollten Sie erst in die Praxis einbeziehen, wenn Sie sich lange in Herzensgüte geübt haben und einen erfahrenen Lehrer oder eine erfahrene Lehrerin um Rat fragen können.

Mahatma Gandhi sagte bei der Beschreibung seiner persönlichen spirituellen Entwicklung: »Ich halte mich für unfähig, irgendein Wesen auf Erden zu hassen. Durch das langjährige Befolgen und Einhalten der Disziplin des Gebets habe ich vor über vierzig Jahren aufgehört, irgendjemanden zu hassen. Ich weiß, ich nehme etwas Gewaltiges für mich in Anspruch. Dennoch tue ich es in aller Demut.«[37]

Oder wie der Buddha sagte: »Hass wird nie durch Hass bezwungen. Hass wird durch Liebe überwunden. Das ist ein ewig währendes Gesetz.« Niemand drückt es so poetisch aus wie Alan Watts:

Befreit vom Kreislauf der versuchten Eigenliebe, nimmt der menschliche Geist das ganze Universum in seine Ungeteiltheit auf, wie ein einziger Tautropfen den ganzen Himmel einzufangen scheint.

Alan Watts,
***Weisheit des ungesicherten Lebens*, S. 143–144**

5
Durch Stürme segeln

Sehr häufig wird sich gerade dann enormer Widerstand einstellen, wenn du an einen entscheidenden Punkt in deinem Leben kommst.

Mooji, *Weiter als Himmel, größer als Raum*, S. 160

Der Übeltäter, der mich zu Boden zwang, war unsichtbar: ein winziger Virus namens Epstein-Barr. Und doch war er mächtig genug, mich niederzustrecken und mir über Monate meine Lebenskraft und meinen Lebenswillen zu rauben.

Nachdem ich zwei Semester in Nepal und Nordindien studiert hatte, brach ich zusammen. Innerhalb von Wochen wurde aus der sportlichen Weltreisenden eine bettlägerige Kranke, deren Körper fast jegliche Nahrung verweigerte. Im Spiegel starrte mir eine spindeldürre Frau mit gelbstichigem Gesicht entgegen, die ich nicht wiedererkannte. Wer war diese Fremde, die nun meinen Körper bewohnte?

Ich hielt mich für resilient und stark, wollte mich nicht so leicht geschlagen geben. Zu sehr genoss ich das Reisen durch Asien, die wundersamen Abende in den Tempeln mit den tibetischen Yogis, die farbenfrohen Straßenfeste, die Herausforderung, mich allein in dieser wirbelnden, exotischen Welt zurechtzufinden und das Studium zu beenden, für das ich mich eingeschrieben hatte. Ich hatte mir mit Mitte zwanzig eine Auszeit von meinem hektischen Reporterbüro bei der *Süddeutschen Zeitung* gegönnt, um nach Nepal und Indien zu reisen und meine Doktorarbeit in buddhistischer Philosophie fertigzustellen. Das wollte ich nicht kampflos aufgeben, aber nach zwei Semestern war ich am Ende meiner Kräfte.

Gelähmt von einer bleiernen Erschöpfung kehrte ich nach Frankreich zurück, wo mein Mann zu jener Zeit lebte. Ich hoffte, mithilfe meiner Familie und westlicher Medizin wieder auf die Beine zu kommen. Aber die Ärzte konnten mir kaum helfen. Die Diagnosen, die sie probehalber um sich warfen, jagten mir gehörigen Schrecken ein – HIV? Multiple Sklerose? Gehirntumor?

Denken Sie an die schlimmste Magengrippe, die Sie je hatten, und multiplizieren Sie den Zustand mit acht Monaten. Ich konnte kaum Essen bei mir behalten. Einfachste Aktivitäten, die ich für selbstverständlich gehalten hatte, etwa ein kurzer Ausflug zum Supermarkt, schienen mehr Kraft zu erfordern als nur ein halbes Jahr zuvor der Aufstieg in das Gebiet des Mount Everest. An schlechten Tagen fielen mir die Namen meiner engsten Freunde und alltägliche Begriffe nicht ein. Wie war es nur möglich, dass aus dieser aktiven Weltreisenden innerhalb von wenigen Monaten eine Invalidin geworden war?

Am Anfang kümmerten sich alle rührend um mich, aber als ich über Wochen, dann Monate und schließlich den Rest des Jahres nicht wieder auf die Beine kam, suchten die meisten das Weite, auch mein Mann. Sie konnten einfach nicht begreifen, dass diese junge, lebhafte Frau plötzlich wie eine bettlägerige Seniorin versorgt werden musste. Ich konnte es ja auch nicht.

Ich sah mein ganzes Leben den Bach runtergehen – meine Gesundheit, meine Karriere, die Sachen, die mir Spaß gemacht hatten, und schließlich auch meine Ehe, meine Freundschaften, meine Träume. Alles stürzte vor meinen Augen in einen tiefen Abgrund, aus dem ich es nicht mehr retten konnte.

Verglichen mit den Untiefen menschlichen Elends, die ich in Entwicklungsländern und Slums gesehen hatte, erschienen mir meine Nöte trivial. Mein Schmerz hatte kein Recht, sich so in den Vordergrund zu schieben. Und doch: Ich wurde von Wogen der Hoffnungslosigkeit überwältigt, die mich nach unten zogen. Ich fühlte mich unglaublich schwach und klein. Wie konnte ich wieder auf die Beine kommen, nicht nur physisch, sondern auch psychisch und emotional?

Seit der Zeit, als ich mit einem Großvater aufgewachsen war, der sich trotz seiner Kinderlähmung eine große Familie und ein erfolgreiches Geschäft aufgebaut hatte, habe ich mich gefragt: Warum brechen manche Menschen zusammen, während andere erst in der Katastrophenzone zu wahrer Größe auflaufen? Was macht den Unterschied aus?

Wie ist es möglich, dass manche Menschen durch Krisen stärker werden? Können wir ernste Krisen gar nutzen, uns unserer wahren Prioritäten bewusst zu werden und unsere Segel neu auszurichten? Als ich selbst krank wurde, brannten mir diese Fragen auf der Seele.[1]

Ein klarer Geist

Bei der Meditation geht es nicht darum, Probleme zu vermeiden oder vor Schwierigkeiten davonzulaufen. Wir üben nicht, um zu entkommen. Wir üben, um genug Kraft zu haben, unseren Problemen wirksam zu begegnen. Das können wir nur, wenn wir ruhig, wach und geerdet sind. Deshalb müssen wir uns in der Kunst des Innehaltens üben. Dann werden wir ruhiger, und unser Geist wird so klar wie Wasser, nachdem sich die Schlammpartikel abgesetzt haben.

Thich Nhat Hanh, *Einfach präsent,* S. 22

Es passiert allzu leicht, dass wir uns von einem Schock oder Schmerzen verhärten lassen, ängstlicher und verkrampfter werden, uns noch mehr verschließen. Aber wir können den körperlichen und seelischen Schmerz ganz im Gegenteil auch nutzen, um uns aufbrechen lassen.

Wenn uns Widrigkeiten begegnen, würden wir am liebsten schnurstracks in die entgegengesetzte Richtung laufen. Stimmt's? Wir ducken uns weg, versuchen, mit unserem Schicksal zu verhandeln und schenken uns noch ein Glas Wein ein. Wenn diese Strategien funktionieren, prima! Aber funktionieren sie? Können wir Widrigkeiten wirklich wegschieben?

Alan Watts schreibt: »Vor der Furcht weglaufen ist Furcht; Schmerz bekämpfen ist Schmerz; versuchen tapfer zu sein, heißt Angst haben. [...] Du kannst dich natürlich weigern, das zuzugeben, aber nur auf Kosten eines unerhörten und unnützen Kraftaufwandes, das ganze Leben mit Widerstand gegen das Unvermeidliche zu verbringen.«[2]

Diese Zitate sind ein Plädoyer dafür, unseren gewohnten Umgang mit Widrigkeiten grundlegend zu überdenken. Was, wenn wir, statt wegzurennen, einmal dablieben und die Sache genau unter die Lupe nähmen? Das mag höllisch wehtun, ist jedoch der einzige Weg, um einige Schätze im Inneren zu entdecken.

Oft begegne ich Menschen, die erwarten, durch Meditation friedvoller und glücklicher zu werden. Das ist nicht ganz falsch, aber es ist nur ein Teil des Prozesses.

Meditation in ruhigen, guten Zeiten mag uns helfen, unsere Konzentration und Achtsamkeit zu entwickeln. Aber wenn Turbulenzen auftauchen, werden wir mit unserer Praxis auf den Prüfstand gestellt. Können wir auch dann noch achtsam und mitfühlend sein, wenn wir von Schmerz fast aufgefressen werden?

In der tibetisch-buddhistischen Achtsamkeitstradition, die ich viele Jahre lang übte, schließen wir die Augen bei der Meditation nicht, sondern halten sie offen. Wir sperren die Welt nicht aus, sondern öffnen uns für sie. Deshalb lassen wir die Sinneseindrücke, das, was wir sehen, hören, riechen und spüren, durch uns hindurchfließen. Nehmen die Geräusche, Gerüche und Empfindungen wahr, ohne sie festzuhalten oder zu bewerten.

Es gibt andere Meditationsformen, in denen Meditationslehrende ihre Schüler anweisen, Augen und Ohren zu schließen. Das mag anfangs helfen, sich zu konzentrieren, aber letztendlich hat das Trainieren unserer Achtsamkeit den Sinn, sie nicht nur im Halbdunkel und in der Stille auf unserem Kissen zu praktizieren, sondern mitten im Stau, beim Telefonieren im Büro und beim Wortgefecht mit unserem aufmüpfigen Teenager.

»Damit die Meditation das für uns tun kann, müssen wir bereit sein, das Unsere zu tun.«, schreibt Kabat-Zinn. »Wir müssen bereit sein, uns der Dunkelheit und Verzweiflung zu stellen, immer und immer wieder, wenn es sein muss, ohne davonzulaufen oder uns auf eine der tausenderlei Arten zu betäuben, die wir uns ausgedacht haben, um zu vermeiden, was letztlich unvermeidlich ist.«[3]

Können wir präsent und achtsam bleiben, wenn Widerstände auftauchen? »Praxis erfordert Mut«, weiß Charlotte Joko Beck. »Und damit meine ich nicht die Art von Courage, in den Krieg zu ziehen und sich von einer Kanonenkugel in Stücke reißen zu lassen. Gemeint ist der Mut, von unserer gewohnten Position abzurücken, die Dinge nicht mehr so zu tun, wie wir sie schon immer getan haben, sondern zu beschließen, etwas zu verändern.«[4]

Beck verspricht: »Immer wieder müssen wir uns bewusst machen, was wir uns im Leben am meisten wünschen und was wir tun, um es zu erreichen. Das ist beschwerlich. Doch wenn wir dann im Erleben angekommen sind und einfach nur sind, wird es mühelos.«[5]

Widerstände

Jeder kann die Kunst erlernen, Schwierigkeiten auf eine Weise zu begegnen, die nicht nur zu effektiven Lösungen führt, sondern auch zu innerem Frieden und Ausgeglichenheit. Wenn es uns gelingt, unser inneres Potenzial zu aktivieren, um Probleme auf gekonntere Weise anzugehen, entdecken wir für gewöhnlich in uns die Fähigkeit, uns selbst innerlich so auszurichten, dass wir den Druck des Problems zu seiner Überwindung einsetzen können, so wie ein Matrose ein Segel kundig zu setzen weiß, damit er die Kraft des Windes optimal als Schubkraft nutzt. Direkt gegen den Wind zu segeln ist unmöglich, und wer andererseits nur mit Rückenwind zu segeln versteht, gelangt bloß dahin, wohin der Wind ihn gerade weht. Wer aber die Energie des Windes richtig einzusetzen versteht, kann mit Geduld sein Ziel erreichen und behält darüber hinaus die Kontrolle über die Situation.

Wollen Sie die Dynamik Ihrer Probleme nutzen, um sich davon vorwärtsbringen zu lassen, müssen Sie ein entsprechendes Gespür für sie entwickeln, ganz so, wie ein Segler ein Gespür für sein Boot, das Wasser und den Wind braucht, um auf seinem Kurs zu bleiben. Sie müssen lernen, in allen möglichen Stresssituationen mit sich selbst zurechtzukommen, nicht nur bei Schönwetter und idealen Windverhältnissen.

In der Realität sind viele Kräfte am Werk, die völlig außerhalb unseres Einflussvermögens liegen, und andere, die sich nur vermeintlich unserer Kontrolle entziehen. Ob wir fähig sind, unsere Lebensumstände zu beeinflussen, hängt weitgehend von unserer Einstellung zu den Dingen ab. Was für uns im Bereich des persönlich Möglichen liegt, wird von dem Bild bestimmt, das wir von uns selbst und unseren Fähigkeiten haben, davon, wie wir die Welt und die in ihr wirkenden Kräfte wahrnehmen. Unsere Wahr-

nehmung wirkt sich darauf aus, mit welcher Energie wir an Dinge herangehen und in welche Kanäle wir die uns zur Verfügung stehende Energie lenken.

Jon Kabat-Zinn, *Gesund durch Meditation,* S. 32–33

Jeder Seefahrer weiß: Die Frage ist nicht, ob wir in Stürme geraten oder nicht, sondern wie wir lernen, mit den Stürmen umzugehen. Ein afrikanisches Sprichwort besagt: »Eine ruhige See bringt keinen guten Segler hervor.«

Als Nelson Mandela seinen Amtseid als Präsident in Südafrika ablegte, lud er einen seiner ehemaligen Gefängniswärter ein, in der ersten Reihe zu sitzen. Der Mann hatte dem Regime geholfen, Mandela 27 Jahre hinter Gitter zu sperren, aber Mandela weigerte sich zu hassen. Er lebte die Worte, die er seiner Frau Winnie aus dem Gefängnis schrieb: »Schwierigkeiten brechen manche Menschen – und machen andere erst zu Menschen.«

Weniger als vier Wochen, nachdem der 13 Jahre alte Bethany Hamilton beim Surfen vor der hawaiianischen Insel Kauai von einem Tigerhai ein Arm abgerissen worden war, stand sie wieder auf dem Surfbrett. Seither nimmt sie einarmig an internationalen Surfwettkämpfen teil. »Man darf der Behinderung nicht die Kontrolle über das eigene Leben geben«, sagt sie. »Die Einstellung ist alles. Es gibt keine Grenzen.«[6]

An ihrem 16. Geburtstag hielt Malala Yousafzai ihre erste öffentliche Rede seit dem Attentat, bei dem ihr ein maskierter Taliban-Terrorist in den Kopf geschossen und sie schwer verletzt hatte. Vor 500 jungen Aktivistinnen erneuerte Malala bei den Vereinten Nationen ihren Schwur, für die Ausbildung von Mädchen zu kämpfen: »Die Terroristen dachten, sie würden meine Ziele ändern und meinen Ehrgeiz auslöschen, aber in meinem Leben hat sich nichts geändert, nur das: Schwäche, Furcht und Hoffnungslosigkeit starben. Stärke, Kraft und Mut wurden geboren.«

Ich dachte anfangs, sie hätten *trotz* der Widrigkeiten Erfolg, aber dann verstand ich, dass sie den Gegenwind als Auftrieb nutzten. Die Angriffe verstärkten ihren Entschluss, nicht aufzugeben.

Seit der Antike ist der Phönix das Symbol für die Fähigkeit, sich aus der Asche wieder zu erheben. Dieser mystische Vogel verbrennt in der Glut der Morgenröte, aber in der Asche bleibt ein Glimmer, der nie verlöscht und aus dem erneut Leben entsteht. Damit schwingt er sich zu neuen Höhen auf.

Wie die beidseitig amputierte, paralympische Sprinterin Aimee Mullins sagt: »Die Menschen wollen immer mit mir über das Überwinden von Schwierigkeiten reden. Diese Formulierung klang für mich nie ganz richtig. Darin steckt die Idee, dass Erfolg oder Glück darin besteht, aus einer herausfordernden Erfahrung unbeschadet und unverändert herauszukommen, als hinge der Erfolg in meinem Leben von meiner Fähigkeit ab, den vermeintlichen Tücken meines Lebens auf Prothesen auszuweichen.«[7]

Aber Fakt ist: Wir sind verändert. Wir sind natürlich gebrandmarkt von starken Herausforderungen, ob sie nun körperlicher oder emotionaler Natur sind.

Widrigkeiten sind keine Hindernisse, die wir umkurven müssen, damit wir unser Leben leben können. Sie sind *Teil* unseres Lebens. Wie ein Schatten, den wir nicht abschütteln können. Manchmal sehen wir viel davon, manchmal weniger, aber Schatten begleiten uns immer. Die Frage ist nicht, *ob* wir Widrigkeiten begegnen, sondern *wie*.

Viele von Ihnen mögen befürchten, den kommenden Herausforderungen nicht gewachsen zu sein. Lassen Sie mich Ihnen versichern, Sie werden ihnen gewachsen sein. Ich bin ein Mensch, der bei null angefangen hat und in vielerlei Hinsicht schwer benachteiligt war. Nachdem ich viel Zeit und Mühe aufgewandt hatte, landete ich allmäh-

lich irgendwo an. Nur durch ein einziges Mittel trat ich buchstäblich aus der Dunkelheit ans Licht, gelangte ich vom Sterbenskranksein zur Gesundheit, von gröbster Unwissenheit zum Eintauchen in den Ozean des Wissens, nämlich durch eifriges Beharren auf der Kunst und Wissenschaft der Yogapraxis (sādhana). Und was für mich gut war und mir taugte, wird auch für Sie gut sein und Ihnen taugen.

B. K. S. Iyengar, *Licht fürs Leben*, S. 11

Alle Autoren und Autorinnen, die ich in diesem Buch zitiere, überwanden schwere Krisen. Thich Nhat Hanh musste aus seinem Heimatland Vietnam fliehen, der Dalai Lama aus Tibet. Moojis Mutter verließ die Familie, als er erst ein Jahr alt war. Als Achtjähriger verlor er seinen Vater durch dessen plötzlichen Tod, und seine Schwester Cherry Groce wurde später von Polizisten angeschossen und so schwer verletzt, dass sie seitdem querschnittsgelähmt ist.

Charlotte Joko Beck beendete eine Ehe mit einem gewalttätigen Mann, der sie beinahe umgebracht hätte, und schlug sich dann als alleinerziehender Mutter von vier Kindern durch. Joan Halifax erblindete als Vierjährige für zwei Jahre, nachdem ihre Augenmuskeln von einem Virus befallen worden waren, und durchlebte wiederholt Phasen schwerer Krankheit.

Und B. K. S. Iyengar ist heute weltweit bekannt als Autor des größten Yoga-Bestsellers aller Zeiten, *Licht auf Yoga*, und als Pionier, der Yoga im Westen einführte und modernisierte. Bis zu seinem Ableben 2014 zählten Stars und einflussreiche Politiker zu seinen Schülern; er wurde unter anderem vom *Time Magazin* zu den hundert einflussreichsten Menschen der Welt gezählt.

Als ich mich in München zum Yogakurs anmeldete, hatte

ich den gelenkigen, sehnigen Körper des Yogalehrers auf riesigen Fotos vor Augen. Ich konnte mir kaum vorstellen, dass der berühmte Lehrer früher in der Schule wegen seiner Schwächlichkeit gehänselt worden war.

Aber als er 1918 in Südindien geboren wurde, wütete weltweit gerade eine verheerende Grippeepidemie. Auch seine Mutter wurde während der Schwangerschaft schwer krank, und Iyengar kam als elftes von 13 Kindern so kränklich auf die Welt, dass seine Familie fürchtete, er würde nicht überleben. In *Licht fürs Leben* enthüllt er, dass ihn diese Kränklichkeit seine Kindheit und Jugend über plagte. Unter anderem überlebte er Malaria, Typhus und Tuberkulose. Kurz vor seinem neunten Geburtstag starb auch noch sein Vater.[8]

Iyengar wurde in der Schule gemobbt und verpasste so viel im Unterricht, dass er hinterherhinkte. Nach dem Tod des Vaters wurde seine elfjährige Schwester mit einem entfernten Verwandten, Tirumalai Krishnamacharya, verheiratet. Krishnamacharya war in Philosophie, Sanskrit und Yoga ausgebildet. Er wurde Iyengars Vormund und Vaterersatz, und er war es auch, der ihm ein »beinhartes Yogaprogramm« in seiner Yogaschule nahelegte. Iyengar sagte später, Yoga habe ihm das Leben gerettet.[9] Aber er gab auch ehrlich zu, dass er sich diese Widerstandsfähigkeit, die ihn später auszeichnete, über lange Strecken mühsam erarbeitete.

»Der Schmerz ist als Lehrer da, weil das Leben voller Schmerzen ist«, erkannte er. »Nur im Ringen und Bemühen finden sich Wissen und Erkenntnis. […] Lernen Sie, sogar auch im Unbehagen zum Behagen zu finden. Wir sollen nicht versuchen, vom Schmerz davonzulaufen, sondern uns durch ihn hindurch- und über ihn hinauszubewegen.«[10]

Iyengar nannte den »unausweichlichen Schmerz […] Bestandteil allen Wachstums und aller Veränderung«.[11]

Er zählte schließlich seinen schlechten Gesundheitszustand in jungen Jahren, seine Armut und seine fehlende Schulbildung zu den »größten Segnungen«[12] in seinem Leben. Ohne diese Entbehrungen, meinte er, hätte er vielleicht nie so beständig am Yoga festgehalten. »Warum also Not und Pein nicht positiv begegnen? Sicher sind sie ein Alarmsignal, aber sie enthalten in sich auch den Keim für die Lösung und Transzendierung der Situation. [...] Wenn alles andere abgeschält und beseitigt wird, tritt das Essenzielle zutage.«[13]

Iyengar unterschied allerdings zwischen »richtigem« und »falschem« Schmerz. Mit seinem übertriebenen Ehrgeiz schadete er sich als junger Yogaanfänger und verletzte sich. Die »richtige Art von Schmerz« sei dagegen konstruktiv, eine Herausforderung, die unserem Wachstum und unserer physischen und spirituellen Transformation dient.

»Um zur Freiheit zu gelangen, müssen Sie den Schmerz ertragen. Das gilt auch für unser Leben.«[14] Für Iyengar ist Schmerz ein »großartiger Lehrer, der uns beibringt, wie man mit ihm lebt und sich dann schließlich [...] verabschiedet.«[15]

Wie Iyengar überstanden alle hier zitierten Autoren und Autorinnen schwere Prüfungen: Krankheiten, Verlust, Vertreibung, Unfälle. Sie stellten sich diesen Herausforderungen nicht nur, sondern beschlossen, genau in diesen Krisen ihre Achtsamkeit und ihr Mitgefühl auf die Probe zu stellen.

Was für ein Glück, dass wir all diese Bücher zur Verfügung haben. Die Autoren teilten die Erkenntnisse aus ihren Lebensreisen – meist zu einer Zeit, als solche aus der Erfahrung geborenen Ratgeber noch nicht weitläufig zur Verfügung standen und in unsere Sprache übersetzt worden waren.

Jeder und jede von ihnen fand etwas, das ihnen in Krisen half und sie über die schlimmsten Zeiten rettete: Für Iyengar war es Yoga, für den Dalai Lama sein Glaube, für Thich Nhat Hanh seine Praxis des engagierten Buddhismus. Für manche Künstler ist es Musik oder eine andere Kunstform. Die größte Quelle, aus der ich Kraft schöpfe, ist für mich die Natur. Wann immer ich kann, entfliehe ich in die Berge oder Wälder.

Was ist Ihr Rettungsnetz? Haben Sie eines, und wenn nicht, können Sie sich eins schaffen? Wenn ja, können Sie es stärken? Was macht Ihnen Freude? Was gibt Ihnen Kraft? Wo leben Sie auf?

Aber es ist von großer Wichtigkeit, dass der wahrhaft Suchende begreift, dass er genug Offenheit aufbringen muss, um sich den Erfahrungen zu stellen, die ihn innerlich zutiefst herausfordern. Nur so kann die lebendige Zielstrebigkeit im Innern erweckt werden, die für das Erlangen wahrer Freiheit notwendig ist. Um frei zu sein, musst du die alte Form persönlicher Konditionierung zerbrechen, deinen Kokon zerreißen. Jeder aufrichtig Suchende muss bereit sein, sich der notwendigen Verwandlung vom Raupenbewusstsein zum Schmetterling der Freiheit zu unterziehen!

Mooji, *Weiter als Himmel, größer als Raum*, S. 18

Bevor der junge Prinz Gautama Siddharta zum Buddha Shakyamuni wurde, also zum »Erwachten«, war er ein ganz gewiefter Verleugner. Sein Vater, ein reicher Klanchef in Nordindien, stellte sicher, dass sein Sohn nichts als Glückseligkeit erfuhr. Er überhäufte ihn mit allen Genüssen, die man mit Geld kaufen kann: Gourmet-Essen und Unterhaltungskünstler, Frauen und Freunde. Der Vater war fest entschlossen, dass sein Sohn niemals von Leid gebeutelt werden sollte, denn er wollte verhindern, dass Siddhartha außerhalb des Palastes sein Glück suchte. Aber je älter der Sohn wurde, desto weniger ließ er sich vorschreiben, wohin er ging, und so erblickte er auf seinen Ausfahrten einen Leprakranken, einen alten Mann auf Krücken und eine Leiche. Er wollte wissen, wie diesem grausamen Leiden Einhalt geboten werden könnte, und er erfuhr die Wahrheit: gar nicht.

Es gibt keinen Ausweg: Wir können Alter, Krankheiten, Verlust und Tod nicht entfliehen. Siddhartha war bestürzt. Ihm wurde klar, dass keine Fülle an Essen, Partys, Sex oder anderen Freuden ausreichte, die Fakten unserer sterblichen Existenz auszuradieren. Er verließ den Palast und machte sich auf die Suche, die Ursachen des Leidens und Heilmittel dafür zu finden. Weil die äußeren Anstrengungen, der Krankheiten und des Todes Herr zu werden, so offensichtlich limitiert sind, wurde ihm klar, dass das universelle Heilmittel nur in uns zu finden ist. Wenn wir auch Krankheit und Leiden nicht beherrschen, könnten wir doch lernen, die *Erfahrung* von Krankheit und Leid zu meistern. »Der Geist ist die Wurzel von allem, der Schöpfer von Glück und von Leid«, erkannte er.

Und so führt der Weg zur Befreiung von Leid – ein Versprechen des buddhistischen Weges – dazu, den Spieß umzudrehen: Es führt kein Weg hinaus, aber ein Weg hinein.

Da die Schwierigkeiten in unserem Innern liegen, sind dort auch die Lösungen zu finden.

B. K. S. Iyengar, *Licht fürs Leben*, S. 149

Die revolutionäre Einsicht Buddhas ist, dass wir sind, was wir denken – dass wir unsere Wirklichkeit in unserem Kopf erschaffen. Unser Geist erschafft Glück und Leiden, oft unabhängig von den äußeren Umständen. Wir alle kennen Menschen, die scheinbar alles haben und todunglücklich sind, und andere Menschen, die trotz widriger Lebensumstände erstaunlich heiter und zufrieden sind.

Einer der prägnantesten Texte im tibetischen Buddhismus trägt den Titel »Glück und Leid in Befreiung verwandeln«. Er lehrt, alles und jedes, ob gut oder schlecht, schön oder hässlich, als Gelegenheit zum Aufwachen zu nehmen.

Gleich der allererste Rat stellt alles auf den Kopf, was wir normalerweise über den Umgang mit Leid zu wissen glauben: »Wir müssen als Erstes die Haltung aufgeben, auf keinen Fall Leid erleben zu wollen, und zweitens die Haltung entwickeln, uns sogar zu freuen, wenn uns Leid befällt«, schrieb der tibetische Lehrer Dodrupchen Jigme Tenpa Nyima im 19. Jahrhundert in seinem populären Kommentar.[16] »Denk an all die Depressionen, Ängste und Irritationen, die wir uns selbst verursachen, indem wir Leid nur als unvorteilhaft betrachten, als etwas, das wir um jeden Preis vermeiden müssen. Überlege dir zwei Dinge: wie nutzlos dies ist und wie viel Schwierigkeiten es bereitet. Denk darüber immer wieder nach, bis du felsenfest überzeugt bist. Dann sage dir: ›Von jetzt an werde ich nie wieder ängstlich oder ärgerlich werden, welches Leid ich auch ertragen muss.‹ Lass dir das immer wieder durch den Kopf gehen und nimm all deinen Mut und deine Entschlossenheit zusammen.«

Im Ernst?

Ich weiß, ich weiß, es überzeugte mich auch nicht auf Anhieb. Der Text führt dann eine lange Liste von Vorteilen auf, »Leiden als Verbündeten zu betrachten, der uns auf dem Weg hilft«.

Anstatt uns auf der Flucht zu verausgaben, könnten wir unsere Energie nutzen, uns der Krise zu stellen. Zweitens ist vieles von dem, was wir »schlecht« nennen, nicht automatisch ganz schlecht. Ärzte wissen, dass Bakterien und Viren andauernd Herausforderungen bringen, die unser Körper nutzt, um ein gesundes Immunsystem zu entwickeln. Ein Kind, das auf dem Bauernhof aufwächst und im Dreck spielt, wächst gesünder auf als das Stadtkind, das täglich mit antibakterieller Seife gewaschen wird.

In vielerlei Hinsicht ist es mit emotionalen und mentalen Widerständen ähnlich.

Eines der ungelösten Probleme der Raumfahrt ist, dass Astronauten im All einen Teil ihrer Knochenmasse verlieren.

Ihre Knochen werden schwächer, weil sie im All zu wenig Widerstand erfahren. Wir *brauchen* Widerstand, um stark zu werden.

Kabat-Zinn spricht vom »Achtsamkeitsmuskel«, der »durch Gebrauch sowohl kräftiger als auch geschmeidiger und beweglicher [wird]. Und wie ein richtiger Muskel lässt sich auch unsere Achtsamkeit am besten anhand eines gewissen Widerstands trainieren, durch den sie gefordert und gekräftigt wird. Unser Körper, unser Geist und der Stress, dem wir tagtäglich ausgesetzt sind, versorgen uns in dieser Hinsicht mit einer Menge an Widerständen, mit denen wir arbeiten können.«[17]

Wie schön, dass es an großen und kleinen Widerständen keinen Mangel gibt!

»Wenn Sie nicht gerade Hochhäuserbauer, Turmanstreicher, Trapezkünstler, Skiweitspringer oder hochbetagt sind, ist die Schwerkraft wahrscheinlich noch Ihr geringstes Problem«, schreibt Kabat-Zinn. »Aber sie ist ein gutes Beispiel dafür, dass manche Stressoren unvermeidlich sind und wir uns ständig den Anforderungen anpassen, die sie an unseren Körper stellen. [...] Sie [sind ein] natürlicher Teil des Lebens, und das Beispiel der Gravitation erinnert uns daran, dass Stress an und für sich weder gut noch schlecht, sondern einfach ist, was er ist – wie alles andere auch.«[18]

Im tibetischen Buddhismus sprechen wir manchmal von einem »kostbaren Juwel«: Menschen, die einen kirre machen. Diejenigen, die immer am lautesten ihre Stimme erheben, ständig Einwände vorbringen, uns an die Decke gehen lassen.

Wir benutzten den Begriff manchmal recht ironisch, begleitet von einem Augenrollen, wenn uns mal wieder jemand auf den Senkel ging, aber hinter dem Begriff steckt doch auch eine Anspielung auf die Erkenntnis: Wo könnten wir Geduld und Mitgefühl üben, wenn nicht mit den Menschen, die uns das am meisten abverlangen?

Iyengar nutzt die »richtige Art von Schmerz wie einen

Impfstoff gegen den unvermeidlichen Schmerz und das Leiden, die uns das Leben immer schickt, aber die Dosis muss stimmen«. Die Yogapraxis biete eine Gelegenheit, Geduld und Achtsamkeit zu üben, »Hindernisse in der Praxis wie auch im Leben anzuschauen und herauszufinden, wie wir mit ihnen fertigwerden können. [...] Die meisten Menschen wollen die Freude ohne das Leiden haben. Ich nehme beides. Ich will sehen, wie weit das Leiden mich führt.«[19]

Wenn eine Krise kein Auftrag ist, was soll sie sonst sein? Vielleicht kennen Sie das Bild vom Lotos, der im Buddhismus als Symbol allgegenwärtig ist. Die Lotospflanze versinnbildlicht genau diese Fähigkeit der Umwandlung: Die makellose Blüte sprießt aus dem Schlamm. Sie hat den Dreck in Dünger verwandelt.

Aufs und Abs und der Raum dazwischen

Im Grunde wissen wir, dass für viele Pflanzen winterliche Kälte, Schmucklosigkeit und Rückzug Voraussetzung für späteres Erblühen sind. Auch wenn viele von uns dieses Naturgesetz kennen, begreifen wir nicht, dass es sich mit unserem eigenen Leben ähnlich verhält. Wir erkennen nicht, dass Zeiten der Verwirrung, des Elends und leichter Depressionen für unser Wachstum fruchtbar sind. [...] Verstandesmäßig wissen wir vielleicht, dass es Licht nicht ohne Dunkelheit gibt und Höhen nicht ohne Tiefen. Doch wenn es um unsere Gedanken und Gefühle geht, wollen wir durchgehend im Licht verweilen. Gelingt es uns nicht, permanent guter Stimmung zu sein, suchen wir den Fehler bei uns oder unserer Meditationspraxis. Doch so verfehlen wir das eigentliche Ziel der Praxis, das nicht darin liegt, dafür zu sorgen, dass die Dinge gut laufen, sondern darin, uns begreifen zu helfen, dass das Leben kontinuierlich im Wandel ist: Leben und Tod, Sommer und Winter, Verwirrung und geistige Klarheit. Ganz gleich, wer wir sind und was wir tun, wir werden diesen Wandel erleben, all diese Höhen und Tiefen. Unser Ziel ist nicht, dass es uns besser geht, denn mit uns ist alles in Ordnung. Wir meditieren nicht, um das Blatt zu einem Besseren zu wenden und »nach oben« zu kommen. Wir glauben, es nur richtig anstellen zu müssen, damit wir auf die Sonnenseite des Lebens gelangen und dort auch bleiben können. Wäre das nicht genau der ideale Ort für uns? Nicht unbedingt. Wir praktizieren, um stets in Frieden sein zu können, wo auch immer auf der Achterbahn des Lebens wir uns gerade befinden. Dank unserer Übung beginnen wir klarer zu sehen, was im jetzigen Augenblick geschieht, ganz gleich, wie es aussieht. Wir können damit voll und ganz präsent sein. In der Theorie mag sich das alles hervorragend anhören, doch wenn wir das nächste Mal abstürzen, werden wir es wieder nicht mögen. Und auch das ist in Ordnung. Wir müssen es nicht mögen.

Charlotte Joko Beck,
***Zen und das alltägliche Wunder*, S. 38–39**

Moses musste den heiligen Berg besteigen, Buddha seinen Palast verlassen, Jesus sich aufopfern. Die Philosophie und Schriften der alten Griechen und frühen Christen, der Buddhisten, Hinduisten und Moslems stecken voller Versprechungen, dass man aus Miseren Segen ernten kann. Die Idee vom Wundervogel Phönix findet sich schon in der ägyptischen Mythologie vor Christus und in der römisch-griechischen Antike. Unzählige Helden- und Heiligengeschichten erzählen uns von den äußeren und inneren Herausforderungen, die Heiler bewältigten, bevor sie die Medizin entdeckten und damit in ihre Gemeinschaft zurückkehrten. Oft beschreiben es die Lehren sogar als *unerlässlich*, dass Propheten Prüfungen bestehen, um Erlösung für sich und ihr Volk zu finden.

Paulus schreibt im Neuen Testament: »Wir frohlocken auch in unseren Bedrängnissen, wissend, dass Leiden Bewährung bewirkt, und Bewährung Charakter, und Charakter Hoffnung.«[20]

Der römische Kaiser Marcus Aurelius appellierte: »Was sich uns aber geradezu in den Weg stellt, betrachten wir als ein Mittel zu unserer Übung – der Flamme gleich, die sich auch solcher Stoffe zu bemächtigen weiß, bei deren Berührung ein kleineres Licht verlöschen würde, aber ein helles Feuer nimmt in sich auf und verzehrt, was man ihm zuführt, und wird nur größer dadurch.«[21]

Von Buddha bis Batman, die Geschichten vom Helden, der die Feuerprobe besteht und dann als Erlöser zurückkehrt, ist so alt wie der Mensch. »Der Tod und die Wiederauferstehung des Helden ist ein Modell für das Abstreifen des alten Lebens und den Beginn eines neuen«, sagte der berühmte Mythologe Joseph Campbell. »Indem wir in den Abgrund steigen, entdecken wir die Schätze des Lebens. Wo man strauchelt, da liegt der Schatz.«[22]

Das Versprechen, dass Krisen positive Veränderungen anstoßen oder uns auf einen radikalen Neuanfang vorbereiten, ist also nicht neu. Neu ist, dass diese uralte Idee Einzug hält in Krankenhäuser, Armeen und Hospize.

Tatsächlich gibt es nicht nur im Buddhismus, sondern auch in der westlichen Psychologie erstaunlich viele Belege dafür, dass wir aus Widrigkeiten gestärkt hervorgehen können. Richard Tedeschi und Lawrence Calhoun, zwei renommierte Therapeuten an der University of North Carolina in Charlotte prägten für dieses Phänomen den Begriff »posttraumatisches Wachstum«. Tedeschi zufolge berichten mehr als die Hälfte aller Menschen, denen ein Schicksalsschlag widerfahren ist, sie hätten ihr Leben danach zum Positiven verändert. Wohlgemerkt passiert dies nicht sofort und selten von allein. Wir müssen uns diese positiven Veränderungen erarbeiten, und wir brauchen dazu die richtigen Strategien und Unterstützung.

Überlebende berichten vor allem von Zugewinn in fünf Bereichen: persönliche Stärke, tiefere Beziehungen mit anderen, das Entdecken von neuen Lebensperspektiven, Wertschätzung für das Leben und intensivere Spiritualität. »Kurz zusammengefasst, ändern sich die Einstellung zu einem selbst, Beziehungen zu anderen und die Lebensphilosophie«, sagt Tedeschi. »Eine der häufigsten Erfahrungen nach einer großen Krise ist, dass man das Leben wieder schätzen lernt.«

Tedeschi und Calhoun haben zwar den Begriff des posttraumatischen Wachstums Mitte der 1990er-Jahre geprägt, sie sind aber nicht die Ersten, die das Phänomen entdeckten. Ihre Erkenntnisse sind den in den buddhistischen Texten aufgezählten Vorteilen verdächtig ähnlich: Leiden schafft neue Prioritäten, löscht Arroganz aus, ermutigt uns, uns für einen größeren Lebenssinn zu engagieren und Freude an positiven Handlungen zu finden und es treibt uns an, anderen zu helfen, denen es schlechter geht als uns.

Entgegen der landläufigen Wahrnehmung kommt posttraumatisches Wachstum wesentlich häufiger vor als anhaltende posttraumatische Belastung. Tedeschi schätzt, dass fünfzig bis siebzig, in manchen Fällen sogar bis zu neunzig Prozent der Trauma-Überlebenden mindestens einen Aspekt von posttraumatischem Wachstum erfahren. Die Zahlen verblüffen.

Während die meisten Menschen nach einem Trauma posttraumatischen Stress erleben, schlägt er nur bei wenigen in eine anhaltende posttraumatische Belastungsstörung um. Die meisten Trauma-Patienten gesunden mit Therapie und Zeit. »Aber es ist wichtig klarzustellen, dass nicht jeder wächst, und wir wollen nicht so tun, als sei Trauma etwas Gutes«, betont Tedeschi. »Nach einem Trauma wird den Menschen die Vergänglichkeit des Daseins bewusster, und das verstört manche, während es anderen hilft, neue Prioritäten zu setzen. Das ist das Paradox des Wachstums: Wir werden verletzlicher, aber stärker.«[23]

Die wegweisende Wissenschaft des posttraumatischen Wachstums ist neu und wird stetig durch neue Studien und Erkenntnisse erweitert. Der Psychologe Stephen Joseph ist nicht der Einzige, der denkt, der Forschungszweig sei einer »der aufregendsten aller neueren Fortschritte in der klinischen Psychologie, denn er verspricht, unser Denken über Traumata radikal zu ändern – insbesondere die Vorstellung, ein Trauma habe unweigerlich ein beschädigtes und beeinträchtigtes Leben zur Folge«.[24]

Eine Krise ist eine Weggabelung. Was wir als Nächstes tun, zählt: weitermarschieren oder zurückrudern, die Hürde angehen oder weglaufen, kriechen oder springen. Wir können unsere Augen verschließen oder hinsehen, aufgeben oder einen neuen Anlauf nehmen, uns verschließen oder aufbrechen. Das Dilemma kann vernichtend sein oder das Sprungbrett für einen neuen Anfang. Vielleicht beides.

> *Wir hätten sicher nicht erwartet, dass es beim Üben darum geht, sich dem Schmerz wirklich zu »ergeben« und ihm gegenüber eine freundliche Einstellung zu entwickeln, ihn anzunehmen. Wir dachten, es ginge um Erleuchtung. Doch Erwachen ist kein überwältigender oder erhabener Zustand, es besteht einfach darin, mit dem zu sein, was ist.*
>
> **Charlotte Joko Beck,**
> ***Zen und das alltägliche Wunder,* S. 100**

Es gibt eine Geschichte, die mir in Asien in verschiedenen Variationen erzählt wurde:[25] Eine Familie hat nur einen Sohn, den die Eltern über alles lieben, und ein Pferd, das für die Arbeit auf dem Hof unersetzlich ist. Eines Tages entläuft das

Pferd, und alle Nachbarn zeigen Mitleid: »Ihr hattet nur das eine, und jetzt ist es weg! Was für eine Tragödie!«

Ein Jahr später kehrt das Pferd mit einem Fohlen zurück. »Ihr seid Glückspilze!«, rufen die Nachbarn. »Erst hattet ihr nur eins, jetzt habt ihr zwei!«

Dann versucht der Sohn, das junge Pferd zu reiten, fällt und bricht sich ein Bein, sodass er sein Leben lang hinken wird. Wieder zeigen die Nachbarn Mitleid: »Was für ein Unglück! Ihr habt nur einen Sohn, und jetzt kann er nicht mehr mit anpacken!«

Zwei Jahre später beginnt ein Krieg, und die Armee zieht von Haus zu Haus, um alle jungen Männer einzuziehen. Nun sind die Eltern froh, dass sie ihren Sohn behalten dürfen.

Vielleicht war es »schlimm«, dass mein Großvater Kinderlähmung bekam, aber vielleicht war es gut, dass ihn die Nazis wegen seines »schlimmen« Beines nicht im Zweiten Weltkrieg einsetzen konnten. Vielleicht wäre er dort wie Millionen andere Männer gefallen oder wie mein anderer Großvater nach einigen Jahren als verbitterter, gebrochener Mann aus der russischen Kriegsgefangenschaft zurückgekehrt.

Das scheinbar Schlimmste ist nicht immer das Schlimmste. Vielleicht ist ein Un-Glück nur ein Glück, das in einer Mogelpackung daherkommt. »Schlimm« ist eine subjektive Kategorie. Was wir heute als verheerend empfinden, kann sich morgen als Segen erweisen. Das ist schwer vorstellbar, wenn wir gerade eine Krebsdiagnose bekommen. Aber was, wenn sich diese schockierende Nachricht als Wendepunkt erweist?

Eine Diagnose oder einen Verlust zu leugnen, bringt sie nicht zum Verschwinden.

»Warum also Not und Pein nicht positiv begegnen?«, fragt Iyengar. »Sicher sind sie ein Alarmsignal, aber sie enthalten in sich auch den Keim für die Lösung und Transzendierung der Situation.«[26]

Die allererste Einsicht, die der historische Buddha Shakyamuni nach seiner Erweckungserfahrung vor fast 2600 Jahren lehrte, war: »Leben ist leidvoll.« Er sprach damit nicht nur über die offensichtlichen Leiden von Krankheit und Tod, sondern über das unausweichliche Hohlsein unserer Existenz, die Unbeständigkeit jeden Lebens, die Tatsache, dass wir nie alles bekommen, was wir wollen, und nie auf Dauer behalten dürfen, was wir haben.

Seine Worte mögen auf den ersten Blick wie ein deprimierender Weckruf klingen, aber sie beschreiben einfach eine fundamentale Wahrheit. Wir werden Schwierigkeiten begegnen, früher oder später. Also wollen wir uns ein gutes Rüstzeug zulegen, mit dem wir uns wappnen.

Ich denke oft darüber nach, wie anders mein Leben wohl verlaufen wäre, wenn ich nicht krank geworden wäre. Ich habe meine Gesundheit nie hundertprozentig wiedergewonnen und finde es enorm frustrierend, nie genau zu wissen, ob ich mich auf meinen Körper verlassen kann und ob er Strapazen überstehen wird, die andere Menschen in meinem Alter nicht besonders anstrengend finden.

Wäre ich nicht krank geworden, hätte ich mehr Energie und Ausdauer. Ich würde mehr Arbeit erledigen. Vermutlich hätte ich das Angebot angenommen, Chefredakteurin zu werden. Aber würde ich meine Energie für die richtigen Ziele einsetzen? Würde ich wertvolle Arbeit erledigen? Ist es wirklich mein Lebensziel, Chefredakteurin zu sein?

Stattdessen nahm ich mir ein Jahr frei und zog ans Meer. Ich schlug das verlockende Jobangebot einer deutschen Zeitung aus, um nach Kalifornien zu gehen und die Liebe meines Lebens zu heiraten. Ich verbrachte einige Jahre damit, *Stark wie ein Phönix* zu schreiben, ein Buch über posttraumatisches Wachstum, und habe dadurch bewundernswerte Menschen getroffen, die meine Freunde geworden sind. Ich bezweifle, dass ich das alles gemacht hätte, wenn ich mein gesundes, aktives Leben mit Ende zwanzig einfach hätte weiterführen können. Vermutlich wäre ich viel zu beschäftigt gewesen mit meiner Karriere, meinen Reisen, mit mir. Ich bin mir sicher, dass ich egoistischer wäre. Die Erfahrung, hilflos und auf andere angewiesen zu sein, hat meine Vorurteile gegenüber Menschen ausgeräumt, die Hilfe brauchen.

Die meisten Vorteile, die der Text »Glück und Leid verwandeln« aufzählt, treffen für mich zu: Durch meine gesundheitlichen Schwierigkeiten musste ich manche Lebensentscheidungen ändern und meine Prioritäten neu definieren. Sie haben mich zu einem besseren Coach gemacht, denn zuvor habe ich meinen Kunden in erster Linie dabei geholfen, ihre Karriereziele zu erfüllen; nun finden wir erst einmal heraus, was sie *wirklich* für sich erreichen wollen. Ganz, ganz oft sind ihre eigentlichen Ziele nicht die augenscheinlichen, die sie am Anfang nannten. Die Krankheit hat mir die Arroganz ausgetrieben, die ich als junge, erfolgreiche Karrierefrau hatte, und mich ermutigt, mir neue, andere Ziele zu suchen. Sie hat mich angespornt, anderen zu helfen und mich für Organisationen zu engagieren, die den Schwächsten wieder auf die Beine helfen.

Das Leben, das ich mir vorgestellt hatte, gab es nicht mehr. Ich musste loslassen und mir ein neues suchen.

Und Sie? Können Sie etwas Gutes in den Ereignissen finden, die Ihr Leben umstürzten? Versteckt sich irgendwo dahinter ein Geschenk? Gibt es einen Silberstreif im Schmerz? Haben Sie dadurch etwas gelernt, auch wenn es keine leichte Schule war?

Diese Fragen mögen zu provozierend klingen, wenn die Wunden frisch sind. Sich offen damit auseinandersetzen zu können ist ein Zeichen dafür, dass wir auf dem Weg sind, die Wunden zu heilen.

Die Menschen, die am MBSR-Programm in unserer Klinik teilnehmen, erkennen schnell, dass Stress ein unvermeidlicher Teil des Lebens ist. Gewiss können wir lernen, uns durch kluge Entscheidungen vor größeren Übeln zu bewahren, doch gibt es weiterhin viele Dinge im Leben, über die wir nur wenig oder gar keine Kontrolle haben. Stress gehört nun einmal zum Leben, zu unserem Menschsein, ist Teil unserer »conditio humana«. Das bedeutet jedoch nicht, dass wir angesichts der Kräfte, die in unserem Leben wirken, zu Opfern werden müssen, so bedrängend und aufreibend sie manchmal auch sein mögen. Vielmehr können wir lernen, uns ihnen bewusst zuzuwenden, uns mit ihnen anzufreunden, mit ihnen zu arbeiten, sie zu verstehen und sinnvoll einzuordnen, kluge Entscheidungen zu treffen und ihre Energien zu nutzen, um innerlich daran zu wachsen. Die Bereitschaft, anzunehmen und mit dem zu arbeiten, was ist, bildet den Kern jeder Meditationspraxis.

Um uns das Wesen der Achtsamkeit näherzubringen, können wir uns unseren Geist als die Oberfläche eines Sees oder den Meeresspiegel denken. Auf der Wasseroberfläche gibt es ständig eine Wellenbewegung, manchmal ist sie groß, manchmal klein und manchmal beinahe unmerklich. Das Wasser wird durch atmosphärische Einflüsse aufgewühlt, durch Winde, die aufkommen und abflauen, aus verschiedenen Richtungen wehen und mit unterschiedlicher Wucht auf es treffen – ganz so wie die Turbulenzen und Wechselfälle unseres Lebens, von denen unser Geist aufgewühlt wird.

Jon Kabat-Zinn, *Im Alltag Ruhe finden*, S. 50

»Das Ausmaß an Stress, das wir in einer Situation erfahren, hängt vollständig davon ab, wie wir die Dinge wahrnehmen und mit ihnen umgehen«, schreibt Kabat-Zinn. Der Satz war ihm so wichtig, dass er ihn kursiv setzte. Lesen Sie ihn noch mal. Lassen Sie ihn einsinken.

Und weiter: »Es liegt in der Macht jedes Einzelnen, das Kräfteverhältnis zwischen äußeren Stressoren als unvermeidlichem Teil des Lebens und dem inneren Vermögen zur Bewältigung von Stress neu zu definieren. Wenn wir den bewussten und intelligenten Umgang mit Stress erlernen, sind wir in der Lage, ihn weitgehend zu regulieren und sein Ausmaß in Grenzen zu halten.«[27]

Meistens denken wir nicht so. Wir machen alle anderen für unseren Stress verantwortlich – unsere Chefin, unsere Kollegen und Kunden, die Kinder, den Ehepartner … Wir finden schon jemanden, auf den wir wütend sein können.

Aber jede Ärztin weiß, dass Schmerzempfinden subjektiv ist, genauso wie Stress. Stress ist keine objektive Konstante, sondern ein Sturm mit subjektiver Windstärke. Manche Menschen leben erst auf, wenn um sie herum Chaos tobt, anderen wird schon ein Mittagstisch mit drei Familienmitgliedern zu viel.

Auch als Journalistin staune ich oft, wie unterschiedlich Menschen die gleiche Begebenheit erleben. Für manche Soldatin ist der Einsatz im Irak der Höhepunkt ihres Trainings. Für andere ist schon das Sprechen vor Publikum eine unzumutbare Qual.

An unseren Ängsten und Hoffnungen können wir wie an einem Barometer ablesen, wie wir den Druck nach oben oder unten schrauben.

»Unsere Gedanken können in hohem Maße emotionsgeladen sein«, schreibt Kabat-Zinn. »Einige von ihnen vermitteln uns positive Gefühle wie Freude, Glück und Zufriedenheit, andere solche der Traurigkeit, Isolation, Hoffnungslosigkeit oder gar Verzweiflung. Häufig wachsen sich unsere Gedankengänge zu ganzen Epen aus, Geschichten, die wir uns selbst über die Welt erzählen, über andere Menschen und uns selbst, über Vergangenheit und Zukunft. Wenn wir ihnen aber wirklich auf den Grund gehen, indem wir achtsam den ganzen Denkprozess mit seinem emotionalen Gehalt verfolgen, stellt sich oft heraus, dass viele unserer Gedanken bestenfalls Halbwahrheiten sind. Häufig sind sie ganz einfach falsch, auch wenn wir fast immer vom Gegenteil ausgehen.«[28]

Er nennt unter anderem Selbstvertrauen als »äußerst bedeutsame[n] Gesundheitsfaktor« und zitiert Untersuchungen von Stanford-Psychologen, die herausfanden, »dass das Selbstvertrauen bei vielen Erkrankungsformen das wichtigste und zuverlässigste Kriterium für die Prognose des Genesungsverlaufs ist. [...] Wie fest man an den eigenen Erfolg glaubt, hat bei allen persönlichen Entscheidungen Einfluss darauf, was man überhaupt willens ist zu unternehmen, um sein Ziel zu erreichen, und welchen Einsatz man dabei an den Tag legt. Es bestimmt mit, ob man bereit ist, neue und ungewohnte Wege zu gehen, bevor man aufgibt, und in welchem Maß man den Versuch, in wichtigen Lebensbereichen Veränderungen zu bewirken, als mühsam erlebt.«[29]

Es hilft, uns die Mechanismen hinter unseren Gedankengängen bewusst zu machen. Achtsamkeit reicht manchmal schon, um den Druck erträglich(er) zu machen. Dann können wir daran arbeiten, unsere Widerstandskraft zu stärken.

»Mit jedem Sitzen stärken wir unsere Kraft, mit dem zu sein, was wir wirklich sind, auch wenn das immer schmerzhaft ist«, schreibt Charlotte Joko Beck. »Solange wir das nicht aushalten, haben wir zwar schon Praxiserfahrung, aber noch keine stabile Praxis. Wer wir sind, also unser wahres Selbst, unterscheidet sich so sehr von den Vorstellungen, die wir uns machen – davon, was andere uns angetan haben oder was wir gern mit jemand anderem anstellen würden. Zu lernen, mit dem Schmerz zu sein, ist das Herz der Praxis.«[30]

Sie erzählt die Geschichte eines Mannes, der nachts seine Schlüssel verloren hat. Im Licht der Straßenlaterne sucht er und sucht er, bis ein Freund vorbeikommt. Der Freund hilft ihm bei der Suche, und nachdem die beiden eine ganze Weile Gras und Laub durchstöbert haben, erkundigt sich der Freund: »Bist du dir sicher, dass du sie hier verloren hast?« Der Mann antwortet: »Nein, ich habe sie irgendwo dort hinten im Dunkeln verloren.« Erstaunt fragt der Freund: »Warum suchst du dann hier?«

Worauf der Mann entgegnet: »Hier sieht man einfach viel besser.«[31]

In unserem Leben machen wir es oft ähnlich. Wir mögen es nicht, im Dunkeln zu stöbern, auch nicht, wenn dort der Schlüssel liegt. Wenn wir mit Dunkelheit konfrontiert werden, versuchen wir lieber, ins Helle auszuweichen. »Anders ausgedrückt: dahin, wo wir uns auskennen. Egal ob es sich um ein Beziehungsproblem, eine berufliche oder andere Schwierigkeit handelt, wir neigen dazu, immer dort zu suchen beziehungsweise so zu agieren, wie es unseren Mustern entspricht«, sagt Charlotte Joko Beck. »Glauben Sie, der Mann hat seine Schlüssel unter der Straßenlaterne gefunden? Natürlich nicht. Oft macht es uns nicht einmal etwas aus, die verlorenen Schlüssel nicht zu finden. Für uns zählt nur, dass die Suche nicht zu strapaziös ist.«[32]

Beck beschreibt eine »Dunkelheit, aus der alles kommt, sie enthält ein unendliches kreatives Potenzial, das sie Augenblick für Augenblick in unser Leben strömen lässt. In der Praxis geht es darum, in diese Dunkelheit einzutauchen. Doch das interessiert uns nicht. Wir möchten die Anteile des Lebens, die uns beunruhigen, nicht sehen. Damit lösen wir unser Problem zwar vielleicht nicht, aber das ist uns Menschen nicht wirklich wichtig. Häufig sind wir lieber in Sicherheit als frei.«[33]

Angst ist Mangel an Achtsamkeit

Oft erzählen mir Leute: »Ich habe so viele Ängste, sie bestimmen mein Leben. Ich habe immer wieder den und den schrecklichen Gedanken.« Es klingt furchtbar. Wie viele von ihnen sitzen da und fragen sich voller Sorge: »Was passiert als Nächstes?«

Doch Angst ist Mangel an Achtsamkeit. Ich meine das nicht wertend. Nehmen wir einmal an, ein Freund, der uns wichtig ist, liegt im Krankenhaus. Natürlich gehen wir zu ihm und bringen ihm etwas mit. Doch es ist Sonntag, und vor Dienstag kann man ihn nicht besuchen. Wir sorgen uns um ihn. Dabei wäre das Beste, das wir für ihn und für uns tun könnten, gewahr zu sein.

Seien Sie Ihres eigenen Lebens gewahr. Wenden Sie sich Ihren Gedanken zu und benennen Sie sie. Konzentrieren Sie sich auf die Körperwahrnehmungen und spüren Sie in sie hinein. Bleiben Sie bei dem, was Sie gerade tun. Angst besteht aus nichts als Gedanken in Kombination mit Körperwahrnehmungen und darin gefangen zu sein, besonders in den Gedanken.

Charlotte Joko Beck,
***Zen und das alltägliche Wunder,* S. 204**

Es gibt die »realen« Ängste und dazu noch die Sorgen, die wir uns über Dinge machen, die (noch) gar nicht passiert sind und vielleicht nie eintreffen werden.

Von Shantideva, einem der bekanntesten indischen Autoren des achten Jahrhunderts, wird oft der berühmte Vers zitiert: »Wenn du ein Problem hast und etwas dagegen tun kannst, warum machst du dir dann Sorgen? Wenn du ein Problem hast und daran nichts ändern kannst, warum machst du dir dann Sorgen?«

Egal von welcher Seite man das Problem betrachtet, ob es

lösbar oder unlösbar ist, sich darüber aufzuregen, bringt uns der Lösung nicht näher.

Das sagt sich natürlich leicht. Aber tatsächlich verstärken wir unser Schmerzempfinden und negative Gefühle, wenn wir uns verzweifelt gegen sie wehren.

Charlotte Joko Beck schreibt: »In dem Moment, da wir loslassen, geschieht das Wunder.«[34]

Tara Brach machte diese Erfahrung bei der Geburt ihres Sohnes. Der Geburtsschmerz war intensiv. Anfangs gelang es ihr noch, sich auf ihren Atem zu konzentrieren, aber dann wurde sie von Angst überwältigt. Sogar sie, die erfahrene Psychotherapeutin, die mit so viel Einsicht über radikale Akzeptanz geschrieben hat, befand sich plötzlich im Krieg mit dem Schmerz. »Als ich mit Angst reagierte, fügte ich den unangenehmen Empfindungen das Gefühl und die Überzeugung hinzu, dass irgendetwas nicht in Ordnung war. Statt radikale Akzeptanz zu praktizieren, reagierten mein Körper und Geist mit Widerstand und Ankämpfen gegen den Schmerz«, erinnert sie. »Die Angst vor dem Schmerz ist eine ganz natürliche menschliche Reaktion, doch in unserer Gesellschaft, in der wir den Schmerz als etwas Schlechtes oder Falsches ansehen, ist sie ganz besonders dominant. Wir misstrauen unserem Körper und versuchen ihn zu beherrschen und unter Kontrolle zu halten, so, wie wir auch mit der Natur verfahren. Wir nehmen Schmerzmittel und gehen davon aus, dass alles, was uns vom Schmerz befreit, gut für uns ist. Das schließt alle Schmerzen mit ein – die Schmerzen des Gebärens und der Menstruation, der gewöhnlichen Erkältung und der Krankheit, des Alterns und des Todes. In der kollektiven kulturellen Trance unserer Gesellschaft wird der Schmerz als der Feind statt als natürliches Phänomen betrachtet. Er ist der Bote, den wir zu töten versuchen, und nichts, was wir zulassen und annehmen.«[35]

Erst als ihr die Hebamme ruhig versicherte, alles sei in Ordnung und die Geburt verlaufe normal, konnte sie sich wieder an ihr Training erinnern und in die Wehen hinein atmen.

Wenn wir große Schmerzen haben, ist meist das Allerletzte, woran wir denken, dass wir eine Wahl hätten, wie wir sie empfinden. Schmerz krallt sich voll und ganz in unser Bewusstsein. Doch wie Forscher und Ärztinnen wissen, wird Schmerz von vielen Faktoren beeinflusst: von unseren Gewohnheiten und unserer Kultur bis hin zu unseren Genen, unserer »Schmerzlandschaft«.

Es ist längst gut belegt, dass wir Schmerzen stärker und intensiver empfinden, wenn wir uns hilflos fühlen. Eine der effektivsten Methoden, wie Ärzte und Krankenhäuser die Intensität einer Krankheit lindern könnten, wäre, ihren Patientinnen mehr Verantwortung, Mitsprache und Kontrolle zu geben.[36]

Als ich krank und bettlägerig wurde, fand ich es peinlich und frustrierend, wie sehr nicht nur mein Körper, sondern auch meine Seele aus dem Gleichgewicht geriet. Zusätzlich zu den körperlichen Schmerzen quälte ich mich mit Selbstvorwürfen. Warum hatte ich auch unbedingt durch Asien reisen müssen? Der Buddha nannte dies den »zweiten Pfeil«. Wir werden vom ersten Pfeil verletzt – Krankheit, Trauma, Schmerz –, und dann stecken wir einen zweiten Pfeil in die offene Wunde und stochern darin herum.

»Geduld ist eine sich stets anbietende Alternative zu der ständigen Rastlosigkeit und Getriebenheit unseres Geistes, wenn nicht ein echtes Gegenmittel«, schreibt Kabat-Zinn. »Wenn Sie die Oberfläche der Ungeduld abkratzen, werden Sie feststellen, dass sich darunter – auf mehr oder weniger subtile Weise – Wut verbirgt. Wut ist eine starke Form von Energie, die nicht wahrhaben will, dass die Dinge so sind, wie sie sind, und die jemanden (oft uns selbst) oder etwas dafür verantwortlich macht.«[37]

Kabat-Zinn erinnert die Antwort des Dalai Lama, als er bei der Verleihung des Friedensnobelpreises von einem Reporter gefragt wurde, warum er angesichts der Situation seines Landes und seines Volkes offenbar keinerlei Zorn den Chinesen gegenüber hege: »Sie haben uns alles genommen; soll ich zulassen, dass sie mir auch noch meinen Geist stehlen?«[38]

Es gibt Dinge, die wir nicht ändern können. Vielleicht haben wir einen geliebten Menschen verloren, unseren Job oder unsere Gesundheit; vielleicht wird unser Leben plötzlich von Faktoren auf den Kopf gestellt, die wir niemals kommen sahen. Ein plötzlicher Unfall, eine unerwartete Diagnose, eine umwerfende Begegnung – morgens gingen wir aus dem Haus wie immer, und abends ist nichts mehr wie zuvor.

Die Fähigkeit, Situationen, die wir nicht ändern können zu akzeptieren, ist ausschlaggebend dafür, wie gut wir mit den neuen Bedingungen leben können.

Tara Brach spricht von den »zwei Flügeln« der »radikalen Akzeptanz«: klares Sehen und mitfühlendes Halten unserer Erfahrung. »Gemeinsam befähigen sie uns, zu fliegen und frei zu sein.«[39]

Selbsthilfegruppen rezitieren gerne das Gelassenheitsgebet: *Gib mir die Gelassenheit, Dinge hinzunehmen, die ich nicht ändern kann, den Mut, Dinge zu ändern, die ich ändern kann, und die Weisheit, das eine vom anderen zu unterscheiden.*

Die Worte mögen einem leicht von den Lippen gehen, aber emotional ist es mit der Gelassenheit eine ganz andere Geschichte. Die Fähigkeit, unsere Verzweiflung so weit zu bewältigen, dass wir Raum für Reflexion schaffen, ist essenziell.

Psychologinnen nennen dies »Akzeptanzbewältigung« und haben festgestellt, dass Akzeptanz und posttraumatisches Wachstum häufig Hand in Hand gehen.[40]

»Wenn wir uns in die Erfahrung des Augenblicks begeben – unsere Geschichten loslassen und unseren Schmerz oder unser Verlangen sanft halten –, beginnt sich die radikale Akzeptanz zu entfalten«, schreibt Tara Brach.[41] Das geht nur mit Mitgefühl für uns selbst und andere: »Statt uns gegen unsere

Angst oder unseren Kummer zu stemmen, umarmen wir unseren Schmerz mit der liebevollen Güte einer Mutter, die ihr Kind in den Armen hält. Statt uns zu verurteilen oder unserem Verlangen nach Aufmerksamkeit oder Schokolade oder Sex nachzugeben, blicken wir sanft, achtsam und teilnahmsvoll auf unser Greifen. Mitgefühl ehrt und achtet unsere Erfahrung; es erlaubt uns, innig mit dem Leben dieses Augenblicks, so, wie es ist, verbunden zu sein. Mitgefühl macht unsere Akzeptanz zu etwas vollständig Umfassendem und zu etwas, das aus ganzem Herzen geschieht.«[42]

Brach zitiert den persischen Dichter Rumi, der die Beziehung zwischen unseren Wunden und unserem Erwachen deutlich benannte. Er riet: »Wende dich nicht ab. Halte deinen Blick auf die bandagierte Stelle gerichtet. Genau da tritt das Licht in dich ein.«[43]

So können aus Zeiten des Leids tiefgründige Einsichten wachsen. Fast alle von uns kennen Phasen im Leben, in denen alles auseinanderzubrechen droht. Wir verlieren den Boden unter den Füßen und alles, was wir glaubten zu wissen, wird plötzlich in Zweifel gezogen.

Wichtig ist, radikale Akzeptanz nicht mit Resignation zu verwechseln. »Die Praxis der radikalen Akzeptanz läuft unserer Kultur der Nichtakzeptanz dermaßen zuwider, dass es unter Umständen schwierig ist, sie richtig zu verstehen«, erklärt Tara Brach. »Eines der größten Missverständnisse in Bezug auf die radikale Akzeptanz ist die Annahme, dass wir, wenn wir uns einfach so akzeptieren, wie wir sind, jede Motivation verlieren, uns zu verändern und weiterzuentwickeln.[44] […] Doch wie die wichtige Erkenntnis des Psychologen Carl Rogers besagt: ›Es ist ein kurioses Paradoxon, dass ich mich, wenn ich mich so akzeptiere, wie ich bin, verändern kann.‹«[45]

Nichts bleibt für immer schmerzhaft. Und lassen wir uns voll und ganz auf das Gefühl und die Herausforderungen

ein, gehen sie schneller wieder. Sie werden schwächer. Ein großer Teil unseres Schmerzes kommt schlicht daher, dass wir unser Leid nicht spüren wollen.
Wenn Sie es schaffen, Ihren Verstand aus dem Weg zu nehmen, kann das Leid sich allmählich auflösen. Es löst sich und verschwindet einfach. Das verändert das Leben.
Doch wie lassen wir uns voll und ganz auf das Leiden ein? Wir bleiben, solange wir können, mit der unmittelbaren Erfahrung. Vielleicht schaffen wir es zunächst nur zwei oder fünf Sekunden lang und schweifen wieder ab – und zwar schon allein deswegen, weil wir wegdriften wollen. Doch wenn wir jeden Tag sitzen, gelingt es uns, länger dabeizubleiben, und unter Umständen stellen wir irgendwann überrascht fest, dass wir uns bereits für zehn oder dreißig Sekunden darauf eingelassen haben. Wenn wir es so lange schaffen, öffnet es uns die Tür zu einer anderen Welt. Ob wir es tun oder nicht, ist allerdings keine Frage von Tugend, keine Frage des »gut« oder »schlecht«. Wir tun einfach, was wir können, zu mehr sind wir ohnehin nicht in der Lage. Und nichts von all diesen Bemühungen ist verschwendete Energie, zumindest sofern wir ihrer gewahr sind.

Charlotte Joko Beck,
***Zen und das alltägliche Wunder,* S. 135–136**

Es gibt diesen schönen Spruch, der vermutlich von Oscar Wilde stammt: »Am Ende wird alles gut sein. Wenn es nicht gut ist, ist es nicht das Ende.«

Eine gute Freundin von mir hat sich dieses Zitat über ihr Bett gehängt, als sie gleichzeitig mit Unfruchtbarkeit, Zahlungsunfähigkeit und einer schwierigen Scheidung kämpfte. (Sie bekam später einen Sohn, wurde wieder liquide und fand eine neue Liebe.)

Wenn wir Schmerz, Depression oder Trauer erleben, erscheinen sie oft so gewaltig wie massive Felsblöcke, die uns unter ihrem Gewicht erdrücken und begraben können. Aber wenn wir genau hinsehen, merken wir, dass unsere Erfahrungswelt aus unzähligen, winzigen Momenten besteht. Unsere Gehirne sind darauf geeicht, Kontinuität wahrzunehmen – so sehr, dass wir nachweislich oft nicht einmal merken, wenn zwischendurch ein ganz anderes Gesicht oder eine andere Figur vor uns auftaucht.[46]

Deshalb gehen wir so gerne ins Kino: Unser Gehirn gaukelt uns vor, dass die dreißig Laufbilder, die pro Sekunde aufflackern und die wir im Kopf aneinanderreihen, eine fortlaufende Geschichte erzählen. Im Leben machen wir es nicht viel anders: Wir stricken im Geist endlos Geschichten, anstatt die Einzelbilder genauer unter die Lupe zu nehmen.

Achtsamkeit und Meditation verlangsamen das Kopfkino. So sehen wir, dass Gefühle und Wahrnehmungen keine stabilen Blöcke sind, sondern flüchtige Pixel auf unserer inneren Leinwand, die kurz aufflackern und dann wieder verschwinden, eilige Besucher auf der Durchreise.

Sogar die intensivsten Emotionen bestehen aus nichts anderem – Augenblick um Augenblick um Augenblick. Sie sind flüchtig, flatterhaft, unstet. Wir können Schmerz ertragen, weil er unbeständig ist. Das gilt auch für chronischen Schmerz und ist mit ein Grund, warum Achtsamkeitsmeditation so erfolgreich in der Schmerztherapie eingesetzt wird.

Mit Achtsamkeit können wir die Kettenreaktion unterbrechen und die Pause-Taste drücken. Zu schnell rutscht uns sonst die Hand aus, lassen wir uns zu einem Akt der Aggression hinreißen, den wir vielleicht nicht wiedergutmachen können. Achtsamkeit schafft eine Pause, in der wir uns auf eine bessere Reaktion besinnen können.

Wir finden Lücken, und wie schmale Risse im Fels sich mit der Zeit ausbreiten und ganze Berge zum Einstürzen bringen, so können wir diese Lücken nutzen, um das Monster Depression auf seine reale Größe zurechtzustutzen, Atemzug um Atemzug.

Achtsamkeit gibt uns den Freiraum, innezuhalten und tiefer zu schauen. »Sobald ich merke, dass ich urteile oder genervt bin [...], frage ich mich umgehend: ›Was ist hier los?‹«, schreibt Charlotte Joko Beck. »Ich sehe gründlich und genau hin. [...] Mit der Praxis nimmt unser Können, innezuhalten und zu hinterfragen, ständig zu. Nicht, dass das Ego oder die Probleme verschwinden würden, aber es wächst die Fähigkeit, mich voller Neugier darauf einzulassen und sie zu erforschen.«[47]

Wenn wir uns über einen längeren Zeitraum in der Meditation üben, verlieren unsere üblichen Gedankenkarusselle ihre Schwungkraft. »Praxis bedeutet zu sehen, was ist, und zwar ganz ohne unsere Grundstrategie«, schreibt Charlotte Joko Beck. »Wir begegnen jedem einzelnen Augenblick genau in dem Moment, da er geschieht – so als sei es das erste Mal.«[48]

Mit Meditation trainieren wir genau die Fähigkeiten, die wir brauchen, um Härten zu widerstehen und uns von ihnen zu erholen. »Wünschen wir wirkliche Transformation, müssen wir unser inneres Durcheinander aushalten«, rät Charlotte Joko Beck. »Wir bleiben mit ihm. Ein großer Teil der Praxis besteht einfach darin, diese Verwirrung mit purer Beharrlichkeit und Geduld auszuhalten. Und wenn wir das tun, ist es, als seien wir in jenem chaotischen Zimmer unseres Lebens, in dem wir ein Fenster offen gelassen haben, sodass ein kleiner Weisheitsvogel hereinfliegt.«[49]

Freiheit von Bedauern und Besorgnis

Bewusst zu atmen ist ein wunderbarer Weg, die Knoten des Bedauerns und der Besorgnis zu lösen und zum Leben im gegenwärtigen Moment zurückzukehren.
Sind wir im Bedauern über Vergangenes, in Besorgnis über Zukünftiges oder in Anhaftung und Abneigung bezogen auf

Gegenwärtiges gefangen, sind wir nicht frei, mit dem Leben in Berührung zu sein. Wir leben unser Leben nicht wirklich. Atmen wir bewusst ein und aus und folgen wir unserem Atem aufmerksam vom Beginn bis zum Ende, entspannt uns das, und wir werden nicht mehr von unseren Sorgen und Sehnsüchten beherrscht. Wenn wir in voller Bewusstheit atmen, wird unser Atem langsamer und regelmäßiger; Gefühle des Friedens und der Freude stellen sich ein und werden mit jedem Moment stabiler. Indem wir uns auf unseren Atem stützen, kehren wir zu uns selbst zurück, Körper und Geist werden wieder eins, und wir fühlen uns ganz.

Haben Körper und Geist wieder zusammengefunden, sind wir voll und ganz präsent, zutiefst lebendig und imstande, mit dem, was im gegenwärtigen Moment geschieht, tatsächlich in Berührung zu sein.

Thich Nhat Hanh, *Einfach präsent*, S. 14

Hier ist der Haken an der Sache: Posttraumatisches Wachstum bedeutet nicht unbedingt, dass wir uns besser fühlen. »Bei vielen Menschen bleibt viel Belastung zurück«, warnt der Psychologe Richard Tedeschi. »Auch wenn Menschen sagen können, dass sie etwas gewonnen haben, heißt das nicht, dass nun alles in Ordnung ist oder dass sie das Ereignis nicht mehr als traumatisch betrachten. Posttraumatisches Wachstum ist nicht das Gegenteil von posttraumatischem Stress. Die Belastung ist der Treibstoff für das emotionale Wachstum.«[50]

Stellen wir nicht gerade dann die großen, existenziellen Fragen, wenn unsere Existenz infrage gestellt wird? »Ein kleiner Blechschaden auf dem Parkplatz hat keine großen Folgen, aber wenn ein Erdbeben unsere ganze Welt erschüttert, warum sollen wir dann nicht etwas Besseres bauen anstatt die gleichen alten, maroden Strukturen?«, fragt Tedeschi.

Jetzt mal ehrlich: Leben wir wirklich unser bestmögliches Leben? Oft stolpern wir über die Schlaglöcher unserer Existenz, getrieben von unserem Terminkalender, Rechnungen und Verpflichtungen. Die Vision, die wir einmal für uns entwarfen, bleibt im Abseits liegen. Ein Zusammenbruch reißt die Pfeiler unseres Lebens mit sich und mit ihnen das »muss«, »soll« und »geht nicht«, die unseren Alltag regieren. In dem Vakuum, das sich auftut, können wir uns, vielleicht zum allerersten Mal, dem zuwenden, was wirklich zählt.

Unsere Welt liegt in Scherben; alles, was wir über uns, andere und das Universum zu wissen glaubten, stimmt nicht mehr. Das Drehbuch unseres Lebens hat plötzlich große Lücken. Wir sind ohne Plan, ohne einen Schimmer, wie es weitergeht. Das ist ein guter Ausgangspunkt dafür, dazuzulernen und den »Weisheitsvogel« einzulassen.

Schmerz bohrt unser Herz auf. Dadurch kann uns Leid ehrlicher, echter und mitfühlender werden lassen, vor allem anderen gegenüber, denen es nicht gut geht. Vielleicht nehmen wir zum ersten Mal in unserem Leben die vielen Facetten von Schmerz in den Menschen um uns herum wahr, die wir bisher nur zu gerne übersahen.

»Trauer kann zum Garten des Mitgefühls werden«, schrieb Rumi. »Wenn du dein Herz während aller Erfahrungen offen hältst, kann dein Schmerz dein bester Verbündeter werden auf der lebenslangen Suche nach Liebe und Weisheit.«

Offen und verletzlich zu bleiben ist der einzige Weg, herauszufinden, ob sich unter dem Schmerz ein Geschenk verbirgt. Wie sehr wir uns auch danach sehnen mögen, uns hinter unsichtbaren Mauern abzuschotten, wir schneiden uns damit vom Leben ab. So schön es wäre, wenn wir selektiv das Schmerzhafte ausklammern und nur das Erfreuliche hineinlassen könnten, einen Güllefilter für das Leben, der nur die Nährstoffe und nicht den Mist durchlässt, hat leider noch niemand erfunden.

Ein weiteres Argument fürs Sitzen liegt darin, dass es unser Muster schwächt, als Täter oder Opfer zu handeln. Während wir uns so unsere Gedanken anschauen und sie benennen, offenbart unsere Praxis die sich immer wiederholenden Tendenzen, sie lässt sie offen zutage treten, und wir spüren und nehmen Dinge wahr, die wir bislang übersehen haben. Deshalb ist das Sitzen die Grundlage der Praxis. Und auch wenn wir anfangs Widerstände haben, kommen wir doch irgendwann an den Punkt, wo diese Muster so klar werden und unser Leiden so offensichtlich wird, dass wir keine andere Wahl haben, als zu sitzen.
Mit der Zeit und der Übung wächst unsere Fähigkeit, mit dem Schmerz zu sein. Die Zahl der Dinge, die uns ärgern, scheint zu schrumpfen – auch wenn der Weg dorthin weit ist und es lange dauert, ihn zu gehen. […]
Die Übung schwächt unseren Ärger, lässt ihn aber nicht verschwinden. Jede Phase und jeder Fortschritt der Praxis für sich ist wunderbar. Ich selbst muss noch viel üben, auch wenn sich mein Leben bereits sehr verändert hat. Und dafür lohnt sich die Praxis.
Wie fühlen Sie sich gerade? Genau jetzt? Das Einzige, was zählt, ist, das zu erleben. Und versuchen Sie, während Sie sich durch das kämpfen, was Sie gerade zu meistern haben, niemandem zu schaden. Es gibt viele Faktoren, die diese Umkehr ermöglichen: Was Sie lesen, zählt. Ob Sie täglich praktizieren, zählt.
Mit jedem Sitzen stärken wir unsere Kraft, mit dem zu sein, was wir wirklich sind, auch wenn das immer schmerzhaft ist. Solange wir das nicht aushalten, haben wir zwar schon Praxiserfahrung, aber noch keine stabile Praxis. […] Zu lernen, mit dem Schmerz zu sein, ist das Herz der Praxis.

Charlotte Joko Beck,
***Zen und das alltägliche Wunder*, S. 210**

Ich weiß nicht, wie das ohne Meditation gehen soll – beim Erfahren von Verzweiflung und Schmerz präsent zu bleiben.

In Deutschland sind laut Epidemiologischem Suchtsurvey 1,6 Millionen Menschen abhängig von Schmerzmitteln, etwa genauso viele von Alkohol.[51] Der Absatz von Schmerzmitteln steigt stetig, auf einen Umsatz von bald einer knappen Milliarde Euro.[52] Die bloße Menge macht offensichtlich, dass wir all das Morphium nicht nur für medizinisch sinnvolles Schmerz-Management einsetzen.

Die Neurowissenschaftlerin Hedy Kober von der Yale University begann ursprünglich zu meditieren, weil sie über eine schwierige Trennung hinwegkommen wollte, aber sie merkte bald, dass Meditation nicht nur ihren Herzschmerz und Stress linderte, sondern auch körperliche Beschwerden.

Sie initiierte eine ganz einfache Studie: Probanden ohne jede Meditationserfahrung wurde ein schmerzhafter Impuls am Arm zugefügt. Nachdem man sie instruiert hatte, dem Impuls mit Achtsamkeit und Akzeptanz zu begegnen, sank ihr Schmerzempfinden um 27 Prozent. Sie wurden gebeten, sich die Frage zu stellen: Ist dies ein erträglicher Schmerz? Kann ich damit klarkommen? Das genügte. So konnten sie den Forscherinnen nicht nur von weniger Schmerz berichten, sondern tatsächlich verringerten sich ihre Gehirnaktivitäten in den Regionen, die für schmerzhafte Impulse zuständig sind, um mehr als die Hälfte. »Meditieren zu lernen kann Ihre Stresserfahrung wesentlich beeinflussen«, schloss Kober.[53] »Es kann nicht nur die Gehirnfunktionen während Belastungen verändern, sondern mit der Zeit auch die Gehirnstrukturen. Ein klein wenig Achtsamkeit kann viel bewirken.«

Ergebnisse können sich schnell einstellen: Auch der Narkosearzt Fadel Zeidan vom Wake Forest Baptist Medical Centre in North Carolina hat Menschen ohne Meditationserfahrung getestet. Sie wurden angeleitet, jeden Tag zwanzig Minuten lang zu meditieren. Der Versuch bestand darin, dass sie sich auf ihren Atem konzentrieren und ablenkende Gedanken loslassen sollten, während sie einem unangenehmen, heißen Impuls ausgesetzt wurden. Nach nur vier Tagen zeigte das Meditationstraining bereits verblüffende Folgen: Die Probanden nahmen den Schmerz um vierzig Prozent weniger intensiv war und fanden ihn um 75 Prozent weniger unangenehm. »Meditation verringerte den Schmerz sogar deutlicher als Morphium oder andere Schmerzmittel, die normalerweise eine Wirkrate von 25 Prozent haben«, sagt Zeidan. »Einer der Gründe, warum Meditation wohl so effektiv darin ist, Schmerz abzufedern, ist, dass sie nicht nur im Gehirn ansetzt, sondern auf mehreren Ebenen des Wahrnehmungsprozesses.«[54]

Zeidan und seine Kollegen glauben, dass Meditation vielversprechend für den klinischen Einsatz ist, weil bereits ein so kurzes Training derart dramatische Schmerzlinderung zur Folge hatte. »Diese Studie beweist, dass Meditation echte Wirkung zeigt, um Schmerz ohne Medikamente zu lindern«, meint er. Sein Team wies nach, dass Meditation auch Angstzustände mindert,[55] was gerade für die Heilung von posttraumatischer Belastung wichtig ist. Nach dem Trauma ist oft die eigentliche Bedrohung längst verschwunden, aber die Angst hält uns immer noch gefangen.

Wie reagieren Personen mit langer Meditationserfahrung, wenn sie Schmerzen und Leiden ausgesetzt sind? Als die Studie, in der Probanden ein heißer Impuls verabreicht wird, mit erfahrenen Meditierenden wiederholt wurde, stand ihre Reaktion auf den Schmerz in direktem Zusammenhang mit der Dauer ihrer Meditationserfahrung.[56] Je mehr wir den Achtsamkeitsmuskel trainieren, von dem Kabat-Zinn sprach, desto flexibler und stärker wird er tatsächlich. »Es ist nun völlig klar, dass wir unsere Hirne neu trainieren können, um Schmerz zu lindern«, sagt Stanford Psychiater David Spiegel.[57]

Wer noch mehr Beweise für die Macht des Geistes braucht: Patienten unterziehen sich größeren Operationen, sogar Amputationen, ohne Narkose, nur mit Hilfe eines erfahrenen Hypnotiseurs.[58] Hypnose reduziert Angst und Schmerz und hilft bei der Genesung.[59] Einige Patienten kommen auf dem OP-Tisch ganz ohne Narkose aus, andere mit einer sehr geringen Dosis.

»Es ist absolut möglich, das Schmerzempfinden während Operationen durch hypnotische Entspannung wesentlich zu beeinflussen«, folgert David Spiegel. »Das Schlüsselkonzept ist, dass diese psychologische Prozedur tatsächlich die Schmerzwahrnehmung so verändert wie schmerzstillende Medikamente und viel mehr als Placebos … Hypnotische Schmerzstillung ist real und nicht weniger spürbar als Medikamente, um Schmerzempfinden und Angst zu reduzieren.«[60]

Da ist also der Schmerz an sich, ein gewisses Maß an unvermeidlichem körperlichem Schmerz, wenn ein Chirurg unseren Körper aufschneidet oder wir uns an einer scharfen Kante stoßen. Und dann hängt viel davon ab, wie wir diese Erfahrung *verarbeiten*. Auf diesen Prozess haben wir Einfluss.

Richard Davidson vom Center for Investigating Healthy Minds wies nach, dass sich die Gehirnwellen bei Meditationsprofis so verändern, dass die Meditierenden sogar Schmerz und negative Emotionen durch Freude und Glücksgefühle ersetzen können.[61]

Im tibetischen Buddhismus geht das Annehmen des Leids sogar so weit, dass die übliche Ablehnung von Schmerz umgedreht und zur Praxis genutzt wird. In der Praxis des Tonglen (tib., wörtlich »geben und nehmen«) atmen fortgeschrittene Meditierende nicht nur das eigene, sondern auch das Leid anderer Menschen ein und atmen Freiheit und Glück aus.

Einer meiner buddhistischen Lehrer nannte es einmal die »buddhistische Klimaanlage«, und sie wird oft am Krankenbett praktiziert. »Bei dieser mit dem Atemfluss verbundenen Praxis üben wir uns darin, uns für das Leiden – unser eigenes und das aller anderen – unmittelbar zu öffnen und Linderung und Zuwendung anzubieten«, erklärt Tara Brach.[62]

Auch wenn wir nicht jahrzehntelang in einem Kloster meditiert haben, können wir unser eigener Schmerzflüsterer werden. Ich will aber nicht so tun, als wäre das ein Kinderspiel. Bis heute, nach fast zwanzig Jahren Meditationserfahrung, finde ich dies immer noch am schwierigsten: präsent zu bleiben, wenn der Schmerz zusticht. Als ob wir eine Wahl hätten.

Roshi Bernie Glassman scherzte, dass die Suche nach einem Ausweg lächerlich sei: Schließlich können wir nicht *nicht präsent* sein. Wir *können* nicht entfliehen. Und doch, der Impuls, nach etwas zu greifen, ist fast unwiderstehlich – nach einem Drink, einer Zigarette, der Fernbedienung, Sex, Racheplänen, nach *irgendetwas*, das eine wie auch immer flüchtige Erleichterung gewährt.

Menschen, die bereit sind, die Schmerzerfahrung zu akzeptieren, haben größere Chancen, an der Erfahrung zu reifen und posttraumatisches Wachstum zu entwickeln.

Tedeschi und Calhoun fanden auch Belege dafür, dass das Wachstum langfristig wirkt. »Allgemein findet die Reifung kurz- bis mittelfristig statt, etwa ein bis zwei Jahre nach dem Ereignis«, sagt Tedeschi. Als er Vietnamkriegsveteranen interviewte, stellte er fest, dass sie »signifikante Veränderungen vorgenommen hatten, die über Jahrzehnte andauerten«.

Und das Wachstum ist universell: Posttraumatisches Wachstum ist fast auf der ganzen Welt und bei allen Religionen beobachtet worden, bei chinesischen Krebspatienten und Vergewaltigungsopfern im Nahen Osten, bei politischen Gefangenen und Flüchtlingen in Israel wie Palästina, nach Erdbeben in Japan, nach Schiffsuntergängen und Hungerkatastrophen, in Europa, Afrika, Asien und Australien.[63] Für diese Studien wurden nicht nur die schlagzeilenträchtigen Traumata erforscht, die von den Titelseiten schreien, sondern auch die weitverbreiteten Krisen, die Lebensläufe aus dem Fluss bringen können wie Operationen,[64] Mobbing, Fehlgeburten und Autounfälle. Überall auf der Welt weinen und wachsen wir in ganz ähnlicher Weise.

Das Wachstum (und posttraumatischer Stress) erfasst sogar Menschen, die selbst nicht von Trauma betroffen sind, es aber aus nächster Nähe miterleben, also etwa die Familien von Krebspatientinnen und Kriegsheimkehrern, Sanitäterinnen, Ärzte, Bestattungsunternehmer und Trauma-Therapeutinnen.[65]

»Hier offenbart sich die Doppelnatur des Traumas«, sagt der Trauma-Therapeut Peter Levine. »Zum einen die zerstörerische Kraft, seinen Opfern die Lebensfähigkeit und -freude zu nehmen. Das Paradoxe am Trauma ist jedoch andererseits, dass es auch die Macht zu Transformation und Wiederauferstehung birgt. Ob ein Trauma zur grausam strafenden Gorgone oder zum Vehikel wird, die Höhen von Transformation und Meisterschaft zu erklimmen, hängt davon ab, wie wir ihm uns annähern. Trauma ist eine Tatsache im Leben. Ein Trauma muss jedoch kein lebenslanges Verhängnis sein.«[66]

Fragt man Tedeschi nach einer Eigenschaft, die er wieder und wieder in den Betroffenen erkennt, die über sich hinauswachsen, dann ist es der Wille, die Dinge zu akzeptieren, die sie nicht ändern können. »Das sind Menschen, die der Tatsache nicht aus dem Weg gehen, dass sich etwas verändert hat. Sie packen die Veränderung am Schopf: ›Okay, das ist jetzt die Situation, was mache ich nun damit? Sogar wenn die Situation die ist, dass ich wahrscheinlich in einem Monat tot bin, was mache ich mit diesem Monat?‹«[67]

Wenn wir unserem Schmerz mit der Freundlichkeit und Güte der Akzeptanz begegnen, statt mit der Bitterkeit des Widerstands, wird unser Herz zu einem uferlosen Meer des Mitgefühls.

Tara Brach, *Mit dem Herzen eines Buddha,* S. 259

Sosehr unsere Gedanken auch um »ich« und »meins« kreisen (Meine Gesundheit. Mein Körper. Meine Beziehung. Meine Familie. Mein Ruf. Meine Zukunft …),was uns alle verbindet, ist eine grundlegende Erfahrung: Keiner von uns will Schmerz und Leid erfahren; wir alle wollen glücklich sein. Diese elementare Wahrheit ist die Basis, von der aus fast alle Menschen handeln. Oft genug versuchen wir, Glück mit Methoden zu erreichen, die nicht erfolgreich sind, aber die wenigsten von uns gehen morgens aus dem Haus mit der Absicht, möglichst viel Schaden anzurichten. Deshalb wird die Erfahrung des Leidens, wenn wir sie zulassen, eine verbindende Erfahrung der Öffnung.

Von Buddha Shakyamuni wird die berühmte Anekdote überliefert, dass ihn eine junge Mutter namens Kisa Gotami um Rat bat, die ihr einziges Kind verloren hatte und in ihrer Trauer voll Verzweiflung war. Sie flehte ihn an, ihr Kind wieder lebendig zu machen. Er erwiderte, sie solle ihm Senfkörner aus dem Haushalt einer Familie bringen, die keine Trauer kennt. Sie ging von Haus zu Haus, aber wo auch immer sie anklopfte, die Antworten ähnelten sich: »Wir trauern auch.« »Wir haben auch jemanden verloren.«

Nach tagelangen vergeblichen Versuchen verstand sie die Botschaft: Sie war nicht allein.

Wir alle kämpfen mit Verlust und Trauer, auch wenn die Bürden sicher ungleich verteilt sind. Wenn wir trauern oder uns von Traumata erholen, fühlen wir uns meist ganz allein auf der Welt. Wir denken, niemand könne das Ausmaß unseres Schmerzes verstehen. Tatsächlich aber gibt es garantiert jemanden, der Ähnliches erfahren hat, und es hilft uns, wenn wir uns mit Menschen verbünden, die uns verstehen.

Selbst wenn wir keine verständnisvollen Freunde und Familienmitglieder um uns haben oder wenn wir zu krank sind, um das Haus zu verlassen, können wir uns Hilfe suchen: einen erfahrenen Therapeuten oder eine erfahrene Therapeutin.

Und wir können in Online-Foren, Selbsthilfegruppen und Glaubensgemeinschaften Gesinnungsgenossen finden. Menschen, die Ähnliches wie wir durchgemacht haben, können am besten Trost und Verständnis spenden. Wir alle haben unsere »Stammesgenossen«. Wir müssen uns nur auf die Suche machen, um sie zu finden.

Meine Schwägerin Tami, die ihr einziges Kind Haley nach acht Herzoperationen verlor, fand Aufnahme bei trauernden Eltern in der Selbsthilfegruppe Compassionate Friends.[68] »Mit anderen trauernden Eltern zu sprechen war zehnmal hilfreicher als alles andere«, sagt Tami.

Dass geteiltes Leid halbes Leid wird, ist mehr als ein Spruch. »Unser Leiden wird ein Tor zum Mitgefühl, das unser Herz befreit«, schreibt Tara Brach. »Wenn wir uns unseres eigenen Kummers und unseres eigenen Leids mitfühlend annehmen, erhalten unsere alten Rollen als Richter, Feind oder Opfer keine Nahrung mehr. An ihrer Stelle finden wir keine neue Rolle, sondern ein mutiges Offensein und die Fähigkeit zu echter Zärtlichkeit, nicht nur für uns selbst, sondern auch für andere.«[69]

Fast alle in diesem Buch zitierten Autorinnen und Autoren haben diese Erfahrung für sich selbst gemacht. »Wenn Sie sich dem Leiden nicht widersetzen, werden Sie mit anderen leidenden Menschen Freundschaft schließen«, schreibt etwa Iyengar. »Ich habe in meinem Körper eine Menge gelitten. Wenn mir jetzt jemand von seinen Leiden erzählt, spüre ich in meinem Körper, was Leiden ist. Meine persönlichen Erfahrungen haben in mir ein großes Maß an Liebe und Mitgefühl entstehen lassen.«[70] Statt unsere Wut auf andere zu richten oder unser Schicksal zu beklagen, können wir zulassen, dass der Schmerz uns für die Gefühle anderer Menschen aufbricht.

Roshi Joan Halifax war eigentlich Anthropologin, und bei ihren Forschungsreisen nach Mali und Mexiko beobachtete sie Initiationszeremonien, die an wichtigen Übergängen im

Leben stattfinden. Dabei habe sie »viel darüber erfahren, wie wertvoll es ist, zum Zweck der psychologischen Transformation einen direkten Kontakt mit dem eigenen Leiden herzustellen«. Später wählte sie bewusst den Weg, für Sterbende da zu sein und ihnen in den letzten Wochen und Tagen ihres Lebens beizustehen. »Der Weg aus dem Unwetter und dem Sumpf des Leides, der Weg zurück zu einer Freiheit voller Stärke und Mut ergibt sich durch die Kraft des Mitgefühls«, schreibt Halifax.[71]

Wenn wir uns dem Leid bewusst stellen und offen dafür sind, aus Herausforderungen zu lernen, gehen wir aus der Verletzung mit neuer Stärke hervor, und aus dem Riss wird eine goldene Zier.

> *In Japan gibt es ein Verfahren namens Kintsukuroi, was wörtlich »Goldreparatur« bedeutet. Es ist die Kunst, zerbrochene Keramik mit einem Gemisch aus Lack und Goldpulver oder Platin zu reparieren, und zwar so, dass die Bruchstellen sichtbar bleiben. Der »reparierte« Gegenstand spiegelt die Zerbrechlichkeit und Unvollkommenheit des Lebens wider, aber auch dessen Schönheit und Kraft. Damit gewinnt er seine Ganzheit und Integrität zurück.*
>
> **Joan Halifax, *Gratwanderung*, S. 188**

6
Wer bin ich?

Anleitung zur Selbst-Erforschung

Du bist nichts Wahrnehmbares.
Nichts von dem, was du wahrnimmst, kann sein, was du bist.

Mooji, *Weiter als Himmel, größer als Raum*, S. 45

Ich. Mein. Wenn wir beobachten, worum unsere Gedanken die meiste Zeit kreisen, wird schnell klar, wo unser Gravitationszentrum liegt.

Dass Weisheitsmeister es schaffen, Leid und Schmerz zu transformieren, liegt auch daran, dass ihr Ego weniger solide ist. Das stimmt nicht nur im übertragenen Sinne. Alle hier zitierten Autoren, von Thich Nhat Hanh bis Ramana Maharshi haben sich – jeweils auf ihre Weise – intensiv mit ihrer Wahrnehmung der Wirklichkeit auseinandergesetzt.

Normalerweise stellen wir unsere Wahrnehmung kaum infrage. Wollen Sie mit mir auf eine Entdeckungsreise gehen, bei der die Pfeiler Ihrer Wahrnehmung möglicherweise ein wenig ins Wackeln geraten?

Einige Jahre lang habe ich buddhistische Philosophie an der University of California in Santa Barbara unterrichtet. Am engagiertesten waren die Studierenden immer dann, wenn wir gemeinsam eine Forschungsreise unternahmen und ich ihnen die Frage stellte: Was ist Wirklichkeit? Woher wisst ihr, was wirklich wahr ist?

Versuchen Sie es einmal: Woher wissen Sie, was wirklich wahr ist? Denken Sie einige Minuten darüber nach, bevor Sie die Antworten lesen, die meine Studenten geben:

»Weil ich es mit eigenen Augen sehe.« »Weil ich es anfassen kann.« »Weil wir hier alle sehen, dass zwanzig Studenten im Raum sind, die auf zwanzig Stühlen sitzen.« Das sind so die Standardaussagen.

Wahr ist, was ich mit meinen eigenen Händen anfassen kann. Was ich in diesem Augenblick in meinen Händen halte. Was ich mit meinen eigenen Augen sehe. Was ich gerade höre, das Bellen meines Hundes, das Rauschen der Blätter, das Hupen eines Autos in der Ferne.

Okay, sage ich dann, das sind Sinneseindrücke. Wir alle aber nehmen Dinge subjektiv und unterschiedlich wahr. Der eine sagt, der Holztisch sei glatt, der andere, er sei rau. Die eine findet das Hupen laut, die andere hat es gar nicht gehört. Aber woher wissen wir, dass diese Welt da draußen wirklich unabhängig von uns existiert, als objektive Wirklichkeit?

»Unsere Denkmuster geben uns vor, auf welche Weise wir die Wirklichkeit wahrnehmen und interpretieren, wie wir mit uns selbst umgehen und auf die Außenwelt reagieren«, schreibt Kabat-Zinn. »Jeder von uns hat seine eigene Art, seine Erlebnisse und das, was ihm widerfährt, zu deuten. Aus unseren Denkmustern ergeben sich unsere Beweggründe und die Art unserer Entscheidungen. [...] Sie bilden den Kern unserer Weltanschauung und die Basis unseres Lebensgefühls.«[1]

Wenn wir unsere Wahrnehmung nie infrage stellen, sind wir schnell davon überzeugt, dass wir ganz allein im Besitz der Wahrheit sind. Ganze Kriege, sowohl die zwischen Ländern als auch zwischen Nachbarn und Eheleuten, ließen sich verhindern, wenn alle ein Quäntchen mehr Selbstreflexion besäßen.

Dieses Kapitel ist eine Einladung, das einmal zu tun. Wo endet unsere subjektive Wahrnehmung und wo beginnt die objektive Welt? Wenn Sie mit Ihren Fingerkuppen über eine Oberfläche vor Ihnen streichen, wo endet Ihr Bewusstsein und wo genau beginnt der Tisch? Anders gefragt: Wenn Sie dieses Buch in Händen halten, wo endet meine Beschreibung und wo beginnt Ihr Verstehen?

Woher wissen wir, was wirklich wahr ist? »Aber wir sind uns alle einig, dass da ein Holztisch steht, egal ob er glatt oder rau ist. Und mehrere von uns haben das Hupen gehört, also hat ein Auto gehupt.«

Okay, nehmen wir also den Konsens als Barometer für die Wirklichkeit. Wenn Millionen Menschen Taylor Swift gut finden, kann sie keine ganz schlechte Sängerin sein. Wenn alle sagen, der Himmel sei blau und die Wiese grün, bestätigt das meine Wahrnehmung. Aber schon ein einfacher Autounfall stellt diesen Konsens infrage. Unterhalten Sie sich mal mit einem Polizisten, der ein Unfallprotokoll aufnimmt. Fünf Beobachter haben fünf verschiedene Unfälle gesehen, und da rechnen wir noch nicht mal mit ein, dass einer lügt.

Tatsächlich können wir nie sicher sein, dass unsere Mitmenschen das Gleiche sehen wie wir. Eine Bekannte von mir war jahrelang mit einem Mann verheiratet, der eine bestimmte Farbenagnosie hatte. Er konnte zwar eine grüne Ampel von einer roten unterscheiden, aber erst nach Jahren entdeckten Ärzte, dass der Mann die Farbe Blau nicht sehen konnte. Wenn sie beide von einem blauen Teppich sprachen, sah der Mann in Wahrheit, was seine Frau Rot nennt.

Oder denken Sie zurück an eine Zeit, als Sie frisch verliebt waren. Sie waren davon überzeugt, den tollsten Menschen der Welt getroffen zu haben. Sechs Monate oder sechs Jahre später hat sich Ihre Perspektive grundlegend geändert, und Sie überlegen sogar, in eine andere Stadt oder auf die andere Seite des Planeten zu ziehen, damit Sie diesem Menschen nie wieder begegnen. Der Mensch hat sich in der Zeit nicht wesentlich verändert, nur unsere Wahrnehmung von ihm oder ihr.

Am eindrücklichsten zeigt sich das Dilemma, wenn wir einen umstrittenen Politiker diskutieren. Nehmen wir Wladimir Putin. Fragen Sie Menschen in Russland, der Ukraine und

Deutschland, werden Sie die verschiedensten Einschätzungen hören: Diktator, Despot, Kriegsverbrecher, Feind, Retter, Vater, Geliebter, mächtig, klug, gerissen, skrupellos ... Aus der jeweiligen individuellen Perspektive ist keine dieser Einordnungen gänzlich falsch; jede beleuchtet einen Aspekt von ihm.

Einer meiner Meditationslehrer hat einen knallgelben Aufkleber an der Eingangstür zu seiner Meditationshütte: »Glaub nicht alles, was du denkst!«

Kognitionswissenschaftler wissen das längst. Unsere Sinne sind keine passiven Fenster, durch die wir die Welt wahrnehmen, sondern wir konstruieren unsere Wirklichkeit aus einem komplexen Zusammenspiel unseres Gehirns, unserer Sinnesorgane, aber auch unserer Erwartungen, unserer Ängste und Hoffnungen. Wenn wir uns diesen Prozess bewusst machen, können wir ihn zumindest teilweise steuern.

Für sich genommen bedeutet Meditation die endgültige Überwindung und Auflösung des Ego, des falschen Ichs, dass das wirkliche Selbst imitiert und vorgaukelt.

B. K. S. Iyengar, *Licht fürs Leben*, S. 40

Was Siddhartha Gautama damals vor etwa 2600 Jahren in Nordindien entdeckte und dazu führte, dass ihn heute Millionen Buddha, »der Erwachte«, nennen, bürstet gegen den Strich des konventionellen Verständnisses. Er meditierte die Nacht über unter dem Bodhi-Baum und erkannte, dass alles Leiden eine Wurzel hat: das Missverständnis, wir seien ein von anderen getrenntes, unabhängiges Ich.

»In diesem entscheidenden Moment der Geschichte lehrte der Buddha, dass der Beginn der Freiheit darin liegt, zur Wurzel unseres Leidens vorzudringen und sie klar zu erkennen. Dies war seine erste edle Wahrheit«, schreibt Tara Brach. »Seine erstaunliche Einsicht war die, dass *alles Leiden oder alle Un-*

zufriedenheit aus dem irrigen Verständnis hervorgeht, dass wir ein eigenständiges, unabhängiges und von anderen getrenntes Ich oder Selbst sind.«[2]

Bevor Sie lesen, was andere dazu sagen, will ich Sie ermutigen, selbst darüber nachzudenken, wer Sie sind. Fragen Sie sich: Wer bin ich? Was macht mich aus?

Genauso wie wir in der Achtsamkeitsmeditation dem Atem folgen, können wir in der Meditation essenzielle Fragen kontemplieren. Die Antworten darauf können unsere Lebenseinstellung verändern. Wie in der Achtsamkeitsmeditation sitzen wir aufrecht, wach, ruhig, und bringen unsere Aufmerksamkeit immer wieder in die Gegenwart und zu unseren Leitfragen zurück: Bin ich mein Körper oder unabhängig von meinem Körper?

Ich sage: Ich *bin* krank/gesund/müde. *Ich* habe Kopfweh. *Mein* Rücken schmerzt. *Mein* Bein ist eingeschlafen. *Ich* bin da zur Schule gegangen. *Ich* arbeite in diesem Büro. Aber wenn ich ernsthaft darüber nachdenke, muss ich weiter fragen: Wenn ich mein Körper bin, welcher Körper bin ich? Der, mit dem ich geboren wurde?

Mein Körper sieht heute ganz anders aus als zu meiner Geburt und wird in dreißig Jahren wieder ganz anders aussehen. Tatsächlich ist keine einzige meiner Körperzellen dieselbe, wie sie zu meiner Geburt war. Und keine Zelle wird dieselbe sein, wenn ich sterbe. Wenn ich mein Körper bin, verfalle ich dann mit meinen Zellen nach meinem Tod? Genau genommen verändert sich mein Körper von Augenblick zu Augenblick. Jeder Herzschlag pumpt neues Blut durch meine Adern, jeder Atemzug neuen Sauerstoff in meine Lunge.

Vielleicht bin ich, womit ich mich identifiziere. Mein Name. Meine Familie. Mein Beruf. Mein Land. Ich bin Michaela, verheiratet, Journalistin, Deutsche.

Aber ich wäre ich, auch wenn mich meine Eltern Manuela genannt hätten. Ich bin immer noch ich, selbst wenn ich mich scheiden lasse oder den Beruf oder die Staatsangehörigkeit wechsle. Bin ich dann immer noch ich?

Hat das Selbst eine Form? Und wenn ja, welche?

Bin ich eins oder viele?

Treffe ich Entscheidungen oder entstehen Entscheidungen in mir?

Bin ich unabhängig von anderen Menschen?

Ist das Selbst beständig oder flüchtig?

Welche Aufgabe hat das Selbst?

Bin ich mein Bewusstsein oder ist mein Ich unabhängig von meinem Bewusstsein?

Auch mein Bewusstsein hat sich grundlegend seit meiner Geburt geändert. Keinen einzigen Gedanken, den ich heute denke, habe ich vor vierzig Jahren gedacht.

Mein Denken, meine gesamte Einstellung, meine Bedürfnisse, alles, was mir wichtig ist, ändert sich unaufhörlich.

Wie würde sich meine Welt verändern, wenn ich mein Ich als weniger solide betrachte? Diese Überlegungen sind viel mehr als eine intellektuelle Übung. Denn unsere Identifizierung mit unserem Körper oder unserer Wahrnehmung ist nicht intellektuell. Wir reagieren instinktiv und emotional, wenn wir uns bedroht fühlen. Eine verbale Beleidigung, oder manchmal reicht es schon, dass uns ein Autofahrer den Weg abschneidet, und wir antworten mit Wut. Was fällt dem ein, mich so zu missachten?

Ganz zu schweigen, wenn unser Körper schmerzt, und Schmerz unser ganzes Empfinden überrennt. Dann identifizieren wir uns mit dem Schmerz.

Manche spirituellen Lehrer ermutigen ihre Schüler, das Gefühl des Selbst ganz stark aufsteigen zu lassen – etwa, indem wir uns an eine Bedrohung erinnern oder umgekehrt an eine Situation, in der wir mit stolz geschwellter Brust herumliefen –, um dann genau hinzuschauen: Wo sitzt dieses Selbst? Wie sieht es aus? Welche Farbe hat es? Welche Form?

Als »Anleitung zur Selbst-Erforschung« rät Mooji: »Wenn du dich von Bedürftigkeit, Habenwollen, Eifersucht und anderen Emotionen übermannt fühlst, unterdrücke oder leugne sie nicht. Sie schlichtweg als irreal zu erklären, während du sie als real erfährst, ist nicht hilfreich. Es ist besser, die Gelegenheit, die diese Gefühle darstellen, dafür zu nutzen, nicht nur die Gedanken und Gefühle zu transzendieren, sondern auch die Identität, zu der sie zu gehören scheinen. Der Identität auf den Grund zu gehen ist das Heilmittel, mit dem alle Probleme kurierbar sind. Frage dich: ›Wer oder was erfährt dies?‹ Sei mit dieser Art von Fragestellung sehr aufrichtig und nach innen gerichtet.«[3]

Ramana Maharshi drückt es ähnlich aus: »Wirklichkeit ist einfach der Verlust des Ego. Zerstören Sie das Ego durch Suchen nach seiner Identität.«[4]

Sie sind vielleicht schon einmal auf den Begriff der Leerheit (Skr. *shunyata*) in fernöstlichen Weisheitslehren gestoßen. Leider gibt es im Deutschen keinen wirklich passenden Begriff dafür. »Leer« halte ich für eher irreführend, »interdependent« finde ich passender. Manche übersetzen *shunyata* mit »Offenheit«.

Mit *shunyata* meinen Buddhisten nicht, dass die Welt leer ist wie eine leere Tasse. Sie meinen aber, dass unsere Welt und alles, was in der Welt erscheint – uns eingeschlossen – folgende Aspekte hat: Alles ist vergänglich und nichts ist von ewigem Bestand. Alles ist dem Leiden unterworfen. Alle Dinge und Phänomene existieren ohne einen unveränderlichen Wesenskern, auch unser Ego. Sie entstehen und existieren nur in Abhängigkeit von anderem. Zum Beispiel wurden wir alle von unseren Eltern gezeugt und müssen Sauerstoff atmen, um leben zu können.

Dass wir uns selbst wahrnehmen, ist nicht das Problem. Das Problem entsteht, wenn wir unser Ich für solide, beständig und unabhängig halten. »Leerheit bedeutet nicht Nichtexistenz«, schreibt Thich Nhat Hanh. »Es bedeutet Unbeständigkeit, Nichtselbst, bedingtes Entstehen – das heißt, dass die Dinge in Abhängigkeit voneinander entstehen und einander enthalten. Die Blume hängt vom Regen, der Erde und vielen anderen Elementen ab; sie ist voll von allem im Kosmos – dem Sonnenschein, den Wolken, der Luft und dem Raum. Die Blume ist nur von einer Sache leer: einer eigenständigen Existenz. Das ist die Bedeutung von Leerheit. Sie ist ein Schlüssel, um die Tür zur Wirklichkeit aufzuschließen.«[5] Wenn wir uns diese Unbeständigkeit klarmachen, fällt es uns leichter, uns und unsere Sorgen und Wünsche als weniger solide zu betrachten.

»Wenn unser Wunsch, dass immer mehr Menschen ein gutes Leben leben, stärker wird, ist dies ein deutliches Zeichen dafür, dass unser wahres Selbst dabei ist, sich zu zeigen«, schreibt Charlotte Joko Beck. »Irgendwann werden Sie ehrlich feststellen, dass Sie sich weniger auf Ihre persönlichen Strategien konzentrieren, weniger damit beschäftigt sind, innerlich das Unrecht aufzulisten, das Ihnen angetan wurde, und sich stattdessen immer ernsthafter um den Zustand der Welt und das Wohlergehen ihrer Bewohnerinnen und Bewohner sorgen.«[6]

Aus praktisch jedem Augenblick und jeder Erfahrung heraus konstruiert unser denkender Verstand ein »Mein«: »mein« Erlebnis, »mein« Kind, »mein« Hunger, »mein« Wunsch, »meine« Meinung, »mein« Weg, »meine« Zuständigkeit, »meine« Zukunft, »mein« Wissen, »mein« Körper, »mein« Geist, »mein« Haus, »mein« Land, »meine« Idee, »meine« Gefühle, »mein« Auto, »mein« Problem.
Wenn wir diesen Besitzanspruch des Ichs konsequent beobachten und zu seinem Ursprung zurückverfolgen, werden wir feststellen, dass das, was wir unser »Ich« nennen, in Wahrheit ein Konstrukt, eine Fiktion unseres Geistes ist und darüber hinaus kaum von Dauer. Fahnden

wir tief in unserem Inneren nach einem stabilen, einheitlichen Ich-Kern als dem Zentrum »unserer« Erfahrung, so werden wir wahrscheinlich nur auf noch mehr Denken stoßen. Vielleicht nennen Sie als Antwort auf die Frage, wer Sie sind, Ihren Namen, aber das ist nicht ganz korrekt. Ihr Name ist lediglich ein Etikett. Dasselbe gilt für Ihr Alter, Ihr Geschlecht, Ihre Meinungen und so weiter. Nichts davon ist wesentlich für das, wer Sie sind.

Jon Kabat-Zinn, *Im Alltag Ruhe finden*, S. 238–239

Descartes wird bekanntlich oft mit dem Spruch zitiert: Ich denke, also bin ich.

Die buddhistische Version wäre: Ich denke, dass ich bin. Jon Kabat-Zinn zitiert Albert Einstein, der zwar kein Buddhist war, aber schrieb: »Der wahre Wert eines Menschen ist in erster Linie dadurch bestimmt, in welchem Grad und in welchem Sinn er zur Befreiung vom Ich gelangt ist.«[7]

Kabat-Zinn hält die Aussagen Einsteins deshalb für so bedeutsam, »weil seine Aussage genau den Sinn von Meditation trifft und außerdem von einem Wissenschaftler stammt, der wie kein anderer das Weltbild der Physik revolutioniert und die Einheit von Raum und Zeit, von Energie und Materie demonstriert hat.«[8]

Ich kann gar nicht genug betonen, dass dies keine verkopften, theoretischen Überlegungen sind, sondern aus buddhistischer Sicht zu einer Wahrnehmung führt, die der Realität näherkommt.

Es ist wichtig, diese Forschungsreise mit einer offenen Einstellung anzutreten. Der Buddha selbst riet seinen Anhängern, seine Aussagen nicht für bare Münze zu nehmen: »So wie ein Goldschmied das Gold auf seine Echtheit prüft, so sollt ihr meine Worte genau untersuchen, bevor ihr sie akzeptiert.«[9]

Sowohl wenn wir von unserem eigenen Glauben überzeugt sind, als auch wenn wir einfach übernehmen, was wir lesen oder von unseren Lehrerinnen hören, behindern wir unsere eigene Entdeckungsreise. Der Buddha hat gesagt, alles sei leer. Okay. Es gibt kein Selbst. Alles klar.

In buddhistischen Zirkeln begegne ich hin und wieder Menschen, die glauben, diese Weisheiten verstanden zu haben. Sie sagen dann Dinge wie: »Was hängst du so an deinem Auto/Hund/Partner/Gesundheit etc.? Ist doch alles leer und vergänglich!«

Oder: »Ich kann machen, was ich will, weil eh alles leer ist!«

Das wäre ein fundamentales Missverständnis und ist einer der Gründe, warum ich *shunyata* lieber mit Offenheit oder Interdependenz übersetze.

Was der historische Buddha entdeckte, waren die sogenannten vier edlen Wahrheiten: Die Wahrheit vom Leid, vom Ursprung des Leids, vom Versiegen des Leids und von dem Weg, der zum Versiegen des Leids führt.

Sowohl die Meditationspraxis als auch das buddhistische Studium sind Teil des Wegs, der zum Ende des Leids führt. Wie gesagt, das Empfinden eines Ich ist aus buddhistischer Sicht noch nicht problematisch. Was die Probleme verursacht, ist das Festhalten an diesem Ich, der Glaube, es sei eine solide, unabhängige Einheit, und unsere Anhaftung daran – das, was Kabat-Zinn »selbsten« oder »selfing« nennt. Das ist *mein* Auto! *Mein* Körper! *Meine* Frau!

Ich fühle, also bin ich da. »Der Zustand der Präsenz – das Gefühl von ›Ich bin‹ oder ›Ich existiere‹ – ist für jeden Menschen natürlich. Niemand musste es dir beibringen«, schreibt Mooji. »Sobald wir diese grundlegende Vorstellung ›Ich bin der Körper‹ als das akzeptiert haben, was wir sind, lässt sie sich mit anderen Konzepten aufstocken: Ich bin ein Mann oder Ich bin eine Frau. Ich bin ehrgeizig. Ich bin faul. Ich bin interessant. Ich bin intuitiv. Ich bin dies oder jenes. Und so formt sich eine ganz bestimmte psychologische Identität.«[10]

Das ist, was B. K. S. Iyengar den »Superklebstoff« auf der Oberfläche unserer Ich-Gestalt nennt: »Erinnerungen, Besitztümer, Wünsche, Erfahrungen, Faibles, Errungenschaften, Meinungen und Vorurteile kleben am ›Ich‹ wie Entenmuscheln an einem Schiffsrumpf«, bis »unser Ich unförmig anschwillt, sich verhärtet und verkrustet«.[11]

Gewahrsam kann helfen, diesen Kleber etwas zu lockern. »Wir könnten damit beginnen, die Dinge ein bisschen weniger persönlich zu nehmen«, rät Kabat-Zinn. »Wenn Ihnen etwas widerfährt, dann versuchen Sie einmal, nur so zum Spaß, Ihr Ich aus dem Spiel zu lassen und den Vorfall nicht auf sich selbst zu beziehen. Vielleicht ist es einfach so passiert. Vielleicht ist es gar nicht gegen Sie gerichtet. Beobachten Sie in solchen Augenblicken Ihren Geist. Verfällt er in Gedanken von ›ich‹ und ›mein‹? Fragen Sie sich: ›Wer bin ich?‹ oder: ›Was ist dieses Ich, das den Besitzanspruch erhebt?‹«[12]

Sie können sich nicht vorstellen, welche Freiheit wir erfahren, wenn wir unser wahres Selbst leben. Sie ist durch Abwesenheit gekennzeichnet – Abwesenheit einer Begrenzung oder Fixierung –, und etwas, das nicht vorhanden ist, kann man nicht in ein Konzept pressen. Wir können nur langsam in diesen Zustand hineinfinden. Je länger wir praktizieren, desto mehr bekommen wir eine Idee davon, wie sich Freiheit anfühlt. Das Spiel heißt Freiheit. Die Freiheit, nichts zu sein – was nicht bedeutet, wir würden verschwinden oder uns nicht mehr an einer leckeren Mahlzeit erfreuen können. Es ist kein Spuk. Es ist ein alltägliches Wunder.

Charlotte Joko Beck,
***Zen und das alltägliche Wunder*, S. 253**

»Wahres Selbst: Nicht-Selbst!«, schreibt Charlotte Joko Beck. »Der buddhistische Ausdruck für das, was das ganze Bild erfährt, ist gewöhnlich ›Nicht-Selbst‹, womit nicht gemeint ist, dass sich unser normales Selbst in Luft auflöst, sondern nur, dass wir uns in jedem Augenblick ausschließlich dem widmen, was erscheint – dem endlosen Strom des Lebens, der sich Sekunde für Sekunde zeigt.«[13] Ein endloser Strom statt eines soliden Selbst? Tara Brach schreibt vom »ichlosen Selbst«.

Wie viel Energie hätten wir für andere, wichtigere Dinge, wenn wir den Kampf aufgäben, unser Ego zu beweisen. Stellen Sie sich die Freiheit vor, die wir damit gewinnen! Ein Zeichen dafür, dass wir weiser werden, ist, dass wir mitfühlender und weniger egozentrisch agieren.

»Wir sind permanent damit beschäftigt, unser eigenes ›Selbst‹ dem der anderen gegenüberzustellen. Wenn wir uns dieses Selbst genau anschauen – und mit einem entsprechenden Mikroskop ausreichend vergrößern –, sehen wir, dass wir aus Molekülen zusammengesetzt sind«, schreibt Charlotte Joko Beck. »Doch könnten wir auch das wieder mit einem weit genaueren Instrument vergrößern, würden wir feststellen, dass wir zum größten Teil aus Licht und Energie bestehen. Wissenschaftler bekommen dadurch schon eine Ahnung davon, dass wir alle Teil des Gleichen sind. Unser Problem liegt darin, dass wir auf der Ebene, in der wir leben – der materiellen Ebene, wie wir sie nennen –, in kleine Päckchen aufgeteilt sind, die aussehen wie ein Ich, ein Du, jemand, den ich mag, oder jemand, den ich nicht mag.«[14]

Das Ergebnis einer echten Selbsterforschung ist, dass wir unseren falschen Sinn eines soliden Egos nicht mehr mühevoll aufrechterhalten müssen. Ulli Olvedi beschreibt es so: »Je authentischer das Selbst wird, desto weniger kompakt wird es. Man könnte sagen, es wird immer flexibler, immer durchsichtiger, hat immer mehr Raum.«[15]

Die Frucht dieser Einsicht ist, dass wir »langsam von einer

selbstzentrierten zu einer lebensorientierten Sicht der Dinge übergehen«, sagt Charlotte Joko Beck. Sie nennt dies »unsere wichtigste Aufgabe, die uns ein Leben lang begleitet.«[16]

> *Wir betrachten unser Leben, als ob unsere Perspektive eine objektive Realität wäre – als ob es eben einfach so wäre. Aber die Identität selbst ist noch nie eine objektive Realität gewesen. Sie ist zutiefst subjektiv. Wie unser Traumspaziergänger am Strand ist die Identität ein Formwandler, der sich im Bestreben, sein Traumleben fortzusetzen, ständig in etwas anderes verwandelt.*
>
> **Mooji, *Weiter als Himmel, größer als Raum,* S. 290**

Vielleicht haben Sie schon mal die Geschichte vom Elefanten gehört, der von einer Gruppe blinder Forscher erkundet wird. »Lang, dünn und beweglich wie eine Schlange!«, ruft der Forscher am Rüssel. »Stabil wie ein Baum«, sagt die Forscherin, die das Bein abtastet. »Wie eine Wand«, meint die Beobachterin an der Flanke. »Wie ein Seil«, sagt der Mann, der den Schwanz untersucht.

Wir können die Welt immer nur so wahrnehmen, wie sie uns *erscheint.* Und zwar hier und jetzt, denn morgen hat sich unsere Wahrnehmung schon wieder geändert. Oder fragen Sie eine Biene oder Ihren Hund. Der Hund sieht das Gras in Grau statt Grün. Was wollen Sie da mit ihm darüber streiten? Wir können sagen, die menschliche Wahrnehmung übertrumpft die tierische, aber selbst das stimmt nicht. Hunde riechen um ein Vielfaches besser als wir. Fledermäuse sehen im Dunkeln, und Fluggänse finden den Weg um den Globus ganz ohne GPS. Da können wir nicht mithalten. Das Argument, dass unsere menschliche Wahrnehmung stimmig ist, sticht also auch nicht.

Sie halten diese Überlegungen vielleicht für Spielerei oder

verkopftes Philosophieren, aber sie enthält einen wichtigen Kern: Welcher unserer Wahrnehmungen vertrauen wir?

»Doch in Wirklichkeit gibt es nur den gegenwärtigen Moment, das Erscheinen, Erscheinen und wieder Erscheinen, sonst nichts«, schreibt Charlotte Joko Beck. »Die Realität, die sich vor fünf Minuten gezeigt hat, gibt es nicht mehr. Sie lebt zwar in unserer Erinnerung fort, doch als Realität existiert sie nicht mehr.«[17] Noch einmal: Wenn es eine objektive, unabhängige Wirklichkeit gäbe, wie könnten wir sie erfahren?

Es gibt mehrere wirksame Wege, das starre Festhalten an einem rigiden Ich zu mildern. Darüber, dass Achtsamkeit den »Ego-Klebstoff« aufweicht und Mitgefühl unser Herz öffnet, haben wir schon gesprochen. Interessanterweise haben Psychedelika einen ähnlichen Effekt. In den letzten Jahren setzen Ärzte, Forscherinnen und Psychiater wieder mehr Psychedelika in einem medizinischen Kontext ein. Angesehene Forschungseinrichtungen wie die Johns Hopkins School of Medicine, die Yale University und die University of California in Los Angeles erforschen eifrig deren medizinischen Nutzen unter anderem bei Depressionen, Trauma und Sucht. Dabei stoßen sie auch auf Belege für nachhaltig positive Bewusstseinsveränderungen. Psychiater stellten unter anderem fest, dass die psychedelischen Substanzen zu der Erfahrung führen, dass sich das Ego auflöst.[18] Der Begriff Psychedelika bedeutet wörtlich »die Seele offenbarend«.

»Erste Studien belegen, dass die Substanz Psilocybin den Sinn, den Menschen in ihrem Leben sehen, erhöht, wahrscheinlich weil es zu einer Art Auflösung des Ichs führt«, sagt Adam Kaplin, Psychiater an der Johns Hopkins School of Medicine. »Die Menschen fühlen sich weniger als Person und mehr als Teil eines größeren Ganzen.«[19]

Harriet de Wit, eine Psychiaterin an der University of Chicago, wollte eigentlich untersuchen, ob unter dem Einfluss des

Psychedelikums MDMA Berührungen als angenehmer empfunden werden. Das konnte sie in der doppelt kontrollierten Studie mit gesunden Erwachsenen tatsächlich beweisen, aber im Gedächtnis blieb ihr vor allem ein junger Mann, der nach der einmaligen Gabe von MDMA im Februar 2020 unter seinen klinischen Fragebogen schrieb: »Ich weiß jetzt, was ich tun muss.« Beunruhigt fragte das Klinikpersonal nach, was er damit meinte, denn der Mann war Anführer eine Neonazi-Gruppe. Es stellte sich heraus, dass er unter dem Einfluss von MDMA die umfassende Erfahrung gemacht hatte, dass er mit anderen Menschen zutiefst verbunden war, und er nun dem Rassismus und Hass abschwor.[20] »Liebe ist am allerwichtigsten«, erklärte der Versuchsteilnehmer den verdutzten Forscherinnen. »Ohne Liebe ist alles nichts.«

Andere Wissenschaftler machen ähnliche Beobachtungen, dass die Gabe von Psychedelika anhaltende Persönlichkeitsveränderungen auslöst, hin zu mehr Offenheit und mehr Mitgefühl. Ram Dass, der 2019 verstorbene spirituelle Lehrer und Bestsellerautor, half Anfang der 1960er-Jahre als Harvard-Professor (unter dem Namen Richard Alpert), die ersten doppelt blinden, kontrollierten Psychedelika-Studien durchzuführen. Psychedelika waren damals noch legal und Teil der »Peace and Love« propagierenden Hippie-Bewegung. Als ich ihn einige Jahre vor seinem Tod in Hawaii besuchte, sprach er über seine Jugend, und dabei sagte er etwas, das bei mir hängen blieb: Er nehme schon lange keine Drogen mehr. Er brauche sie nicht mehr, weil er nun durch Meditation erreiche, wozu ihm damals LSD verholfen hatte: sein Ego aufzulösen.

Alles, was wir möglicherweise sehen, hören, fühlen oder uns vorstellen können – diese ganze Welt –, ist eine fantastische Vorführung, die im Gewahrsein oder in der Bewusstheit in Erscheinung tritt und verschwindet. Wenn Gedanken entstehen – wo kommen sie her, wo gehen sie

hin? Wenn Sie das Hineinschauen in den Raum erkunden, zwischen den Gedanken hindurch, durch die Löcher im Netz, dann schauen Sie ins Gewahrsein selbst. Sie mögen still dasitzen und einfach ein paar Momente nur lauschen. Nehmen Sie zur Kenntnis, wie die Laute aufsteigen und sich im formlosen Gewahrsein wieder auflösen. Können Sie den Anfang und das Ende der Laute ausmachen? Den Raum dazwischen? Es geschieht alles im Gewahrsein, im Wissen des Gewahrseins.
Dieses »Schau und sieh … Lass los und sei frei« ist revolutionär und läuft unserem Instinkt zuwider. Statt zu versuchen, unsere Erfahrung unter Kontrolle zu halten oder zu deuten, üben wir uns darin, den Griff zu lockern. Indem wir wach und achtsam loslassen, hinein in das, was genau hier ist, werden wir nach Hause getragen ins Mysterium und in die Schönheit, die unsere tiefste Natur sind.

Tara Brach, *Mit dem Herzen eines Buddha*, S. 367–368

Ein Bild, das dieses Prinzip der »fantastischen Vorführung« gut illustriert, ist das eines Kinobesuchs. Ramana Maharshi nennt das Bewusstsein »die Leinwand, auf der alle Bilder kommen und gehen«.[21]

Für diesen Film werden die Projektionen von Menschen und Handlungen auf die Leinwand geworfen, die uns völlig in den Bann ziehen (wenn der Film gut ist). Manchmal vergessen wir sogar, dass wir in einem Kino sitzen. Wir fiebern mit Robert de Niro in *Heat*. Wird er mit den Millionen aus dem Banküberfall davonkommen und mit seiner Flamme Eady nach Neuseeland fliehen? Wir bangen atemlos, wenn ihm Al Pacino auf die Schliche kommt und ihn quer über den Flugplatz verfolgt. Wenn Al Pacino am Ende Robert de Niro erschießt und der sterbende de Niro nach seiner Hand greift, ist das eine dramatische Szene, aber wir senden anschließend keinen Kondolenzbrief an de Niros Mutter und gehen nicht auf de Niros Beerdigung. Wir gehen einfach aus dem Kino. Wir wachen auf.

Das Gewahrsein ist das helle Licht, ohne das die Projektionen nicht möglich wären.

»Die Leinwand ist immer da, aber verschiedene Bilder erscheinen auf ihr und verschwinden. Nichts bleibt an der Leinwand hängen, sie bleibt eine Leinwand«, schreibt Maharshi. »Auf der Leinwand sehen Sie manchmal einen großen Ozean mit endlosen Wogen; dann verschwindet er wieder. Oder Sie sehen ein sich ausbreitendes Feuer, das auch wieder verschwindet. Ist die Leinwand vom Wasser nass geworden oder vom Feuer verbrannt? Nichts hat die Leinwand berührt. Genauso berühren die Dinge, die im Wachen, Träumen und Tiefschlaf geschehen, Sie nicht, denn Sie bleiben Ihr eigenes Selbst.«[22]

Das Bild von der Welle finde ich am eindrucksvollsten. Als Mensch bestehen wir zu sechzig bis siebzig Prozent aus Wasser, als Säugling gar zu über neunzig Prozent. Wir sind tatsächlich wie eine Welle im Ozean, Teil des Ganzen. Für eine Weile tauchen wir auf, als scheinbar eigenständige Welle, aber letztlich ist es unmöglich, zu bestimmen, wo sie beginnt und wo der Ozean endet. Wir sind überwiegend Wasser, wenn wir geboren werden, und wir kehren zurück zur Erde, wenn wir sterben.

Auch wir sind nur Teil dieses größeren Geflechts, das all unseren Erfahrungen zugrunde liegt und mit dem wir uns erneut verbinden können. So zu sehen bedeutet, heil zu werden. Es hilft uns zu erkennen, dass wir außergewöhnliche, wunderbare Wesen und zugleich nichts Besonderes sind, Teil eines sich entfaltenden größeren Ganzen, eine Welle, die im Ozean des Seins auftaucht und wieder in ihm versinkt – für einen kurzen Augenblick, den wir Leben nennen.

Jon Kabat-Zinn, *Gesund durch Meditation*, S. 206

7
Wege zur Weisheit

Die Übung als Weg

Die Metapher der Reise wird in allen Kulturen verwendet, um den Lebensweg des Menschen und seine Sinnsuche zu beschreiben. Das chinesische Dao, wörtlich »Weg« oder »Pfad«, wird ebenfalls in dieser Bedeutung gebraucht. Im Buddhismus bezeichnet man die Meditationsübung für gewöhnlich als Pfad – den Pfad der Achtsamkeit, den Pfad des rechten Verstehens, den Pfad des Rades der wahren Lehre (dharma). Dao und Dharma stehen auch für das Sosein der Dinge, die Gesetzmäßigkeit, die alles Existierende und Nichtexistierende regiert. Alles, was geschieht, ob es uns oberflächlich betrachtet als gut oder schlecht erscheint, ist im Grunde im Einklang mit dem Dao. Unsere Aufgabe ist es, zu lernen, diese allem zugrunde liegende Harmonie zu erkennen sowie in Übereinstimmung mit ihr zu leben und unsere Entscheidungen zu treffen. Doch häufig ist es nicht so eindeutig, welcher Weg der richtige ist, was einen großen Spielraum für Handlungsfreiheit und Gesinnungstreue, aber auch für innere wie äußere Spannungen und Konflikte lässt, von der Gefahr der Abirrung von unserem Weg ganz zu schweigen.

Jon Kabat-Zinn, *Im Alltag Ruhe finden*, S. 103

Den Begriff Dharma haben Sie vermutlich schon mal gehört. Vielleicht war vom Buddhadharma die Rede, der Lehre des Buddha. Der Sanskritbegriff *dharma* aber hat gut zwanzig verschiedene Bedeutungen, die wir im Deutschen nur unzureichend erfassen können, unter anderem: Weg, Wahrheit, Wirklichkeit.

Einige Wege haben wir inzwischen in diesem Buch kennengelernt, darunter Achtsamkeitsmeditation, die Praxis von Liebe und Mitgefühl, meditative Kontemplation des Nicht-Selbst und achtsame Bewegung wie in der Yogapraxis.

Ich finde das Bild vom Pfad auf unserer Lebensreise stimmig. Der Pfad zur Befreiung von Leid zählt zur vierten edlen Wahrheit, die der historische Buddha Shakyamuni lehrte. (Die ersten drei sind die Wahrheit vom Leid, vom Ursprung des Leids und von der Auflösung des Leids.)

Traditionell meinen Buddhistinnen damit den achtfachen Pfad, der aus acht Gliedern besteht: rechte Einsicht, rechte Motivation, rechte Rede, rechtes Handeln, rechter Lebenserwerb, rechte Anstrengung, rechte Achtsamkeit und rechte Konzentration.

Die rechte Einsicht bezieht sich besonders auf die Erkenntnis der fehlenden Solidität des Ego. Die rechte Rede ist wahr und nützlich, ohne Lügen, Verleumdungen und unnützem Geschwätz. Rechte Motivation ist der Wille, großzügig zu sein und nicht zu schaden. Rechtes Handeln heißt unter anderem, nicht zu töten, zu stehlen und sich nicht besinnungslos zu berauschen. Der rechte Lebenserwerb ist ein Beruf, der anderen Lebewesen nicht schadet. Rechte Anstrengung bezieht sich auf das Bestreben, Affekte wie Hass und Gier zu zügeln. Rechte Achtsamkeit und rechte Konzentration sind Teil der Meditationspraktiken, die auf dem Kissen in formalen Sitzungen und im Alltag praktiziert werden. Diese acht Wegweiser deuten die Richtung zur völligen Befreiung von Leid.

Ein traditioneller tibetischer Spruch sagt: »Der Weg zum heiligen Berg Kailash beginnt mit dem Schritt vor die Haustür.« Auf diesem Weg gibt es Stationen, Tagesetappen, und jede davon stellt für sich ein kleines Ziel dar. Doch alle diese kleinen Ziele liegen auf einer Linie zum großen Ziel, sind darauf bezogen. Die kleinen Ziele – Verbesserung der körperlichen und geistigen Spannkraft, Heilung von körperlichen und geistigen Störungen usw. – sollten in Beziehung zum großen Ziel im Mittelpunkt des Mandala stehen: zur geistigen Verwirklichung oder Transformation (Verwandlung der verwirrten, oberflächlichen Energien des Ego in die ursprünglichen Energien der Weisheit und des vollkommenen Mitgefühls). Dann ist das Lebens-Mandala erfüllt. Ohne die Beziehung zu diesem großen Ziel besteht die Gefahr, dass kleine Ziele in falschen Richtungen angesteuert werden, die eher wegführen vom großen Ziel der Entfaltung, die den potenziellen Menschen zum wirklichen Menschen werden lässt.

Ulli Olvedi,
***Die Energien des Lebens und des Sterbens,* S. 29**

In vielen Büchern wird der spirituelle Pfad als ein Weg mit stetiger Progression dargestellt, aber in Wahrheit ist er wohl für die meisten von uns eher ein Zickzackkurs. Mal geht es aufwärts, mal unerwartet steil bergab, und zwischendurch kommen wir vom Weg ab und verlieren uns in der Wildnis.

Solange wir ein klares Ziel vor Augen haben, bringt uns jeder Schritt dem Ziel näher.

Jede einzelne Interaktion, die wir mit anderen haben, kann hilfreich oder destruktiv sein. Wenn wir zum Beispiel eine E-Mail oder einen Facebook-Kommentar schreiben, kommunizieren wir dann, um etwas Gutes zu bewirken oder um Hass und Zwiespalt zu säen?

Tara Brach zitiert den Meditationslehrer Gregory Kramer, der eine Übungspraxis anbietet, unheilsame Reaktionsmuster unmittelbar während der Kommunikation zu unterbrechen. »Es gibt die Sitzmeditation. Es gibt die Gehmeditation. Warum nicht auch die Hör- und Sprechmeditation? Wäre es nicht vernünftig, Achtsamkeit auch in der Beziehung zu üben und so auf diesem Feld besser zu werden?«[1]

Können wir einen Moment innehalten, anstatt auf eine Bemerkung oder einen Facebook-Kommentar hin sofort zurückzuschießen?

»Wir könnten uns die Frage stellen: ‚Was möchte wirklich Aufmerksamkeit?‹, und die aufsteigenden Gefühle und Gedanken vermerken«, schreibt Tara Brach. »Welche Körperempfindungen haben wir? Durch das Innehalten und achtsame Beobachten werden wir uns unserer Reaktionsmuster sehr genau bewusst. […] Wir können eine Bemerkung zurückhalten, die beweisen soll, dass wir recht haben. Wir können Gefühle von Verletzlichsein laut benennen. Wir können lernen, tief und genau zuzuhören und mit achtsamer Gegenwärtigkeit zu sprechen, zu sagen, was hilfreich und wahr ist. Das Erwachen durch die bewusste Interaktion in unseren Beziehungen ist das Herzstück spirituellen Lebens.«[2] So wird aus vielen alltäglichen (Inter-)Aktionen ein Pfad zur Weisheit.

Der Ruf deines inneren Seins

Die Wahrheit ist zeitlos gegenwärtig, und doch hat unsere scheinbare Reise, die zu ihrer Erkenntnis führen soll, im Reich von Zeit und Wandel ihren Platz. Wenn du beginnst, dich zur Wahrheit hingezogen zu fühlen, kommt vielleicht zuerst eine Periode, in der du verschiedene Wege ausprobierst, bis du einen findest, der dich in der Tiefe anspricht. Wenn das geschieht, verspürst du vielleicht ein Gefühl natürlicher Verbindlichkeit. Aber das sollte nicht aus einer erzwungenen Entscheidung stammen, die auf der Vorstellung beruht, dass man eine Entscheidung treffen muss, damit sich die eigene Suche lohnt. Es ist wie eine größere Welle, die dich mit sich zu nehmen scheint. Es ist dein Herz, das entscheidet, nicht dein Kopf.

Wenn sich für dich keine Entscheidung abzeichnet, dann genieße die Erkundung. Vielleicht hat sie zum Ergebnis, dass du erkennst, wie all diese Perlen auf ein und demselben Faden aufgereiht sind. Wenn du auf dem Gipfel des Berges angekommen bist – auf der Höhe deines Seins –, dann kannst du all die Pfade erkennen, die unterhalb verlaufen. Einige sind kurz und direkt, andere lang und verschlungen; alle aber sind authentischer Ausdruck des Bewusstseins.

Mooji, *Weiter als Himmel, größer als Raum,* S. 53

Mooji (Anthony Moo-Young) ist ein Beispiel für einen spirituellen Lehrer, der verschiedenste Lebensentwürfe und Glaubensrichtungen lebte. Er war ursprünglich in Jamaika in der christlichen Tradition mit Bibelstudien aufgewachsen. Wie in Kapitel 5 kurz erwähnt, verließ seine Mutter die Familie, als er erst ein Jahr alt war, und sein Vater starb sieben Jahre später. Ein strenger Onkel zog Mooji und seine Geschwister groß, bis Mooji im Teenageralter zu seiner Mutter nach London zog.

In London schlug er sich als Künstler und Kunstlehrer durch, aber eine Familien-Katastrophe – seine Schwester wurde 1985 durch einen Polizistenschuss querschnittgelähmt – und eine Begegnung mit einem christlichen Mystiker entzündeten seine spirituelle Suche. Er fühlte sich christlichen wie indischen Lehrern verbunden und reiste 1993 zum ersten Mal nach Indien. Dort wurde er schließlich Schüler von Ramana Maharshi und dessen Anhänger Hariwansh Lal Poonja, kurz Papaji. Inzwischen lebt Mooji in Portugal; seine eigenen Lehren finden meist als Dialoge mit seinen Schülern in Form von Fragen und Antworten statt.

»Rückblickend kann ich heute erkennen, wie sich mein Leben von innen heraus entfaltet hat: Meine innere Landkarte wies mir immer nur den Weg nach vorn, niemals zurück«, schreibt er. »Alles, was es brauchte, um mich zu nähren, kam zu mir. Daher kann ich es nur unterstützen, wenn andere sich bei ihrer Suche nicht festlegen wollen, bis sie auf etwas stoßen, von dem sie tief berührt sind. Wenn das geschieht, fühlt es sich an wie ein natürliches Ankommen. Vielleicht magst du Advaita und Buddhismus oder fühlst dich zu etwas anderem hingezogen. Das ist in Ordnung. Zwinge dich nicht dazu, einem bestimmten Weg zu folgen.«[3]

In der natürlichen Welt leben lernen

Bevor wir mit der Reise nach innen beginnen, müssen wir abklären, welcher Natur sie ist. Bei den meisten Menschen findet sich nämlich das Missverständnis, dass diese Reise nach innen oder der spirituelle Pfad die Ablehnung der natürlichen Welt, des Weltlichen, des Praktischen, des Vergnüglichen bedeutet. Doch das Gegenteil ist der Fall. Für einen Yogi (oder auch einen daoistischen Meister oder Zen-Mönch) ist der Pfad hin zu Geist oder Seele ganz und gar im Reich der Natur angesiedelt. Es handelt sich um die Erkundung der Natur, ausgehend von der Welt der Erscheinungen, oder der Oberfläche, bis hin zum subtilsten Kern und Herzschlag lebendiger Materie. Spiritualität ist kein im Außen existierendes Ziel, das man anstreben muss, sondern Teil des göttlichen Wesenskerns in uns, den wir enthüllen müssen. Für den Yogi sind Geist und Seele nicht vom Körper getrennt. Spiritualität, wie ich klarzumachen versuchte, ist nichts Ätherisches und Außernatürliches, sondern etwas, das uns in unserem eigenen Körper zugänglich und in ihm spürbar und greifbar ist. Ja schon der Begriff des spirituellen Pfads ist eigentlich falsch. Wie kann man sich denn auf etwas zubewegen, das wie die Göttlichkeit seiner Definition nach schon allerorten existiert? Ein besseres Bild wäre die Vorstellung, dass wir unser Haus nur ausreichend reinigen und aufräumen

müssten, um eines Tages feststellen zu können, dass die Göttlichkeit schon die ganze Zeit über darin Platz genommen hat. [...]
Diese innere Suche nach Wachstum und Evolution, oder »Involution«, ist die tiefgründige und transformierende yogische Reise, die die Wahrheit Suchenden erwartet.

B. K. S. Iyengar, *Licht fürs Leben*, S. 50–51

Iyengars Perspektive finde ich ungemein spannend, stammt er doch ursprünglich aus einer Brahmanenfamilie, also der hinduistischen Priesterschicht. Obwohl ihn seine Lehrer in jungen Jahren dazu drängten, Asket *(Sadhu)* zu werden, wählte B. K. S. Iyengar bewusst nicht nur den Weg des Yoga, sondern auch den Weg des Laien, Ehemanns und Vaters. Für ihn war Yoga immer »die Reise nach innen«, aber ohne die äußere Welt abzulehnen.

»Viele assoziieren Yoga mit einer Ablehnung der irdischen Welt mit ihren Verantwortlichkeiten und Verpflichtungen, sowie mit extremer Askese, die sogar bis zur Selbstkasteiung geht«, schreibt er. »Aber findet sich die größere Herausforderung und Erfüllung nicht in einem Leben in der Welt mit all ihren Kümmernissen, Leiden und Versuchungen, bei dem man auch im Alltagsdasein stets die Balance und Selbstbeherrschung bewahrt? Um spirituell zu sein, muss man nicht den Körper verleugnen oder vergessen. Vielmehr muss dieser auf unserer Reise zum spirituellen Ziel durchwegs aktiv gehalten werden.«[4]

Für den Yogameister Iyengar war der physische Körper »nicht nur der Tempel für die Seele [...], sondern auch das Mittel, dessen wir uns auf unserer Reise nach innen bis hin zum Wesenskern bedienen.«[5]

Die Idee der »Involution«, des inneren Wachstums, führt die Idee des spirituellen Pfades als Weg irgendwohin ad absurdum – und macht ihn gleichzeitig zur wichtigsten Erkundung unseres Lebens.

Denn worauf kommt es denn an? Doch nicht aufs Treffen! Beim Bogenschießen so wenig wie beim Erlernen irgendeiner anderen Kunst geht es letzten Endes um das, was herauskommt, sondern um das, was hereinkommt!

Karlfried Graf Dürckheim, *Hara,* S. 32

Viele finden zur Sitzmeditation und Gehmeditation, wie sie vor allem in Thailand, Burma, Sri Lanka und anderen Ländern praktiziert wird. Aber die japanische Kultur kennt auch die Tradition, Künste wie das Bogenschießen, Kalligrafie, Teezeremonien, Falten von Papier (Origami) oder das Arrangieren von Blumen als Meditationsübungen zu praktizieren.

Zwei O.W. Barth-Autoren, Eugen Herrigel und Karlfried Graf Dürckheim, waren unter den ersten Deutschen, die in Japan die Kunst des Bogenschießens lernten. Zen bedeutet Meditation oder Konzentration (*Chan* im Chinesischen, *dhyana* im Sanskrit) und bezieht sich auf die buddhistische Tradition, wie sie vor allem in Japan, Korea, Vietnam und im alten China gelehrt und gelebt wurde.

Eugen Herrigel (1884–1955), ein deutscher Philosophieprofessor, erhielt den Auftrag, von 1924 bis 1929 Geschichte der Philosophie an der Kaiserlichen Universität im japanischen Sendai zu lehren. Dort beschloss er, Zen zu studieren. Weil die Einheimischen dem Pionier versicherten, sein Anliegen sei gänzlich aussichtslos, versuchte er, sich dem Zen über eine der traditionellen Künste zu nähern. In der »überaus irrigen Annahme«, seine Erfahrungen im Schießen mit Gewehr und Pistolen könnten ihm dabei nutzen, nahm Herrigel sechs Jahre lang Unterricht in der Kunst des Bogenschießens, während seine Frau die Künste des Blumensteckens und der Tuschemalerei beim berühmten Meister Kenzo Awa erlernte. Herrigels Buch *Zen in der Kunst des Bogenschießens* ist ein großartiges Zeitzeugnis, ein Dokument der Annäherung an eine Kultur, über die man damals in Europa kaum etwas wusste.

Herrigel und Dürckheim mussten ihr westliches Verständnis von Schießen als »Sport« ablegen und ihren kämpferischen Ehrgeiz abschleifen, bevor sie das Bogenschießen als tiefe Begegnung mit ihrem Innersten begriffen, »als Angelegenheit auf Leben und Tod in dem Maße, wie es eine Auseinandersetzung des Schützen mit sich selbst ist«, wie Herrigel schreibt.[6] »Bogen und Pfeil sind gleichsam nur ein Vorwand für etwas, was sich auch ohne sie ereignen könnte, nur der Weg zu einem Ziel, nicht das Ziel selbst, nur Hilfen für den letzten entscheidenden Sprung.«[7]

Karlfried Graf Dürckheim lernte unter anderem beim japanischen Meister Kenran Umeji das Bogenschießen. Er schrieb seinen Bestseller *Hara* Anfang der 1950er-Jahre, bald nachdem er aus Asien zurückgekehrt war.

»In der Tat, dieses Bogenschießen ist etwas ganz anderes als ein vergnüglicher Sport, in dem man miteinander im Treffen wetteifert. Es ist eine Lebensschule – oder um einen modernen Ausdruck zu gebrauchen, eine existenzielle Praxis«, musste er erkennen. »Anfangs geht es natürlich darum, die äußere Technik zu lernen. Doch beherrscht man dann endlich die äußere Form, dann fängt die eigentliche Arbeit erst an, die unermüdliche Arbeit an sich selbst! Auch die Kunst des Bogenschießens ist für den Japaner wie jede andere Kunst nur eine Gelegenheit zum Sein, d. h. zum eigenen Wesen zu erwachen. [...] Der Sinn der Übung ist die Verwandlung.«[8] Überraschende Worte für einen Europäer, der sonst Leistung belohnte und nun erkannte, dass die »Befreiung vom Ich« der Sinn des Übens ist.

Herrigel drückt es ähnlich poetisch aus: »Fragt man von hier aus, wie japanische Bogenmeister diese Auseinandersetzung des Schützen mit sich selbst sehen und schildern, so muss ihre Antwort vollends rätselhaft klingen. Denn die Auseinandersetzung besteht für sie darin, dass der Schütze auf sich selbst – und wiederum nicht auf sich selbst – zielt, dass er dabei vielleicht sich selbst – und wiederum nicht sich selbst – trifft und somit in einem Zielender und Ziel, Treffender und Getroffener ist. […] Die Kunst wird kunstlos, das Schießen wird zu einem Nichtschießen, zu einem Schießen ohne Bogen und Pfeil; der Lehrer wird wieder zum Schüler, der Meister zum Anfänger, das Ende zum Beginn und der Beginn zur Vollendung.«[9]

In diesem Sinne können wir letztlich alles, jedes Erlebnis und jede Handlung als Transportmittel auf der Reise zu einem tieferen Lebenssinn nutzen.

Und letztendlich sind wir, wenn wir das begreifen, schon angekommen. Der Weg als Ziel.

Der einzige Weg, der auf die andere Seite des Berges führt, ist, mit allem zu sein, was ist. Und: In Wirklichkeit gibt es keine andere Seite des Berges und auch nicht den Ort hier. Es gibt nur den gegenwärtigen Augenblick, den wir gerade erleben – mit all dem eigenen Ärger, dem Ärger des Partners oder dem, was sich sonst zeigen mag. Wenn es uns gelingt, den Augenblick zu erleben, und wir uns nicht in unseren Ideen über die Wirklichkeit verlieren, beginnen wir die andere Seite zu sehen.

Charlotte Joko Beck,
***Zen und das alltägliche Wunder,* S. 232**

Spirituelle Traditionen locken oft mit dem Versprechen, sie würden uns helfen, neue Länder zu entdecken. Doch der größte Teil der Übung besteht darin, zu treiben und zu ringen. Vielleicht erkennen wir, dass es letztlich keinen

Unterschied macht, ob wir am Ufer bleiben, im weiten Meer treiben oder im gesuchten neuen Land ankommen. Es ist eine Reise ohne Ziel oder anders ausgedrückt: Unsere alte Heimat, der schwierige offene Ozean und die neuen Ufer sind gleichermaßen unser Ziel, das darin besteht, mit allem, was ist, Frieden zu schließen, ganz gleich, wo wir sind.
Wenn es nichts zu erreichen gibt, warum dann sich überhaupt auf den Weg machen? Wo liegt der Sinn, Ungewissheit und Kampf in Kauf zu nehmen, wenn es ohnehin keine neue Welt zu entdecken gibt? Bei unserer Praxis geht es nicht darum, irgendwohin zu gelangen, sondern darum, zu erkennen, dass die drei genannten Orte ein und derselbe sind und wir eigentlich bereits angekommen sind.

Charlotte Joko Beck,
***Zen und das alltägliche Wunder*, S. 240–241**

8
Lehrer als Wegweiser

Auf dieser Reise ist der Guru nicht das Ziel, sondern die Straßenkarte. Unsere innere Dimension ist ein unbekanntes Terrain. Wenn wir eine Gegend erforschen, in der wir uns nicht auskennen, ist es dann nicht besser, Wegweiser zur Verfügung zu haben? Natürlich könntest du auch selbst deinen Weg finden, aber das würde womöglich mehrere Lebzeiten dauern. Wenn man sich auf unbekanntem Terrain befindet, ist es schlicht vernünftig, Hinweise anzunehmen. In einer Hinsicht ist das alles, was ein Guru ist – eine lebende Straßenkarte.
GPS: Guru-Pfadfinde-System!

Sadhguru, *Die Weisheit eines Yogi*, S. 12

Wie fast alle Menschen habe ich meinen Lehrern unglaublich viel zu verdanken. Wo wäre ich ohne meine Lehrerinnen in der Schule und der Universität? Wo ohne meine Oma, die mit mir geduldig stundenlang Spiele spielte? Ohne meine Eltern, die für mich ihre eigene Berufsplanung aufgaben? Ohne meinen Deutschlehrer, der mich ermutigte, den Weg als Autorin einzuschlagen? Ohne Hans Pirthauer, den damaligen Chefredakteur der *Erdinger Neuesten Nachrichten*, der mir als 16-jährige Schülerin die Chance gab, für seine Seiten meine ersten Kulturkritiken und Kommunalberichte zu schreiben? Wo ohne die vielen Kollegen und Kolleginnen, die in den folgenden Jahren meine Texte redigierten, verbesserten, infrage stellten?

Wer sind Ihre Lehrer und Lehrerinnen, denen Sie dankbar sind? Von denen Sie Wertvolles lernten? Ohne die Sie heute nicht da wären, wo Sie sind?

In der Mitgefühlspraxis fällt es uns oft am einfachsten, unser Mitgefühl anzukurbeln, wenn wir an jemanden denken, von dem wir viel gelernt haben und dem wir sehr dankbar sind. Das ist ein großartiger Ausgangspunkt, unser Mitgefühl zu kultivieren – und es dann später auf all die Menschen auszuweiten, bei denen es uns schwerfiel, von ihnen zu lernen.

Manchmal lernen wir eine Menge von Menschen, die uns zuwider sind. Von Menschen, die uns Geduld abverlangen. Die uns zur Langsamkeit zwingen. Die Kollegin, die unsere Ideen immer infrage stellt. Der Vater, der abwesend war.

Mögen sie alle Glück erfahren und die Ursachen von Glück.

> *Alte buddhistische Texte verwenden für die Meditation oft das Bild, dass dabei die eigenen Haare in Flammen stehen. Es gibt keine Praxis ohne Kampf, denn er ist eine Voraussetzung dafür, dass wir dazulernen. Wenn wir mit dem Feuer bleiben, entflammt es unsere Entwicklung. Die meisten von uns brauchen dabei zumindest etwas Unterstützung, daher rate ich Ihnen, eine Lehrerin oder einen Lehrer für solch partnerschaftliche Hilfe zu suchen sowie eine Gemeinschaft, mit der Sie praktizieren können. Denn es ist sehr anstrengend, mit diesem Kampf weiterzumachen; er kann ein Leben lang andauern.*
>
> **Charlotte Joko Beck,**
> ***Zen und das alltägliche Wunder*, S. 112**

Ich kann mir kaum vorstellen, wie jemand ohne einen erfahrenen Meditationslehrer langfristig die eigene Meditationspraxis entwickelt.

Ähnlich wie Lehrer in der Schule uns erst das Einmaleins und dann komplexere Mathematik beibrachten, macht es Sinn, uns bei der Meditation eine oder mehrere erfahrene Meditationslehrerinnen zu suchen.

Schon klar, Meditation ist keine Matheaufgabe, aber mein Punkt ist: In allen anderen Bereichen suchen wir uns ja auch erfahrenere Lehrmeister, warum also nicht auch bei unserer Sinnsuche, bei der vielleicht wichtigsten Suche unseres Lebens?

Fast immer kommen Meditierende früher oder später an einen Punkt, an dem sie ihre Meditationserfahrungen infrage stellen. Mache ich es richtig? Warum kann ich mich nicht konzentrieren? Ich meditiere schon seit acht Monaten und bin immer noch nicht ruhiger geworden. Das sind nur einige der häufigsten Stolpersteine.

Meist tauchen irgendwann auch verdrängte oder unterdrückte Erfahrungen aus der Vergangenheit auf. Gefühle, mit denen wir nicht gerechnet haben, die uns vielleicht überfordern oder verunsichern. Dann wieder gibt es Phasen, in denen wir schläfrig sind statt wach.

Ganze Bände befassen sich damit, woran man eine gute Lehrerin erkennt, etwa das populäre tibetische Buch: *Die Worte meines vollkommenen Lehrers*. Gelehrt muss er sein; er muss die Lehren selbst verwirklicht haben, und vor allem muss er von *bodhichitta* motiviert sein, also von umfassender, weiser Liebe ohne Eigennutz.

Ich empfehle Ihnen sehr, sich einen erfahrenen Lehrer zu suchen. »Wenn du herausfinden willst, wie gut ein Lehrer ist, dann schau dir seine ältesten Schüler an«, riet mir einmal ein tibetischer Lehrer.

Geübte Lehrerinnen arbeiten mit uns auf eine Art und Weise, die uns fordert und weiterbringt. Dass es uns nützt, wenn wir uns auf der Suche nach dem Sinn des Lebens auf Gefährtinnen und Lehrer verlassen können, steht außer Frage. Sie helfen uns, in Stürmen nicht vom Kurs abzukommen; sie können uns zeigen, was ihnen bei der Suche geholfen hat, und sie können uns wertvollen Rat geben, um uns auf Wahrheiten aufmerksam zu machen, die wir ohne sie übersehen hätten.

B. K. S. Iyengar etwa schreibt seitenweise über die Qualitäten seines Yogalehrers, T. Krishnamacharya, sogar, er verdanke ihm sein Leben. Dabei müssen Lehrer nicht immer nett sein. »Das Lehrer-Schüler-Verhältnis erfordert eine sehr feinfühlige Hand. Als Lehrer muss man den Glauben und das Vertrauen halten können«,[1] sagt etwa die forsche Khandro Rinpoche, eine der wenigen voll ausgebildeten tibetischen Lehrerinnen. Sie vergleicht ihre Aufgabe mit »einer piksenden Nadel, die aus einem Kissen ragt. Jemand muss die Lage immer ein wenig ungemütlich halten, damit sich nicht zu viel Behaglichkeit einschleicht.«[2]

In jeder Tradition wird das Lehrer-Schüler-Verhältnis unterschiedlich interpretiert. Im tibetischen Buddhismus etwa empfehlen traditionelle Lehrwerke, einen Lehrer zwölf Jahre lang zu prüfen, bevor man eine enge Lehrer-Schüler-Bindung eingeht und sich in die weiterführenden Übungen einweisen lässt.

Herrigel schreibt über seine Erfahrung mit seinem japanischen Lehrer: »Das Lehrer-Schüler-Verhältnis gehört von alters her zu den grundlegenden Bindungen des Lebens und schließt daher hohe Verantwortung des Lehrers in sich ein, weit über den Rahmen seines Unterrichtsfaches hinaus.«[3]

»Wie man mit einer brennenden Kerze andere anzündet«, so überträgt der Lehrer den Geist der rechten Kunst von Herz zu Herzen, damit sie licht werden.
Wie weit der Schüler kommen wird, entzieht sich der Sorge des Lehrers und Meisters. Er muss den Schüler, kaum hat er ihm den rechten Weg gewiesen, allein weitergehen lassen. Nur eines hat er noch zu tun, damit der Schüler die Einsamkeit bestehe: Er löst ihn von sich selbst, vom Meister, los, indem er ihn herzlich ermahnt, weiter zu kommen als er selbst und »auf des Lehrers Schultern zu steigen«.

Der Schüler, wohin ihn auch der Weg führen möge, kann seinen Lehrer wohl aus den Augen verlieren, aber nicht vergessen.

Eugen Herrigel,
***Zen in der Kunst des Bogenschießens*, S. 56–58**

Ein traditionelles Lehrer-Schüler-Bündnis wird oft fürs Leben geschlossen, aber ist auch ein Balanceakt zwischen Bindung und Loslösen. Spirituelle Lehrer und Lehrerinnen sind kein Elternersatz; sie sind nicht dazu da, uns zu verhätscheln oder unsere Probleme für uns zu lösen.

Traditionell nahmen Priester, Rabbis und Imams die Lehrerrollen ein. Aber viele von uns haben die traditionellen Religionsgefüge verlassen. Wir schlagen uns sozusagen auf eigene Faust durch den Dschungel der spirituellen Wucherlandschaften, der wahrlich auch wunderliche Blüten treibt.

»Wortwörtlich ist ein Guru jemand, der die Dunkelheit vertreibt«, schreibt Sadhguru. »Entgegen der landläufigen Meinung besteht seine Funktion nicht darin, zu lehren, zu indoktrinieren und zu bekehren. Ein Guru ist dazu da, Licht auf Dimensionen jenseits unserer Sinneswahrnehmungen und unserer psychischen Dramen zu werfen, auf Dimensionen, die wir momentan nicht wahrnehmen können. Im Grunde ist es seine Aufgabe, Licht auf das Wesen unserer Existenz selbst zu werfen.«[4]

Ich fürchte, kaum ein Aspekt der fernöstlichen Weisheitslehren erregt im Westen mehr Widerspruch und Widerwillen als die Idee des spirituellen Lehrers als Guru. Auch Herrigel schreibt von »einer zu jedem Opfer bereiten Dankbarkeit, die das Maß dessen, was sonst unter Menschen üblich ist, weit hinter sich lässt.«[5]

Wer nach Indien reist, sieht häufig, wie Schüler ihren Lehrern (und ihren Eltern) die Füße küssen und sich vor ihnen auf den Boden werfen. Das ist für uns Westler eine sehr ungewohnte Praxis, aber abgesehen von ihrem kulturellen Hintergrund dient sie eigentlich nicht der Glorifizierung des Lehrers, sondern ist eine spirituelle Übung: Man wirft sein eigenes Ego nieder, die eigene Arroganz.

Wenn bei der Niederwerfung die fünf Körperregionen den Boden berühren – die Knie, die beiden Handflächen und der Kopf – steht das symbolisch dafür, dass wir die fünf schädlichsten Emotionen aufgeben – Unwissenheit, Anhaftung, Wut, Eifersucht und Gier.

Der Guru ist unbedingt notwendig. Die Upanischaden sagen, dass nur ein Guru den Menschen aus dem Dschungel von Intellekt und Sinneswahrnehmungen herausführen kann.

Ramana Maharshi, *Sei, was du bist!*, S. 123

Das Sanskritwort *Guru* bedeutet wörtlich »schwer« oder »gewichtig«, was manchmal als »reich an (hervorragenden) Qualitäten« interpretiert wird. Im Westen oder in anderen asiatischen Ländern wie in Indonesien wird mit Guru oft einfach ein erfahrener Lehrer bezeichnet, aber vor allem im Hinduismus, tantrischen Buddhismus und Sikhismus werden manche Lehrer wie Heilige verehrt, und das Wort Guru bekommt eine noch umfassendere Bedeutung. »Der Guru ist der Buddha. Alles, was er tut, sind Handlungen des Buddha«, heißt es in traditionellen tibetisch-buddhistischen Texten. Die Hingabe an den Guru wird in diesen Traditionen an sich zur Praxis.

Hochrangigen Lehrern wird oft auch unkonventionelles Verhalten verziehen, denn sie werden als Repräsentanten des Buddha gesehen. Deshalb betrachten ihre Schüler nicht selten selbst ungewöhnliche und radikale Methoden als erleuchtete Handlungen. Der Guru wird unfehlbar.

Dazu kommt, dass die Qualifikationen in fernöstlichen Religionen für Anfänger oft schwer durchschaubar sind. Ein Lehrer kann sich selbst einen Ehrentitel geben wie Lama oder Rinpoche, »der Kostbare«, ohne dass Schülerinnen wie bei Uni-Professoren die Ausbildung und Qualifikationen überprüfen können.

Im Gegensatz zu anderen buddhistischen Traditionen, die Verzicht und Entsagung predigen, wird Sexualität im Vajrayana als machtvolles Mittel benutzt, um Neurosen zu transformieren. Damit geht das Risiko einher, dass Sex von Scharlatanen als Vorwand benutzt wird, um ihre Bedürfnisse zu befriedigen.

Natürlich multiplizieren sich damit die Gefahren des Missbrauchs. Mehrere Anklagen wegen sexuellen Missbrauchs haben spirituelle Gemeinschaften sowohl in Asien als auch im Westen aufgerüttelt. Lehrer präsentierten sich anfangs als vernünftig und sanftmütig, aber überschritten später Grenzen.

Der rituelle Reichtum rund um fernöstliche Meister kann einschüchternd sein. Die Niederwerfungen, der Brokat und die hohen Throne – wen beeindruckt das nicht?

Trotzdem kein Grund, den eigenen Verstand an der Eingangstür zum Tempel abzugeben.

Charlotte Yoko Beck hätte ohne ihren Lehrer Maezumi Roshi wohl nicht zum Buddhismus gefunden – aber sie sagte sich von ihm los, als glaubwürdige Missbrauchsvorwürfe gegen ihn laut wurden.

Wenn Lehrer den Kult um ihre eigene Person fördern, sich anhimmeln lassen, zu unverhältnismäßigen finanziellen Schenkungen drängen oder sexuelle Beziehungen mit Schülerinnen eingehen, sind das Alarmsignale, egal welcher Tradition sie angehören. Von Beck erzählen ihre Schüler, sie sei meist einfach aufgestanden und habe den Raum verlassen, wenn Schüler sie mit Lobpreisungen überhäuften.

Ich wünsche mir im Nachhinein, ich hätte die klassischen

Elemente von Kultverhalten früher gekannt. 2017 wurde ein buddhistischer Lehrer, mit dem ich mehrere Jahre studierte, Sogyal Lakar, als kriminell enttarnt. Ihm wurde unter anderem vorgeworfen, er habe Schüler bis zur Bewusstlosigkeit verprügelt und sexuell missbraucht. Einen anderen Lehrer ertappte ich beim Spendenbetrug. Nach und nach kamen immer mehr Details an die Öffentlichkeit, glaubwürdige Augenzeugenberichte von teils kriminellen, teils ethisch verwerflichen Schandtaten.

Nicht nur die Enthüllungen an sich waren ein Schock für mich, sondern auch die Reaktionen einiger meiner besten Freunde aus buddhistischen Kreisen. Ich hatte angenommen, nach den glaubwürdigen Enthüllungen würde sich die Gemeinschaft mit den Opfern solidarisieren, Entschuldigungen aussprechen und klare Richtlinien für das weitere Vorgehen aufstellen.

Stattdessen gaben nicht wenige denen die Schuld, die mit ihren Vorwürfen an die Öffentlichkeit gegangen waren, denn sie hielten ihre Lehrer für unfehlbar. Zahlreiche renommierte buddhistische Lehrer solidarisierten sich mit den Tätern, aber auch viele Schüler, unter ihnen eigentlich kluge Menschen wie meine damals beste Freundin, eine Computerwissenschaftlerin, sowie Lehrer, Professorinnen und Rechtsanwälte, sogar ein renommierter Richter und mehrere prominente Künstler und Schauspielerinnen.

Selbst wenn wir in unseren westlichen Berufen noch so gebildet sind, bedeutet das offenbar nicht, dass wir die Täuschungsmanöver spiritueller Scharlatane leicht erkennen.

Statt spirituelle Lehrer zu verherrlichen, empfiehlt Roshi Joan Halifax, dass Schüler und Schülerinnen »ihre Projektionen hinterfragen, ihr eigenes erleuchtetes Potenzial und ihre Verblendungen wahrnehmen, und dass sie erkennen, dass dieses erleuchtete und verblendete Wesen in jedem Menschen steckt«.[6] Unsere Sehnsucht nach den vollkommenen Eltern führe dazu, dass wir gestörtes Verhalten durch den Verweis auf spirituelles Training rechtfertigten. »Im tibetischen Buddhismus kann die Praxis, sich mit einem lebenslangen Gelübde an den Lehrer zu binden, dazu führen, dass wir noch mehr Glauben entwickeln und uns unter die Fittiche des Lehrers begeben, während wir möglicherweise unseren eigenen gesunden Menschenverstand vernachlässigen, den wir sonst in unserer Gesellschaft sehr schätzen.«

Nachdem zwei ihrer Lehrer Fehlverhalten vorgeworfen worden war, schrieb Halifax einen offenen Brief, in dem sie ihre Besorgnis über die »Grenz- und Glaubensüberschreitungen« zum Ausdruck brachte: »Buddhisten kapieren es endlich. Man muss Widerstand leisten, starken und lauten Widerstand gegen das lüsterne Verhalten der religiösen Führer. Man muss den Mächtigen die Wahrheit vor Augen halten, und zwar lautstark. Und man muss handeln.«[7]

Sie spricht ehrlich über den »kulturellen Zwiespalt«, den sie im Kontakt mit asiatischen Lehrern erlebte. »Asiaten streben nach Harmonie. Die westliche Tendenz ist das Verlangen nach Transparenz.«[8]

Sie glaubt, dass Lehrer und Lehrerinnen eine Verpflichtung haben, tugendhaft zu leben. »Als Feministin kann ich klar sagen, dass Religion keine Entschuldigung dafür ist, Grenzen zwischen Schülern und Lehrern zu überschreiten.«

Thubten Chodron, eine amerikanische tibetisch-buddhistische Äbtissin, kritisiert auch, dass heutzutage viele Einweihungen und Belehrungen, die traditionell in Asien als geheim oder sehr fortgeschritten galten, viel zu früh und öffentlich gegeben werden. »Westler wollen sie. Sie denken, das ist etwas besonders Heiliges, Exotisches und Tiefgründiges. Und ich beobachte auch, dass Druck in den Zentren ausgeübt wird, jeder solle daran teilnehmen. Vielleicht nicht zuletzt, weil damit auch finanzielle Spenden verbunden sind.«[9]

Fragen Sie sich: Was genau wollen Sie von einem Lehrer? Was sind Sie bereit zu geben, was nicht? Wo liegen Ihre Grenzen?

Unterhalten Sie sich mit anderen Schülern der Lehrerin, der Sie sich anschließen wollen, aber auch mit anderen Lehrern und Schülerinnen aus anderen Gemeinschaften. Wenn Sie Zweifel haben, informieren Sie sich über klassische Kultmerkmale und suchen Sie Rat bei Anlaufstellen für spirituelle Krisenberatung.

Lehrer, keine Retter

Das Ziel ist, nicht vom Lehrer abhängig zu sein, sondern von ihm frei zu werden.
Natürlich versinken Lehrerinnen und Lehrer genauso im Chaos der Verwirrung wie alle anderen auch. Manchmal haben sie keinen Schimmer, worum es bei der Praxis geht. Aber das wird nur dann zum Problem, wenn wir denken, sie seien dazu da, uns zu helfen, unser Leben in Ordnung zu bringen. Der Traum des Menschen liegt darin, eine Sache oder eine Person zu haben, die ihn rettet. Im Zen kennen wir eine Spielart davon: die Hoffnung, den perfekten Lehrer und die perfekte Praxis zu finden. Ich werde Sie nicht retten, ich will es nicht einmal. Ich habe genug anderes zu tun. Nehmen Sie es nicht persönlich, denn das gilt nicht nur für Sie.
Wenn es etwas zu lernen gibt, dann müssen Sie das schon selbst tun. Ich kann Sie dabei begleiten und anleiten, aber ich kann und will es nicht an Ihrer Stelle tun. Mir ist es egal, wenn es Ihnen schlecht geht, verstanden? Wen interessiert das? Mein Augenmerk gilt der einzigen Sache, bei der unser Üben etwas ausrichten kann; es geht mir darum, Ihnen zu helfen, Klarheit zu gewinnen und die eigenen tiefsten Konditionierungen zu verstehen. Genau diese grundlegende Angelegenheit ist es, die mir am meisten am Herzen liegt.

Charlotte Joko Beck,
***Zen und das alltägliche Wunder,* S. 235–236**

Es dauerte einige Jahre, bis ich mit der Erkenntnis zurande kam, dass ich spirituellen Schwindlern aufgesessen war. Ich hörte auf zu meditieren. Ich bestellte meine Abonnements buddhistischer Zeitschriften ab. Ich ging zu keinen buddhistischen Vorträgen mehr. Ich stellte alles infrage, was ich von diesen Lehrern gelernt hatte.

Damit kam mir auch mein Lebenssinn abhanden.

Wie konnte ich nach Weisheit streben, wenn meine wichtigsten Lehrer solch straffällige Idioten waren? Wie mich in Mitgefühl üben, wenn Autoren der wichtigsten buddhistischen Bücher es selbst nicht lebten? Wie konnte ich überhaupt noch irgendetwas glauben?

In dieser Situation stecken nicht nur Buddhisten, sondern auch viele Christinnen. Im Jahr 2022 meldete die katholische Kirche Rekordaustritte von über einer halben Million Menschen in Deutschland. Viele nannten die Missbrauchsskandale als Grund, und die anhaltenden Versuche, sie zu vertuschen und die Täter zu schützen. Die katholische Kirche hat sich damit einen schweren Schaden zugefügt: Spiritueller Missbrauch verletzt tief und ruiniert die Fähigkeit zu vertrauen.

Ich kann nachvollziehen, dass Menschen deshalb organisierte Religionen grundsätzlich ablehnen. In der Geschichte der Menschheit waren sie nicht nur für viele Heldentaten, sondern auch für Verbrechen, Diskriminierung und Kriege verantwortlich.

Lehrer, Gurus und Priester sind Menschen, sind fehlbar. Kirchen und spirituelle Organisationen sind immer auch gezwungen, Spenden einzutreiben und Mitgliederzahlen zu erhöhen.

Aber es wäre schade, wenn wir deshalb unsere Offenheit für alles Spirituelle verlieren. In gewisser Weise wäre der größte Schaden, den Übeltäter verursachen, dass wir *alle* spirituellen Gemeinschaften gleichermaßen verdammen. Diesen Schaden sollten wir in uns nicht anrichten.

Wir können unterscheiden zwischen der Essenz des Glaubens – Mitgefühl, Weisheit, Offenheit – und fehlbaren Interpretatoren. Sosehr wir uns auf Lehrer und Lehrerinnen verlassen, um den rechten Weg zu finden, so sehr dürfen wir dabei unseren eigenen inneren Kompass nicht vernachlässigen.

Am Ende eines langen Lebens, das der Lehre der Achtsamkeit gewidmet war und in dem er viele Anhänger um sich geschart hatte, die sich wohl eine Anleitung auf ihrem eigenen Weg erhofften, wandte sich der Buddha mit diesen knappen Worten an seine Jünger: »Seid euch selbst ein Licht.«

Jon Kabat-Zinn, *Im Alltag Ruhe finden*, S. 21

9
Was kommt danach?

Du hast deinen Körper von diesem Planeten nur geliehen. Was du »Tod« nennst, ist nur der Moment, in dem Mutter Erde die dir gewährte Leihgabe zurückfordert. Alles Leben ist nur ein Recycling der Erde.

Sadhguru, *Die Weisheit eines Yogi*, S. 164

»Lama Chimé ist tot!« Kinder rufen die Neuigkeit auf dem Marktplatz von Kathmandu in die schwüle Luft, neben dem Kloster, in dem ich Buddhismus studiere. Der tibetische Name des Philosophielehrers, *chimé*, bedeutet wörtlich »unsterblich«, aber nun ist er tot. Alle mochten den 69 Jahre alten Lehrer mit den unzähligen Lachfalten im runzeligen Gesicht. »Wenn ein wichtiger Lehrer stirbt, ist das ein kostbarer Moment, eine Lernerfahrung für Lehrer und Schüler«, erklärt meine tibetische Vermieterin Lhamo mit einer Mischung aus Trauer und Aufregung. »Im Tod zeigt ein Meditierender, was er draufhat.«

Es ist das erste Mal in meinem Leben, dass ich dem Tod ins Angesicht sehe. Buchstäblich. In dem bayerischen Dorf, in dem ich aufwuchs, kam der Tod hinter geschlossenen Türen. Natürlich bekam ich mit, dass Leute für immer von uns gingen, aber mehr als den geschlossenen Sarg in unserer Dorfkapelle sah man nie.

In der buddhistischen Tradition dagegen ist der Tod nicht das Ende, sondern ein Beginn. Eine Pforte schließt sich, eine neue öffnet sich. Somit ist der Augenblick des Todes eine ungemein wertvolle Chance für Meditierende. Sie haben sich ein Leben lang vorbereitet, sie zu ergreifen.

Tibeter sind davon überzeugt, dass die Geistesverfassung eines Sterbenden entscheidend dafür ist, wo und wie sie wiedergeboren werden. Sind sie in der Lage, ihre Achtsamkeit zu bewahren, können sie sich selbst durch den Sterbeprozess führen und den Übergang sogar nutzen, um völlige Befreiung zu erlangen.

Manchmal hinterlässt ein berühmter Lehrer nur einen »normalen« Leichnam; das signalisiert der Nachwelt, er habe nicht wirklich meditiert. Dagegen erzählt man sich in der tibetischen Exilgemeinschaft in Nepal Geschichten, wie ein einfacher, bescheidener Hirte, der sein Leben lang meditierte, im Tod in einem »Regenbogenkörper« verschwindet. Damit meinen Tibeter das schier unglaubliche Phänomen, das sich der Körper in regenbogenfarbenes Licht auflöst. Nur Haare und Nägel bleiben angeblich zurück.

Der tibetischen Geschichtsschreibung zufolge erlangte der Inder Padmasambhava, der »zweite Buddha«, der den Buddhismus im 8. Jahrhundert in Tibet etablierte, als Erster den Regenbogenkörper. Das heißt, er verwandelte seinen Körper im Sterbeprozess in die fünf Elemente Erde, Wasser, Feuer, Wind und Raum. Jede Religion hat ihre Mythen, von der jungfräulichen Geburt bis zu Wundertaten, und der Regenbogenkörper nimmt einen zentralen Platz im tibetisch-buddhistischen Glauben ein.

Für Tibeter und viele andere Praktizierende fernöstlicher Religionen ist der Tod kein qualvolles Ende, dem sie mit Furcht entgegenblicken, wie ich das oft in der westlichen Kultur erlebe. Der Moment, in dem wir uns von unserem Körper verabschieden, ist ganz im Gegenteil eine einzigartige Gelegenheit, das Bewusstsein zu befreien.

Auch in Iyengars Yogatradition gilt, »dass erst im Angesicht des Todes die Bedeutung und der Sinn des Lebens ersichtlich werden. In der Yogapraxis löst sich an diesem Punkt das Ego auf oder gibt vielmehr seine Imitation des wahren Selbst auf.«[1]

Der Yogi kann sich nicht vor dem Sterben fürchten, weil er Leben in jede Zelle seines Körpers gebracht hat. Wir fürchten uns vor dem Sterben, weil wir fürchten, nicht gelebt zu haben. Der Yogi hat gelebt.

B. K. S. Iyengar, *Licht fürs Leben,* S. 349

Lama Chimé sitzt so still und aufrecht im Lotossitz auf seinem Bett, den Rücken mit brokatbestückten Kissen aufgestützt, als würde er schlafen. Seine Augen sind nur halb geschlossen. Drei Tage zuvor ist er verstorben, aber es wirkt, als würde er noch leben und habe nur kurz seine Augenlider gesenkt. Seine Haut ist karamellfarben wie im Leben zuvor. Würde ich unbedarft in seine Mönchskammer stolpern, nähme ich an, er säße tief in Meditation versunken. Obwohl die Herbstsonne den Raum erwärmt, nehme ich nicht den geringsten Leichengeruch wahr.

Eine nach der anderen schleichen wir Meditationsschülerinnen in seine Kammer. Es ist wichtig, die Konzentration des Meditierenden in dieser delikaten Phase nicht zu stören, hat uns der Abt ermahnt. Aber der Abt will uns auch inspirieren, die Praxis ernst zu nehmen, und deshalb hat er uns erlaubt, Lama Chimé nach seinem Ableben zu besuchen.

Wie im Kapitel über die Weisheit des Körpers erwähnt, bedeutet der tibetische Begriff für Körper, *lü*, »das, was zurückgelassen wird«. Tibeterinnen arbeiten sozusagen ihr ganzes Leben lang auf den Moment des Todes hin, bei dem sich das Bewusstsein vom Körper löst. Vielleicht auch deshalb beobachte ich, dass ernsthaft Praktizierende weniger an ihren weltlichen Besitztümern oder Äußerlichkeiten haften. Meditierende erinnern sich in ihrer Praxis jeden Tag daran, dass alles vergeht.

In Nepal ist der Tod ohnehin allgegenwärtig. Im nahen Fluss Bagmati vor dem Tempel Pashupatinath, einer örtlichen hinduistischen Verbrennungsstätte, schwimmen regelmäßig halb verweste Leichen vorbei. Skelette zieren viele religiöse Darstellungen. Aber ganz so nah habe ich nie zuvor einem Toten ins Gesicht gesehen. »Lama Chimé ist nicht wirklich tot; er verweilt im *tukdam*«, erklärt der ihn betreuende Mönch. Tukdam bedeutet, dass die Atmung verebbte und westliche Ärzte den Mann für klinisch tot erklären würden, aber nach dem Glauben der Tibeter das Bewusstsein noch lebendig ist. »Das weiß man, weil seine Herzregion noch warm ist«, erklärt der Mönch, »das ist ein untrügliches Zeichen, dass ein Meditationsmeister noch bei Bewusstsein ist und sich selbst durch die *bardo*s führt, die Zwischenzustände, die ein Bewusstsein durchläuft, bevor es sich einen neuen Körper sucht.«

Ich kann nicht anders, als Lama Chimé ungläubig ins Gesicht zu starren, suche nach Lebenszeichen. Ich bin 26 Jahre alt und habe keine Ahnung, ob er anders aussieht als andere Leichen. Den Körper zu berühren, um selbst die warme Herzregion zu ertasten, erlauben uns die Mönche nicht. Die Tibeter unter uns Besuchern murmeln Gebete, sowohl für eine gute Wiedergeburt ihres Lehrers als auch für ihre eigene.

Eine Woche später, nach der Feuerbestattung, erzählen mehrere Mönche, Regenbogenlichter seien vom Leichnam aufgestiegen und Lama Chimés Schädel sei vom Feuer unbeschädigt geblieben. Für sie sind das Zeichen einer wundersamen Meditationsfertigkeit. Für mich ist es ein Anlass, meine Perspektive vom Tod zu überdenken.

In der tibetischen Tradition gilt es als ganz selbstverständlich, dass man die Tatsache des Todes in das Leben mit einbezieht, vor allem im Alter und bei Krankheit. Der Tod bietet die Chance des ganz großen Loslassens: […] Wenn das Loslassen nicht schon vorher geübt wurde, können […] die Angst und der Schmerz so ungeheuer groß sein, als würde man in Stücke gerissen. Im Ausnahmezustand des Sterbens können tief eingeprägte emotionale Zustände wie

alter Groll, Rachegedanken oder schweres Schuldgefühl das Bewusstsein völlig überschwemmen, ähnlich wie sich ein großes, qualvolles emotionales Thema in die Träume drängt.
Deshalb kann man sagen: Wir sterben so, wie wir gelebt haben.
Um der Angst vor dem Sterben (die, wenn es so weit ist, den Geist entsetzlich verwirren kann) die Spitze zu nehmen, wird auch empfohlen, sich vorzustellen, wie man sterben möchte – umgeben von den Menschen, die man liebt, im Beisein der Familie, allein, in der Anwesenheit eines spirituellen Lehrers oder Freundes.

Ulli Olvedi,
***Die Energien des Lebens und des Sterbens*, S. 230**

Das wohl berühmteste tibetische Buch ist das sogenannte *Tibetische Totenbuch* (eigentlich lautet der Titel *Bardo Chodöl*, wörtlich übersetzt »Befreiung im Zwischenzustand durch Hören«). Tibeter lesen es Familienmitgliedern und Freunden während der Sterbephasen vor. Nachdem das Herz aufgehört hat zu schlagen, wandert laut des tibetisch-buddhistischen Glaubens das Bewusstsein noch weiter. Im Idealfall erlangt es Befreiung oder sichert sich zumindest eine gute Wiedergeburt. Um diese Achtsamkeit im oft schmerzhaften Todesprozess zu bewahren, muss sie ein Leben lang praktiziert werden. Dies ist auch einer der Gründe, warum Tibeter die menschliche Geburt für kostbar erachten: Weil wir Menschen die Chance haben, unser Leid ein für alle Mal zu beenden und Befreiung zu erlangen.

Im Westen haben wir wenige Rituale für das Sterben und Trauern. Wir delegieren den Sterbeprozess an Ärztinnen und Krankenpfleger, verbannen ihn hinter Krankenhausmauern und wollen im Idealfall möglichst wenig damit zu tun haben.

Das ist zumindest meine Erfahrung. Selbst meine eigenen Großeltern starben im Krankenhaus, und kein Familienmitglied hat sie dabei begleitet. Heute wünsche ich mir eine aktivere Sterbebegleitung, weil ich nach Jahrzehnten der Meditation und vielen Jahren in Asien eine andere Auffassung vom Tod habe.

Roshi Joan Halifax, die seit Jahrzehnten Sterbebegleiter berät, benutzt allgemeinverständliche Begriffe, wenn sie Nicht-Buddhisten über die *bardos* unterrichtet, die Übergangsperioden zwischen den Bewusstheitszuständen. »Ihr könnt einen Übergangszustand erfahren, wenn ihr einschlaft«, sagt sie beispielsweise. »Jeder Atemzug, den wir nehmen, ist in gewisser Weise ein Bardo. Sie sind vergleichbar mit den Verläufen, wenn wir in Ohnmacht fallen, eine Narkose bekommen, einschlafen und dergleichen.«[2]

Tatsächlich zählen Schlaf- und Traumyoga zu den Praktiken, mit denen sich Buddhisten auf das Sterben vorbereiten. Wer im Schlaf sein Bewusstsein lenken kann, kann das vielleicht auch im Tod.

Die fünf Gewissheiten

Der Buddha sagte, dass wir alle die Samen der Angst in uns tragen, doch die meisten von uns unterdrücken ihn und verschließen ihn in Dunkelheit. Um uns dabei zu helfen, diese Samen der Angst zu identifizieren, zu umarmen und tief zu betrachten, gab er uns eine Übung, welche die Fünf Vergegenwärtigungen genannt wird. Diese sind:

1. Es ist der natürliche Verlauf, dass ich alt werde.
Ich kann dem Altern nicht entgehen.
2. Es ist der natürliche Verlauf, dass ich erkranken werde.
Ich kann dem Krankwerden nicht entgehen.
3. Es ist der natürliche Verlauf, dass ich sterben werde.
Ich kann dem Sterben nicht entgehen.

4. Es ist der natürliche Verlauf, dass alles, woran ich hänge, und alle, die mir lieb sind, sich verändern. Es gibt keinen Weg, dem Getrenntwerden von ihnen zu entgehen. Ich komme her mit leeren Händen, und ich werde gehen mit leeren Händen.
5. Meine Handlungen von Körper, Rede und Geist sind das Einzige, was mir gehört. Ich kann den Konsequenzen meiner Handlungen nicht entgehen.
Meine Handlungen sind der Boden, auf dem ich stehe.
Wir sollten uns jeden Tag etwas Zeit nehmen, jede dieser fünf Übungen zu kontemplieren, während wir unserem Atem folgen. Wir üben die Fünf Gewissheiten, damit der Same der Angst zirkulieren kann. Wir müssen ihn in unser Bewusstsein einladen, um ihn wahrzunehmen und zu umarmen. Wenn er dann wieder ins Speicherbewusstsein zurückkehrt, wird er schon kleiner geworden sein.
Laden wir den Samen der Angst auf diese Weise ein, sind wir besser dafür gerüstet, uns auch um unsere Wut zu kümmern. Wut entsteht aus Angst. Wir können keinen Frieden erfahren, wenn Angst da ist, sie wird zum Grund, in dem die Wut wachsen kann. Angst basiert auf Unwissenheit. Auch ein Mangel an Verstehen ist eine grundlegende Ursache für Wut.

Thich Nhat Hanh,
***Versöhnung mit dem inneren Kind*, S. 41–42**

In der buddhistischen Praxis kontemplieren wir die Vergänglichkeit jeden Tag. Die Vergänglichkeit unseres Lebens, unseres Körpers, unserer Liebsten, unserer Besitztümer, allen Lebens. Dies ist das Gegenteil der Philosophie, mit der ich aufgewachsen war: möglichst nicht an den Tod zu denken.

Ein Grund für die Praxis ist, wie Thich Nhat Hanh schreibt, uns unsere Ängste und Unsicherheiten bewusst zu machen, um sie transformieren zu können. Vor allem in Amerika beobachte ich den umgekehrten Trend: den ungeheuren Drang, ewig zu leben, sei es mit Kryotechnik oder Genmanipulation, und das verzweifelte Bemühen, mithilfe von Botox und Chirurgie um Jahre jünger auszusehen. In sogenannten Life-Extension-Kliniken, also Hospitälern für Lebensverlängerung, lassen sich immer mehr Überlebenswütige zweifelhafte Mischungen aus Stammzellen und Hormonen spritzen.

Iyengar kommentierte die Fragen seiner Schüler, ob traditionelle Atemübungen das Altern hinauszögern, mit der lässigen Gegenfrage: »Warum sich darüber Sorgen machen? Der Tod ist gewiss. Lassen Sie ihn kommen, wann er kommt. Arbeiten Sie nur einfach immer weiter. Die Seele ist alterslos. Sie stirbt nicht. Nur der Körper verfällt. Und doch dürfen wir nie den Körper außer Acht lassen, da er der Garten ist, den wir hegen und pflegen und kultivieren müssen.«[3]

Es gibt noch einen weiteren Grund dafür, Vergänglichkeit bewusst zu kontemplieren und zu akzeptieren, nämlich die Kostbarkeit des Lebens. Wie oft vergeuden wir ganze Tage, ach, Monate und sogar Jahre, mit unwichtigen Dingen?

»Es läuft mir kalt den Rücken hinunter, wenn ich mir vor Augen führe, was ich den Tag über so tue«, schreibt Charlotte Joko Beck. »Da gibt es alles Mögliche, das ich vernachlässige oder verlege. Man muss ein Leben lang üben, um zu erkennen, dass es nichts gibt, was einem nicht gleicht. Wir sind nichts als ein beständig immer neues Erscheinen.«[4]

In der Vergänglichkeit liegen ja auch Chancen: Wir können jeden Tag neu anfangen. Wir sind nie zu alt, noch einmal von vorne zu beginnen. Und in jeder noch so unerträglichen Situation wissen wir eines ganz gewiss: Sie wird sich ändern.

Zu Beginn meines buddhistischen Weges plapperte ich die traditionellen Zeilen von der Vergänglichkeit nach, insgeheim sicher, dass mir der Sensenmann mit Mitte Zwanzig nichts anhaben könnte. Als ich dann schwer krank wurde und die Ärzte lange nicht wussten, was mit mir los war, kam ich fast acht Monate kaum aus dem Bett. In diesen Monaten hatte ich viele Tage und Wochen Zeit, über Vergänglichkeit nachzudenken. Ich starb zwar nicht, aber ich verlor nach und nach viele der Dinge, die ich bis dahin für selbstverständlich gehalten hatte: meine Lebenskraft, ja, Lebenswillen, das Vergnügen, spontan mal an den See zu fahren, oder die Fähigkeit, auf dem Markt Gemüse einzukaufen, viele meiner Freunde, mein Einkommen und mein Selbstvertrauen.

Bald darauf verlor ich auch meinen Mann, erst durch unsere Trennung, zwei Jahre später endgültig durch seinen frühen Tod. Damit rückte mir die Vergänglichkeit viel näher auf die Pelle als gedacht. Der Tod ist unser ständiger Begleiter. Auch wenn wir ihn nicht wahrhaben wollen, er steckt uns seit der Geburt in den Knochen. Ich begann zu sehen, dass die Nähe zum Verlust Lektionen mit sich brachte, die ich ernst nehmen musste, auch wenn ich sie nicht mit offenen Armen willkommen hieß.

Eine ernste Gesundheitskrise bringt tiefschürfende Fragen mit sich: Was ist mir wirklich wichtig im Leben? Worauf kann ich verzichten und worauf nicht?

Was würde ich tun, wenn ich nur noch ein Jahr, einen Monat, einen Tag zu leben hätte?

Die Menschen, die kurz vor ihrem Lebensende am meisten bereuen, ihr Leben verschwendet zu haben, nennen vor allem drei Bereiche, die ihrem Leben mehr Sinn gegeben hätten: ihren Glauben zu praktizieren, schöne Dinge zu genießen und mehr Zeit mit Freunden und Familie zu verbringen.

Wir nehmen irgendwie automatisch an, der morgige Tag werde in etwa so verlaufen wie der gestrige, und wir werden dann schon noch Zeit haben für das, was uns wirklich wichtig ist.

Zwei Bekannte von mir, erfolgreiche, wohlhabende Männer, bei denen mit Mitte vierzig Krebs im Endstadium diagnostiziert wurde, reagierten beide mit ähnlichen Emotionen, nachdem der erste Schock überwunden war: Hätte ich doch nur weniger Zeit mit Arbeit und E-Mails und viel mehr Zeit mit meiner Familie, meiner spirituellen Gemeinschaft, dem Ausleben meiner kreativen Seite und in der Natur verbracht!

Einer der beiden starb acht Monate nach der Diagnose und hatte keine Gelegenheit mehr, viel von dem nachzuholen, was er gern nachgeholt hätte. Der andere, Alain Beauregard, überlebte wie durch ein Wunder allen Prognosen zum Trotz und änderte sein Leben von Grund auf.[5]

Der Krebs war ein tödlicher Weckruf, der Alain zwang, mit sich selbst ehrlich ins Gericht zu gehen. »Nur die Aussicht, bald zu sterben, war stark genug, mich zu überlisten.« Ans Bett gefesselt hatte er alle Zeit der Welt, um nachzudenken. »Ich kann nicht für andere sprechen, nur für mich, aber ich war so festgefahren in meiner Lebensweise, dass es den Krebs brauchte, um meinen Panzer zu durchbrechen, diesen wirklich harten Panzer. Und es brauchte dazu einen besonders starken und aggressiven Krebs.«

Der Panzer bestand aus all den vielen Schichten, aus denen er sich seine Identität gebastelt hatte, »als Geschäftsmann, als Physiker, Vater, Mann, als Alain, wir haben all diese Rollen, an denen wir uns festhalten. Das Loslassen geschah durch Zwang. Ich wurde von innen aufgebrochen und verlor systematisch die Dinge, an denen ich hing, eines nach dem anderen.«

Der Psychiater Norman Cousins schrieb: »Der Tod ist nicht die ultimative Tragödie im Leben. Die ultimative Tragödie ist, wenn wir sterben, ohne die Möglichkeiten unseres vollen Wachstums entdeckt zu haben.«[6]

Fragen Sie sich: Wenn Ihr Leben morgen vorbei wäre, könnten Sie sagen, Sie haben voll und ganz gelebt?

Wenn nicht, warum nicht? Was fehlt?

Wenn ja, was hat zur Erfüllung beigetragen?

Was bedeuten diese Antworten für Sie, ganz konkret?

Der einzige Weg, dem Wechsel Sinn zu geben, ist sich hineinzustürzen, mitzugehen und sich dem Tanz anzuschließen.

Alan Watts, *Weisheit des ungesicherten Lebens,* S. 46

Wir haben das ganze Leben über Zeit, uns auf den Tod vorzubereiten.

Das Kontemplieren unserer Vergänglichkeit macht uns nicht nur die Kostbarkeit jeden Augenblicks bewusst, sondern auch, dass wir uns nie und nirgends gegen den Wandel stemmen können, der jeden Augenblick in einen neuen verwandelt. Wir werden einmal den »großen« Tod sterben, klar, aber in gewisser Weise sterben wir immer wieder »kleine« Tode. Zellen in uns sterben jede Sekunde. Geliebte Menschen gehen für immer fort. Nichts, keinen Augenblick, können wir je festhalten.

Es mag paradox erscheinen, aber Forscher haben in mehreren Studien festgestellt, dass das Kontemplieren der eigenen Vergänglichkeit zu mehr positiven Emotionen führt.[7]

»Wenn man im Herbst nicht erwartet, dass man den nächsten Frühling noch erleben wird, und dann erlebt man den Frühling doch, erlebt man das nicht als Frühling, sondern als unglaubliches Wunder«, so wird der an Krebs im letzten Stadium erkrankte Arzt Bill Bartholome in einer der Studien Monate vor seinem Lebensende zitiert. »Warum habe ich das nicht früher schon gesehen?«[8]

Genau das ist die Kernfrage: Was können wir tun, damit wir diese kostbaren Momente früher erkennen? Warum nicht jetzt?

Welche unserer Träume verschieben wir gedanklich auf später, auf »wenn ich soundso viel auf dem Konto habe«, auf »wenn die Kinder groß sind«, auf »nach der Pensionierung«?

Welche Freundschaften und Beziehungen, die mir wichtig

sind, vernachlässige ich gerade? Wie kann ich sie besser pflegen?

Wer sind die Menschen in meinem Leben, denen ich mich wirklich verbunden fühle?

Wer sind die Menschen, die mich als jemanden sehen, dem sie sich wirklich verbunden fühlen?

Kann ich die Qualität dieser Verbindung verbessern, und wenn ja, wie?[9]

Was ist mir wirklich wichtig?

Und wie viel Zeit und Fokus widme ich dem, was mir wichtig ist, im Hier und Jetzt?

Wenn du in jedem Augenblick stirbst und neu geboren wirst, sind angeblich wissenschaftliche Voraussagen über das, was nach dem Tod geschehen wird, von wenig Bedeutung. Die ganze Herrlichkeit liegt darin, dass wir es nicht wissen. Ideen von Weiterleben und Vernichtung sind gleicherweise auf Vergangenheit begründet, auf Erinnerungen von Wachsein und Schlafen, und die Begriffe unaufhörlichen Fortdauerns und ewig währenden Nichts sind ohne Sinn, jedes in seiner Art.

Alan Watts, *Weisheit des ungesicherten Lebens,* S. 156

Natürlich hat die Einbeziehung des Todes in fernöstlichen Glaubensrichtungen wie dem Buddhismus oder Hinduismus auch mit dem Glauben an Wiedergeburten zu tun, der festen Überzeugung, dass der Tod des Körpers nicht das Ende, sondern nur der Übergang in eine neue Reinkarnation ist. Ein Kreislauf hat keinen Anfang und kein Ende. Die buddhistische Idee vom Lebenskreislauf macht aus dem Tod nur eine weitere Durchgangsstation, wenn auch eine entscheidende.

Auch in Iyengars Yogatradition wird der Tod als »Gipfelpunkt«[10] der Praxis betrachtet, an dem sich das Ego auflöst.

»Beim Ausatmen geben wir unser individuelles Ich großzügig hinaus an die universelle Welt. Auch beim Sterben atmen wir ein letztes Mal aus, und der Atem verlischt«, schreibt Iyengar. »Was stirbt, ist das vertraute Ich-Gefühl, dass sich leidenschaftlich an seine Identität und Existenz klammert. In der Atempause nach dem Ausatmen machen wir die Erfahrung vom Leben nach dem Tod. Hier findet die Konfrontation mit der schlimmsten Angst des Ego und ihre Überwindung statt. Der Schleier der Illusion, der das ›Ich‹ umhüllt, hebt sich.«[11]

Ich bin katholisch aufgewachsen und habe dann mehr als zwanzig Jahre in der buddhistischen Tradition praktiziert. In dieser Zeit habe ich viel über den Tod nachgedacht und darüber, was wohl danach kommt. Welchen Glauben wir auch immer haben, Alan Watts schreibt: »Fast jede geistige Tradition erkennt, dass einmal ein Punkt kommt, wo zwei Dinge geschehen müssen: Der Mensch muss sein abgetrenntes Ich-Empfinden aufgeben und muss der Tatsache ins Auge sehen, dass er die letzten Dinge nicht wissen, das heißt nicht erklären kann.«[12]

Wenn Sie sich vorstellen, auf Ihrem Grabstein hätte nur ein Satz Platz: Welche Worte wählen Sie, die Sie und Ihr Leben am besten zum Ausdruck bringen?

Was sollte in Ihrem Nachruf stehen?

An welche Qualitäten und an welche Handlungen sollen sich Ihre Weggefährtinnen vor allem erinnern?

Unsere wahre Natur wird bezeichnet als: Kein-Anfang, Kein-Ende, Keine-Geburt und Kein-Tod. Wissen wir, wie wir unsere wahre Natur berühren können, gibt es weder Angst noch Wut, noch Verzweiflung. […]
Für uns bedeutet zu sterben im Allgemeinen, dass wir aus etwas plötzlich zu nichts werden, von jemandem plötzlich zu niemand. Wir wissen, dass eine Wolke nicht sterben

kann. Eine Wolke kann zu Regen, Schnee oder Hagel werden, sie kann in einen Fluss verwandelt und schließlich zu Tee oder Saft werden, aber es ist unmöglich, dass eine Wolke stirbt. Die wahre Natur der Wolke ist Nicht-Geburt und Nicht-Tod. Wenn jemand Ihnen Nahestehendes gestorben ist, dann schauen Sie nach ihm oder ihr in der neuen Manifestation. Es ist unmöglich, dass er stirbt. Und auch sie wird in vielfältiger Weise weiterexistieren. Mit den Augen des Buddha können Sie ihn oder sie außerhalb und innerhalb Ihrer selbst erkennen: »Liebste/r, ich weiß, dass du da bist in deiner neuen Form.«
Vor unserer Geburt haben wir bereits im Leib unserer Mutter existiert, und davor gab es uns halb in unserer Mutter und halb in unserem Vater. Es kann nicht etwas aus nichts entstehen. Wir sind nicht aus dem Nichtsein gekommen. Wir waren schon immer da in der einen oder anderen Form. Unsere Natur ist die von Nicht-Geburt und Nicht-Tod.

Thich Nhat Hanh,
***Versöhnung mit dem inneren Kind,* S. 161**

Wie schon kurz erwähnt, steht Thich Nhat Hanhs Schülerin Roshi Joan Halifax seit mehr als vier Jahrzehnten sterbenden Patienten bei ihren letzten Atemzügen bei. Die Biografie der amerikanischen Zen-Lehrerin vereint die widersprüchlichsten Aspekte. Sie ist Akademikerin und Aktivistin, eine Hippie-Tochter der 1960er-Jahre und eine zölibatäre Priesterin. Doch am besten kennt die Welt sie als eine Pionierin in der kontemplativen Sterbebegleitung.

Wie viele Menschen wurde sie zu dieser Arbeit motiviert, nachdem ein Familienmitglied einen einsamen Tod gestorben war. Ihre Großmutter Bessie kämpfte nach einem Schlaganfall in einem Pflegeheim einen langen, qualvollen und einsamen

Kampf. Roshi Halifax sagt, sie werde niemals vergessen, »wie sie meinen Vater anflehte, sie sterben zu lassen und ihr dabei zu helfen. Sie verlangte nach unserer Anwesenheit, aber wir wandten uns im Angesicht ihres Leidens ab. In diesem Moment nahm ich mir selbst das Versprechen ab, für andere in ihrem Sterben da zu sein.«[13]

Seither sitzt Joan Halifax oft am Bett Sterbender, ob schweigend, redend oder betend. Sie möchte Patienten dabei helfen, die letzten Hürden mit Achtsamkeit zu überwinden. In dem Bestreben, Seelsorgerinnen und Krankenpfleger zu unterstützen, gründete sie das Projekt *Being with Dying* (»Mit Sterbenden sein«), ein Trainingsprogramm für professionelle Pflege am Lebensende, das nun seit mehr als zwanzig Jahren besteht.

Halifax macht keinen Hehl daraus, dass die Seelsorge in Krankenhäusern, Hochsicherheitsgefängnissen und Hospizen sie »vor komplexe Herausforderungen stellt und zeitweise überfordert«. Sie hat manche Menschen voller Trotz, Verleugnung, sogar Qualen sterben sehen. »Ich glaube, es ist ein großes Problem, vom ›guten Tod‹ zu sprechen«, sagt sie. »Jeder Tod hat seine eigene Geschichte, und ich denke, dass man die einzigartige Reise respektieren muss, die jeder von uns zu diesem Bestimmungsort unternimmt, den wir Tod nennen.«

Halifax gibt zu, dass es über die Jahre ein wenig leichter für sie geworden ist, den Verlust von Freunden und Patientinnen zu verkraften. »Ich betrachte Tod als Teil des Lebens. Ich trauere um Menschen, denen ich sehr nahestehe oder die etwas Besonderes für mich sind. Ich lehne das Trauern überhaupt nicht ab. Ich würde keine einzige Minute der Trauer aufgeben wollen.«

Letztendlich zieht Halifax aus den Jahren der Sterbebegleitung essenzielle persönliche Lehren: *»Was ich jedoch durch diese Erfahrungen gelernt habe – besonders durch meine inneren Kämpfe und Misserfolge –, hat mir eine völlig unerwartete Perspektive vermittelt. Ich habe erkannt, wie wertvoll es ist, die* *gesamte Landschaft des Lebens anzunehmen, statt das, was uns geschenkt wurde, abzulehnen oder zu verleugnen.«*[14] [kursiv im Original]

In ihrer Arbeit mit Sterbenden nutzt Roshi buddhistische Praktiken aus den Traditionen des Theravada, des Zen und des tibetischen Buddhismus (Vajrayana). Am wichtigsten ist ihr dabei die Praxis des Mitgefühls. Nicht nur Krankenpflegerinnen, sondern auch Familienangehörige und Freunde aller Konfessionen können die Weisheit des mitfühlenden Geistes nutzen, um der Sterbebegleitung einen tieferen Sinn zu geben und ihre eigene Belastbarkeit zu erhöhen, genauso wie es Halifax half, engagiert zu bleiben, als sie unter schwierigen Bedingungen in entlegenen Gegenden, in Krankenhäusern und Gefängnissen arbeitete. »Bodhichitta hat mir die Kraft gegeben, in dieser Welt weiterzumachen«, sagt sie. »Und zwar mit Leidenschaft, viel Liebe und auch viel Freude darüber, den Dharma in diesen schwierigen Situationen einzubringen.«

Eine ihrer zentralen Botschaften ist »starker Rücken, weicher Bauch«, die Kombination von Gleichmut und Mitgefühl: »Einen starken Rücken zu haben bezieht sich auf Gleichmut und die Fähigkeit, sich selbst aufrecht zu halten. Ein ›weicher Bauch‹ bedeutet, sich den Dingen zu öffnen, wie sie sind.«

Ihre Furchtlosigkeit umfasst den Mut, ihre Verletzlichkeit einzugestehen. »Zeitweise fühle ich mich recht verletzlich«, gibt sie zu. »Aber meistens haben die Schwierigkeiten meinen Rücken gestärkt und mich weich geklopft. Und doch leiden die meisten von uns an Phasen, wo unser Herz hart und unser Rückgrat weich ist. Da schließe ich mich ein, wenn ich müde bin oder das Gefühl habe, ich habe nicht die richtigen Worte gefunden oder nicht das Richtige getan.«

Sie weiß, dass ein Großteil des Leidens durch Angst verursacht und verstärkt wird. Deshalb sieht sie einen Teil ihrer Lebensaufgabe darin, »eine Art Vorbild in Furchtlosigkeit abzugeben. Der einzige Weg, Mitgefühl zu verwirklichen, ist durch

Furchtlosigkeit«, sagt sie, »denn es braucht so viel Mut, wirklich das Leid eines anderen Menschen zu spüren – und dann dem erwachten Herzen zu erlauben, zu dienen und das Leidensfeld zu verändern.« Halifax spricht von der tief empfundenen buddhistischen Praxis, sich dem Leid anderer zu öffnen. »Was auch immer sie an Krankheit und Leiden aushalten, erfahren auch wir, obwohl es vielleicht nicht direkt unseren Körper befällt.«[15] Sie sieht sich und die Sterbenden als Reisegefährten: »Wir machen diese Reise gemeinsam.«

Sie ist davon überzeugt, dass ihre Kindheitserfahrungen mit Krankheit sie lehrten, das Leben von klein auf als vergänglich zu betrachten: »Ich möchte einfach keine Zeit verschwenden.«[16]

Sie und ihre Schwester waren dann auch präsent, als ihr eigener Vater auf dem Sterbebett lag. Die vorangehende Erfahrung in der Sterbebegleitung erlaubte ihr »ein größeres Verständnis für seine lange, stille Qual«, als er in den letzten Wochen und Stunden seines Lebens über seine schwierige Zeit im Krieg sprechen wollte. »Zum Abschluss seines Lebens gehörte es, uns von den Prüfungen zu berichten, denen sein Gewissen im Krieg ausgesetzt gewesen war. Ich hatte das Gefühl, dass er dabei versuchte, uns etwas über bestimmte menschliche Werte zu vermitteln, über Mut, Würde und Zurückhaltung – seine eigene Zurückhaltung und die seiner Geschützbesatzung.«[17]

Es braucht viel Mut, Mitgefühl und Stärke, in dieser oft schwierigen Zeit wirklich für Sterbende da zu sein. Nicht selten wollen Menschen in dieser Phase über ihre schwierigsten Erlebnisse sprechen, über Verdrängtes und Unverarbeitetes, oder wollen aufgestauten Emotionen Luft machen.

Wenn das Lebensende naht, können erschütternde Sätze fallen. Unfair, unhöflich, voller Wut, Frust oder Widersprüche. Sehr, sehr wenige Familienmitglieder und Freunde werden die Stärke und das Herz haben, offen hinzuhören, ohne Dinge persönlich zu nehmen. Aus diesem Grund können in

Hospizarbeit geschulte Seelsorger und professionell geleitete Gruppen eine bessere Alternative sein.

Halifax sagt, sie und ihre Schwester konnten »Zeugnis ablegen«, einfach für ihren Vater da sein, als er über seine Kriegserlebnisse sprach, »sodass er sie loslassen konnte«. Nach einer Phase der körperlichen Unruhe »fand er seinen Frieden«. Halifax nennt es »für uns alle ein Geschenk«, dass es ihm vergönnt war, »schuldlos und ohne Scham zu sterben«.[18]

Ich bin davon überzeugt, dass es nie zu früh (oder zu spät) ist, diese Frage zu stellen: Wie will ich sterben? Mindestens genauso wichtig ist es, diese Fragen mit unseren Familienmitgliedern, unseren Eltern und Großeltern zu besprechen.

Ich war heilfroh, dass meine Eltern von sich aus begannen, mit Anfang siebzig die Themen anzusprechen, wie sie ihr Lebensende gestalten und wie sie bestattet werden wollten. Wir gingen gemeinsam zum Notar, unterschrieben Vollmachten und beeidigten ihre Wünsche. Das ist der Idealfall: uns darüber verständigen, solange wir alle körperlich und geistig dazu in der Lage sind.

»Der Wechsel ist nicht nur eine zerstörende Kraft«, schreibt Alan Watts. »Jedwede Form ist in Wirklichkeit eine Bewegung, und jede lebende Sache ist wie der Fluss, der, würde er nicht irgendwo ausströmen, nie imstande wäre, einzuströmen. Leben und Tod sind nicht einander entgegengesetzte Kräfte; es sind lediglich zwei verschiedene Arten, die gleiche Kraft zu sehen, denn die Bewegung des Wechsels ist ebenso aufbauend wie zerstörend. Der menschliche Körper lebt, weil er ein Gefüge von Bewegungen ist, von Kreislauf, Atmung und Verdauung. Zu versuchen, dem Wechsel zu widerstehen, sich ans Leben zu klammern, ist daher so, als ob du den Atem anhieltest. Wenn du dabei beharrst, so tötest du dich selbst.«[19]

Wer darüber nachdenkt, was bleiben soll, bringt damit auch sein Leben in Ordnung.

Es ist nie zu früh loszulassen. Früher oder später müssen wir das sowieso.

Tod ist der letzte Schluss der Erkenntnis, dass wir in jedem Augenblick ins Unbekannte gehen. Hier muss alles Klammern an Sicherheit aufhören, und wo immer die Vergangenheit weggeworfen und Sicherheit aufgegeben wird, wird das Leben neu. Tod ist das Unbekannte, in dem wir alle vor der Geburt gelebt haben.
Nichts ist schöpferischer als der Tod; denn er ist das ganze Geheimnis des Lebens. Er bedeutet, dass die Vergangenheit abgestreift werden muss, dass man dem Unbekannten nicht entgehen kann, dass »ICH« nicht fortdauern kann und dass nichts endgültig festgelegt werden kann. Wenn ein Mensch dies weiß, lebt er zum ersten Mal in seinem Leben. Wenn er seinen Atem anhält, verliert er ihn; wenn er ihn verströmen lässt, findet er ihn.

Alan Watts, *Weisheit des ungesicherten Lebens,* S. 128

10
Was ist meine Aufgabe?

»Was ist meine Aufgabe auf diesem Planeten?« ist eine Frage, die wir uns immer wieder stellen sollten – besonders im dritten, vierten und fünften Lebensjahrzehnt, aber je früher, desto besser. Sonst kann es passieren, dass wir uns, ohne es zu bemerken, mit einer Aufgabe belasten, die nicht die unsere ist.

Jon Kabat-Zinn, *Im Alltag Ruhe finden*, S. 212

Es ist gar nicht so selten, dass wir die »Arbeit eines anderen tun«. Vielleicht haben wir einen bestimmten Beruf ergriffen, weil unsere Eltern uns dazu drängten. Oder einen Partner aus Trotz gegen den Willen unseres Umfelds geheiratet. Oder bestimmte kreative, sinnliche Seiten unterdrückt, weil sich das »für einen Mann nicht gehört«. Wir alle wachsen mit allen möglichen Normen, Zwängen und Notwendigkeiten auf. Können wir uns den Raum nehmen, darüber nachzudenken, wohin unser eigener Weg führt?

Ich habe eine Umfrage gelesen, in der vierzig Prozent der Amerikaner und Amerikanerinnen sagten, sie sähen keinen Sinn im Leben.[1] Ich finde diese Zahl alarmierend. Wenn uns nicht klar ist, warum wir hier sind, was tun wir dann hier?

Deshalb zunächst die Frage: Gibt es überhaupt einen Sinn des Lebens? Und wenn ja, kann man ihn definieren? Gar allgemeingültig oder nur für sich individuell?

Ich bin mir sicher, dass ich den Sinn des Lebens nicht für Sie definieren kann und Sie ihn nicht für mich. Was uns aber helfen kann, ihn zu entdecken, sind Fragen. Vermutlich stellen wir uns die Frage nach dem Sinn des Lebens nicht nur einmal im Leben, sondern immer wieder. Und dazu ist es hilfreich, Fragepartner zu haben.

Fest steht: Wenn wir keinen Sinn im Leben erkennen, hat das einen direkten Einfluss auf unser Wohlbefinden, unsere Gesundheit, sogar unsere Lebenserwartung. Forscher haben nachgewiesen, dass Menschen, die viel Sinn in ihrem Leben sehen, tatsächlich einige Jahre länger leben.[2]

»Wer ein Warum zu leben hat, erträgt fast jedes Wie«, sagte Viktor E. Frankl, angelehnt an Friedrich Nietzsche,[3] und viele Überlebenskünstler haben sich diesen Satz von ihm geborgt, wenn sie sich in widrigen, grausamen Umständen wiederfanden.

Viktor E. Frankl (1905–1997), der bekannte Neurologe und Psychiater, behielt seinen Überlebenswillen sogar (oder erst recht) in Theresienstadt und Auschwitz.

Er hatte sich zuvor unter anderem in einem psychiatrischen Hospital darauf spezialisiert, mit suizidgefährdeten Patienten zu arbeiten. Er hatte also schon Erfahrung damit, den Lebenswillen von Menschen zu stärken.

Viel mehr als andere Psychologinnen und Psychiater stellte er den Lebenssinn in das Zentrum seiner Arbeit. Für ihn gehörte es zur Aufgabe von Therapeuten, ihren Patienten bei der Suche nach dem Sinn in ihrem Leben zu helfen. Als Antwort auf die steigenden Suizidraten unter Jugendlichen fing er 1930 mit Mitte zwanzig an, kostenlose Beratung für Jugendliche in Wien anzubieten. Ihm wird nachgesagt, dass die Suizidzahlen unter seiner Leitung auf null sanken.[4]

Als er mit 37 Jahren nach Theresienstadt kam, blickte er bereits auf eine erfolgreiche Karriere als Therapeut zurück, und er war entschlossen, seinen Lebenswillen in Gefangenschaft zu bewahren und anderen dabei zu helfen, ihren zu behalten.

»Die geistige Freiheit des Menschen, die man ihm bis zum letzten Atemzug nicht nehmen kann, lässt ihn auch noch bis zum letzten Atemzug Gelegenheit finden, sein Leben sinnvoll zu gestalten«, schrieb Frankl.[5]

Er war davon überzeugt, dass selbst unter den unmenschlichen Umständen der Konzentrationslager das, was mit einem Menschen innerlich geschieht, »das Ergebnis einer inneren Entscheidung« ist:[6] »In der Art, wie ein Mensch sein unabwendbares Schicksal auf sich nimmt, mit diesem Schicksal all das Leiden, das es ihm auferlegt, darin eröffnet sich auch noch in den schwierigsten Situationen und noch bis zur letzten Minute des Lebens eine Fülle von Möglichkeiten, das Leben sinnvoll zu gestalten.«[7]

Das Überleben in Auschwitz hing von vielen Faktoren ab – zufällig in der Schlange zu stehen, die nicht zur Hinrichtung abkommandiert wurde; eine Kelle wässriger Suppe mit etwas Reis zu ergattern; nicht zur Arbeitsgruppe mit dem sadistischsten Kommandanten eingeteilt zu werden usw. Frankl aber sah, dass das Überleben auch von der inneren Stärke abhängt, von der Fähigkeit, sich die eigene Menschlichkeit zu bewahren, Beziehungen aufzubauen und seine seelischen Widerstandskräfte zu pflegen.

»Wer von denen, die das Konzentrationslager erlebt haben, wüsste nicht von jenen Menschen zu erzählen, die da über die Appellplätze oder durch die Baracken des Lagers gewandelt sind, hier ein gutes Wort, dort den letzten Bissen Brot spendend? Und mögen es auch nur wenige gewesen sein – sie haben Beweiskraft dafür, dass man dem Menschen im Konzentrationslager alles nehmen kann, nur nicht: die letzte menschliche Freiheit, sich zu den gegebenen Verhältnissen so oder so einzustellen. Und es gab ein ›so oder so‹!«[8]

Jahrzehnte später, nachdem Frankl Europa verlassen hatte, fragte ihn einer seiner Schüler einmal, ob er den Sinn seines eigenen Lebens in einem Satz ausdrücken könne. Frankl schrieb seine Antwort nieder und bat dann die anderen Studenten zu raten, was er aufgeschrieben hatte.

Nachdem er ein wenig darüber nachgedacht hatte, überraschte ein Student Frankl mit der Aussage: »Der Sinn des Lebens liegt darin, anderen zu helfen, ihren Sinn des Lebens zu finden.«

»Genau,« sagte Frankl. »Das sind genau die Worte, die ich aufschrieb.«[9]

Worum es im Leben geht

Manchmal sagen Leute Dinge wie: »Mein Leben ist nicht von Bedeutung«, oder: »Ich sehe im Leben keinen Sinn.« Für mich ist das ein Fingerzeig auf einen wichtigen Aspekt der Praxis: Sie hilft uns, uns mit der tieferen Bedeutung des Lebens zu verbinden und sowohl für uns selbst als auch für andere da zu sein. Dies zu tun ist ausgesprochen wichtig, denn unser Leben ist das eigentlich Entscheidende, auch wenn etwas Erfolg in der Welt ebenfalls nicht übel ist. Für mich ist der zentrale Punkt an der Praxis, dass sie uns hilft, uns zu einem authentischeren Menschen zu entwickeln – mit all der Vielschichtigkeit, die in jedem von uns steckt. In uns bildet sich eine solide, kraftvolle Basis, denn wir verbinden uns mit dem Leben selbst.

Charlotte Joko Beck,
***Zen und das alltägliche Wunder*, S. 90**

Der Berliner *Tagesspiegel* hatte einige Jahre eine wunderbare Interviewkolumne, in der Kinder gefragt wurden, worin der Sinn des Lebens liegt. Die Antworten umfassen die ganze Bandbreite menschlicher Wünsche: »Die Umwelt schützen.« »Emma Watson treffen.« »Spaß haben, was sonst?«

Und natürlich hat die britische Komikergruppe Monty Python in ihrer Satire »Der Sinn des Lebens« (1983) die ultimative Antwort gegeben: »Seid nett zu euren Nachbarn, vermeidet fettes Essen, lest ein paar gute Bücher, geht spazieren und versucht ansonsten, in Frieden und Harmonie mit allen Menschen zu leben.«

Dem kann man kaum widersprechen, aber ist das schon alles? Reicht das? »Der Sinn des Lebens ist, dem Leben einen Sinn zu geben«, meint die bayerische Kabarettistin Sissi Perlinger. Vielleicht ist die Frage sinnvoller: Wann fühlen Sie sich am lebendigsten?

»Der Sinn des Lebens liegt einfach darin, lebendig zu sein«, sagte Alan Watts einmal. »Das ist so einfach und so offensichtlich. Und trotzdem rennen alle in einer großen Panik rum, als wäre es nötig, etwas außerhalb von ihnen zu erreichen.«[10]

Der Extrembergsteiger Reinhold Messner sagt, er habe die Definition Gottes durch die Kirche nie akzeptiert, sondern stattdessen seinen Glauben in den Bergen gefunden: »Ich habe mir durchs Klettern selber Sinn eingehaucht.« Damit meinte er nicht, die Gipfel zu erobern, sondern seine eigenen Grenzen auszuloten.

Schauspieler und Aktivist Harry Belafonte antwortete auf die Frage nach dem Sinn des Lebens: »Dass man die Welt besser hinterlässt, als man sie vorgefunden hat.«

Viele sagen, ihre Familie verleihe ihrem Leben Sinn.

Von einigen Kollegen höre ich immer wieder, dass der Sinn des Lebens für sie darin liegt, Kinder zu haben. Als ich einmal die Schauspielerin Helen Mirren in Hollywood interviewte und Mirren sagte, sie habe nie Kinder gewollt, war mein Redakteur beim Lesen des Interviews fassungslos. »Wie kann man nur keine Kinder wollen?! Warum hast du da nicht nachgefragt? Kinder sind doch der Sinn des Lebens!«

Abgesehen davon, dass ich es für eine urpersönliche Entscheidung halte, ob man Kinder haben möchte, und ich es unsensibel finde, da auf Erklärungen zu drängen, fand ich die Reaktion des jungen Mannes interessant. Er dachte also stillschweigend, mein Leben könne keinen Sinn haben, weil ich ebenfalls kinderlos bin?

Worin liegt der Sinn des Lebens? Ich persönlich denke, dass es schwer ist, sein Leben intensiv zu leben, ohne auf diese Frage eine innere Antwort zu kennen. Das sage ich, obwohl mir meine eigene Antwort zwischendurch abhandengekommen ist.

Mir gefällt, dass Kabat-Zinn zunächst die Motivation hinterfragt, mit der die Frage nach dem Sinn des Lebens gestellt wird: »Für ein achtsames Leben ist die Bereitschaft, sich selbst bestimmte Fragen zu stellen, von großer Bedeutung. Der Sinn einer solchen Selbstbefragung liegt nicht einfach darin, Probleme zu lösen. Vielmehr ist sie ein Weg, um mit dem Mysterium des Lebens und unserer Anwesenheit in dieser Welt in Kontakt zu bleiben. Wer bin ich? Wohin gehe ich? Was bedeutet es zu existieren? Was bedeutet es, ein Mann, eine Frau, diversen Geschlechts oder eine transsexuelle Person zu sein? Was bedeutet es, Kind, Vater oder Mutter zu sein? Was heißt es, Student*in, Arbeitnehmer*in, Chef oder Chefin, Strafgefangene*r, Obdachlose*r zu sein? Und um noch weiter zu fragen: Was ist mein Karma? Wo stehe ich jetzt? Was ist mein Weg? Was ist meine Aufgabe auf diesem Planeten?«

Diese Art zu fragen, »bedeutet nicht, konkrete Antworten zu erwarten, schon gar nicht schnelle Antworten, die oberflächlichem Denken entstammen. Es bedeutet vielmehr, die Frage auf sich wirken zu lassen, sie mit sich herumzutragen, sie einsickern, in uns köcheln und langsam garen zu lassen, sie in unser Gewahrsein ein- und wieder aus ihm austreten zu lassen, genauso wie alles andere in das Gewahrsein eintritt und wieder aus ihm austritt. [...] Es gibt keine Zeitvorgabe für Ihre Selbstbefragung.« Wichtig ist, »uns immer und immer wieder Fragen zu stellen.«

In diesem Sinne »geht es bei der Selbstbefragung weniger darum, über mögliche Antworten nachzudenken, auch wenn sich da bei viele Gedanken einstellen werden, die wie Antworten aussehen. Vielmehr geht es darum, den Gedanken, die durch Ihre Fragen aufkommen, einfach nur zuzuhören, als würden Sie am Ufer des Bachlaufs Ihrer eigenen Gedanken sitzen und zuhören, wie das Wasser auf seinem Weg die Steine umspielt, nur zuhören und zuschauen, wie gelegentlich ein Blatt oder ein Zweig vorbeitreibt.«[11]

Was wollen Sie wirklich?

Was kennzeichnet dieses Leben, und welche Aufgabe haben wir darin? Für die meisten von uns besteht es überwiegend aus sehr gewöhnlichen Tätigkeiten. Muss ich noch einkaufen gehen? Soll ich die oder den anrufen? Was muss ich kochen oder putzen, um wen oder was sollte ich mich kümmern, was ist zu tun? All diese Dinge füllen einen großen Teil des Lebens aus, und das kann wunderbar sein. Doch wenn wir nicht hin und wieder innehalten, uns setzen und genau hinschauen, wird das Leben möglicherweise fade – so als gäbe es zum Mittagessen Sägemehl. In der alltäglichen Betriebsamkeit übersehen wir etwas, und dieses »etwas« gehört zu den Grundpfeilern unserer Praxis. Um unser Leben wieder schmecken zu können und neugierig zu sein, wie es sich eigentlich anfühlt, müssen wir ihm mehr Raum geben. Selbst wenn es nur ein oder zwei Minuten sind, können sie – vorausgesetzt, wir nehmen uns wirklich Zeit, um innezuhalten, neugierig zu sein und diese Minuten voll und ganz zu erleben – ein kraftvoller Neuanfang sein. […]

Was wollen Sie wirklich? Wollen Sie sich einfach nur wohlfühlen? Eventuell ist die Antwort jetzt gerade »ja«. Vielleicht war die letzte Zeit so anstrengend, dass Ihnen nach nichts anderem der Sinn steht als danach, sich zu entspannen und es sich gut gehen zu lassen.

Das ist völlig in Ordnung. Aber zu glauben, dieses Wohlbehagen sei das alleinige Ziel, ist ein Irrtum. Sind Komfort und Vergnügen das Einzige, wonach wir streben, verpassen wir das Leben selbst. Und das passiert so leicht. Wir denken: »Okay, vielleicht ändern wir daran etwas, nächstes Jahr.« Möglicherweise erleben wir das nächste Jahr, vielleicht aber auch nicht. Es kann sein, dass wir nur noch zehn Minuten zu leben haben. Wir wissen es nicht. Manche sterben sehr früh. So oder so bleibt uns nicht unendlich viel Zeit, das Leben ist immer kurz, es geht im Flug vorüber. Sie können es nicht aufs nächste Jahr verschieben, sie müssen es jetzt tun.

Charlotte Joko Beck,
***Zen und das alltägliche Wunder*, S. 31–33**

Ich bin davon überzeugt, dass es einen großen Unterschied gibt zwischen Glück (die flüchtige Erfüllung unserer Bedürfnisse und Ziele) und Sinn (dem Finden und Erfüllen unseres Lebenszwecks).[12] Es lohnt sich also zumindest, über diese Fragen von Charlotte Joko Beck nachzudenken.

Als ich die erwachsenen Zwillingssöhne einer guten Freundin fragte, was sie nach dem Studium machen wollen, sagten beide übereinstimmend: »Klar, so schnell wie möglich so viel Geld wie möglich verdienen.«

Ich lächelte höflich, aber sie haben mir sicher angesehen, was ich dachte: Ihr werdet bald sehen, dass euch Geld allein nicht zufrieden und glücklich macht; schon gar nicht auf Dauer, und zwar schon allein deshalb, weil man es nicht mitnehmen kann und alles Geld nichts wert ist, wenn Liebe und Gesundheit fehlen.

Wir meinen zwar oft, dass wir eine bestimmte Summe brauchen, um uns glücklich zu fühlen, aber tatsächlich haben Forscher nachgewiesen, dass Glück und Geld nur bis zu einem Jahreseinkommen von etwa 75 000 Euro korrelieren – also etwa der Summe, durch die Existenzsorgen wegfallen.[13] Die Forscher fanden heraus, dass man sich mit Geld durchaus auch darüber hinaus Zufriedenheit erkaufen kann, aber meist nur kurzfristig, und dass es dabei eigentlich um andere Bedürfnisse geht, etwa soziale Anerkennung.

Für viel wichtiger halte ich deshalb die Frage: Was will ich mir wirklich mit dem Geld erkaufen? Vielleicht Freiheit? Soziale Achtung? Das Budget, um zu reisen und Menschen einzuladen? Liebe?

Ich hatte zehn Jahre lang das Privileg, in Malibu in einer der reichsten Straßen Amerikas zu wohnen, direkt am Meer, neben Multimillionären und Milliardären. (Lassen Sie mich bitte gleich hinzufügen, dass ich keinesfalls reich bin, sondern nur zur Miete in einem der letzten baufälligen Strandhäuser lebte.)

Tatsächlich habe ich nie zuvor und nie wieder danach so viele unglückliche Menschen auf so engem Raum erlebt. Der Nachbar rechts von mir war seit zwei Jahrzehnten schwer alkoholabhängig, der Nachbar links tablettensüchtig. Die Frau gegenüber war verwitwet, einsam und konnte nur dank eines Cocktails an Medikamenten nachts schlafen. Der Nachbar drei Häuser weiter starb langsam an Leberkrebs. Die immer freundliche Nachbarin am Ende der Straße nahm sich das Leben.

Ständig gab es Streit und Zwistigkeiten, die erst mit erhobenen Fäusten und laut gebrüllten Unflätigkeiten, dann mit Rechtsanwälten ausgetragen wurden.

Die Menschen lebten an einem der schönsten Orte der Welt und waren zugleich die unglücklichsten, unzufriedensten Mitmenschen, die mir je begegnet sind.

Geld. Reichtum. Strandvilla. Wenn Sie sich dieses Buch ausgesucht haben, gehören Sie vermutlich nicht zu den Menschen, die meinen, der Sinn des Lebens liege darin, eine Million Euro anzuhäufen. Oder zwei Millionen. Oder hundert.

Viel sinnstiftender ist der Fünf-Punkte-Plan für ein erfülltes Leben, den der britische Gesundheitsdienst (NHS) auf wissenschaftlicher Basis erstellte. Dazu gehören: 1. Verbindungen mit Familie und Gemeinschaft, 2. körperliche Aktivität, 3. lebenslanges Lernen 4. für andere da sein und 5. Achtsamkeit für die Welt um einen herum.

Wenn Sie an die wertvollsten Momente in Ihrem eigenen Leben denken, was haben sie gemeinsam?

99,4 Prozent unserer Probleme …

Die meisten von uns stellen sich eine grundlegende Frage: Wie können wir ein sinnvolles und in gewisser Hinsicht angenehmes und zufriedenes Leben führen? Die Frage ist berechtigt, doch warum ist sie so schwer zu beantworten? Irgendetwas stört uns immer. Wenn es nicht bestimmte Personen sind, dann sind es Situationen, die wirtschaftliche Lage, die nächsten Wahlen oder etwas anderes, das sich irgendwo auf der Welt zuträgt. Und falls uns gerade nichts plagt, ist im Hintergrund immer noch diese versteckte Stimme, die uns sagt, dass es nicht so bleiben wird, was wahrscheinlich auch ganz richtig ist. Wir kaufen unglaublich viele Sachen, und auch wenn das im Moment vielleicht Spaß macht, wissen die unter uns, die praktizieren, dass dies keine Lösung ist. Als Menschen, die einen solch erstaunlichen Geist besitzen, suchen wir nach der Antwort auf diese Frage. Vielleicht wünschen wir uns eine magische Erkenntnis, eine Vision für unser Leben und eine großartige Erfahrung, die alles löst. […] Was tun wir also? Unser Leben passt uns nicht so recht, und wir suchen eine Lösung. Der Meister sagt hingegen, dass schon das Verlangen nach der Antwort unser Fehler ist, und mit dieser Weisheit stehen wir noch unbefriedigter da als zuvor.

Charlotte Joko Beck,
***Zen und das alltägliche Wunder*, S. 191–192**

Mir gefällt, wie Kabat-Zinn und Beck statt nach dem Sinn eher nach der Aufgabe fragen, die wir im Leben haben. Es klingt weniger hochtrabend oder philosophisch. Die Aufgabe, gute Eltern zu sein, ein hilfreicher Lehrer oder eine kompetente Ärztin, ist ja auch sinnstiftend.

Ich habe das Glück, dass ich schon als Teenager wusste, was ich einmal werden will: Journalistin, und darin liegt für mich eine Aufgabe, der ich gerecht werden möchte. Statt nur über Probleme zu schreiben, wie zu Anfang meiner Karriere, habe ich mich vor einigen Jahren dem sogenannten Lösungsjournalismus zugewandt. Ich bin überzeugt davon, dass selbst für die drängendsten Probleme unserer Zeit Lösungen gefunden werden können, sei es der Klimawandel, die Mängel in der Gesundheitsversorgung oder der Verlust der Biodiversität. Fast überall auf der Welt gibt es Menschen, Initiativen oder Gemeinschaften, die an Lösungen dazu arbeiten und bereits effektive, reproduzierbare Methoden gefunden haben. Warum also nicht diese Menschen interviewen, statt immer nur darüber zu schreiben, was alles nicht funktioniert?

Gerade zu einer Zeit, in der die meisten Menschen sagen, sie vertrauen Medien nicht mehr, sehe ich es auch als Teil meiner Aufgabe, meine Interviewpartnerinnen anständig zu behandeln, sie korrekt zu zitieren und fair zu berichten. Darin steckt für mich eine tolle, interessante Aufgabe. Aber ist das schon mein Lebenssinn?

Ich halte es für ein großes Privileg, überhaupt die Zeit und die Freiheit zu haben, über diese Frage nachdenken zu können. Als ich anfing, während des Studiums nach Asien und Afrika zu reisen, konnte ich mich oft des Gedankens nicht erwehren: Was, wenn ich hier auf die Welt gekommen wäre?

Ich sah die überwiegend minderjährigen Teepflückerinnen in Südindien und wusste: Als weibliches Mitglied einer niederen Kaste hätte ich kaum zur Schule gehen dürfen, schon gar nicht auf eine weiterführende, und ich wäre als Teenager mit einem Mann verheiratet worden, den meine Eltern ausgesucht hätten. Als Nomadenkind im Tschad hätte ich vielleicht schon mit acht Jahren gelernt, wie man eine Kalaschnikow bedient. Als Bauernsohn in Burma hätte ich den Hof weiterführen müssen.

Ich hätte mir mit ziemlicher Sicherheit meinen Beruf, meinen Ehepartner, meine Kinderlosigkeit und meinen Lebensstil nicht so wählen können, wie ich das als Jugendliche für selbstverständlich hielt.

Ich bin in eine Demokratie hineingeboren worden, als Kind von Eltern, die zwar nicht viel Geld, aber viel Liebe hatten und mich mit einem Sinn für Unabhängigkeit und Freiheit erzogen.

Immer wenn ich mit meinem Job unzufrieden bin, wenn mich mein Partner nervt, wenn ich unsere Politiker mal wieder für unfähig halte und überhaupt daran zweifle, dass wir die Kurve in der Klimakrise noch kriegen, dann versuche ich, zwei Dinge zu tun: Erstens mich daran zu erinnern, für wie viel Positives ich meinem Umfeld dankbar bin, und zweitens, zu überlegen, wo ich bei konkreten Lösungen mithelfen kann.

Die Lotterie der Geburt, wie manche Philosophen das nennen, entscheidet letztlich mehr über unsere Lebensrichtung als unsere Intelligenz oder unsere Arbeitsethik. In Somalia und Burma werden schließlich genauso viele intelligente Menschen geboren wie in Deutschland, aber wer ums Überleben kämpft, wird kaum Philosophie studieren und über den Sinn des Lebens nachdenken.

Gerade weil mir mein Geburtslos den Start ins Leben enorm erleichterte, möchte ich diese Chance umso intensiver nutzen.

Dem Buddha wird folgender Dialog zugeschrieben: »Stellt euch vor, ein Mann wirft ein Joch auf das weite Meer, und im Meer lebt eine blinde Schildkröte, die nur einmal alle hundert

Jahre an die Meeresoberfläche kommt. Was glaubt ihr? Würde diese blinde Schildkröte, die nur einmal alle hundert Jahre an die Oberfläche kommt, es schaffen, ihren Hals durch das Joch zu stecken?«

Seine Schüler antworten: »Wenn es jemals passierte, dann sicher nur nach einer sehr langen Zeit.«

Noch seltener als die blinde Schildkröte, die nur alle hundert Jahre einmal an die Oberfläche kommt, um ihren Hals durch ein das auf dem Meer treibendes Joch zu stecken, sagte der Buddha, sei die Chance, eine gute menschliche Geburt zu erlangen. Denn die menschliche Geburt ermögliche uns, den Weg zur Auflösung allen Leidens zu finden.[14]

Darin liegt aus buddhistischer Sicht der Sinn im Leben: Die rechte Sicht zu pflegen, den rechten Pfad zu wählen, alles Leid, das eigene wie das aller anderen, zu überwinden.

Als ich zum ersten Mal die buddhistischen Überlegungen zur Kostbarkeit der menschlichen Geburt hörte, hatte ich bereits einen Suizidversuch hinter mir und war sofort gebannt von dem Gedanken. Die Kostbarkeit der menschlichen Geburt leuchtete mir unmittelbar ein.

Man muss nicht an Wiedergeburt glauben, um zu sehen, dass unsere Existenz kostbar ist. Dass uns fast alle Möglichkeiten offenstehen.

Wo haben Sie in Ihrem Leben einen konstruktiven Unterschied gemacht?

Wo können Sie hier und jetzt oder in der Zukunft eine positive Entwicklung beeinflussen?

Lebe in deinem Herzen statt in deinem Kopf. Wenn das Leben eine Richtung ankündigen will, wird es dir den Weg dafür bereiten, indem es in deinem Körper und Geist Gefühle weckt, die diese Bewegung ermöglichen. Selbst wenn du dich zerrissen fühlen solltest – wenn dein Geist in deinem Herzen ruht, dann werden andere Menschen genau zur richtigen Zeit kommen, um die notwendige Verwandlung zu erleichtern, welcher Art sie auch sei. Dein Leben wird nicht nur Rückenwind bekommen, sondern du wirst auch entdecken, dass diese Existenz voller Wunder ist.

Mooji, *Weiter als Himmel, größer als Raum,* S. 209

Viele Psychologen raten, Wertschätzung und Dankbarkeit bewusst zu kultivieren, gerade, wenn wir ein Gefühlstal durchwandern. Natürlich ist es leicht, dankbar zu sein, wenn das Leben uns seine Sonnenseite zeigt. Aber gerade dann, wenn wir im Schatten frieren, wird Dankbarkeit unerlässlich. Denn unsere Existenz ist immer voller Wunder, auch wenn sie sich gerade von ihrer dunkelsten Seite zeigt.

Nichts ist einfacher, als sich durch Rückschläge entmutigen zu lassen, deshalb müssen wir gegensteuern. Dafür hat sich das Dankesjournal bewährt.

Schreiben Sie drei Dinge auf, die Sie wertschätzen. Jeden Tag.

Es können Kleinigkeiten sein – ein Sonnenaufgang, der Besuch eines bunten Vogels auf dem Balkon, der Kuchen, den der Kollege gebacken hat – oder »Großartigkeiten« – eine Beförderung, ein gutes Testergebnis, die ersten Laute Ihres Babys.

Notieren Sie sich jeden Tag die ersten drei Dinge, die Ihnen spontan in den Sinn kommen. Dann nehmen Sie sich einige Minuten Zeit, darüber nachzusinnen. Was machte diesen Augenblick wertvoll? Was bedeutet er Ihnen? Gibt es etwas, was Sie zu dieser guten Sache beitragen können?

Egal ob Sie es Ihrem Notizbuch oder Ihrem Computer zuflüstern, eine handfeste Gedächtnisstütze ist wichtig. Im Achtsamkeitskurs von Kabat-Zinn sind einige leere Kalenderseiten Teil des Kurses, in die wir nicht nur angenehme und unangenehme Erfahrungen eintragen, sondern detaillierter werden: War ich achtsam, als es passierte? Wie fühlte es sich in meinem Körper an? Welche Stimmung, Gefühle und Gedanken begleiteten dieses Ereignis?

Professor Robert A. Emmons von der University of California in Davis bezeichnet sich als »international führender wissenschaftlicher Dankbarkeits-Experte«. Um die Auswirkung von Dankbarkeit nachzuweisen, unterteilte er Studierende in drei Gruppen. Zehn Wochen lang sollten sie ein Tagebuch führen und aufschreiben, wie wohl und gesund sie sich fühlten und was sie machten, sogar Kleinigkeiten wie einen Spaziergang, einen Drink oder Kopfschmerzen. Er bat ein Drittel von ihnen, alles aufzuschreiben, was ihnen wichtig erschien (die »neutrale« Gruppe), ein Drittel sollte besonders stressige Erfahrungen notieren (die »gestresste« Gruppe), und ein Drittel hatte die Aufgabe, jeden Tag fünf Dinge zu identifizieren, für die sie dankbar waren (die »dankbare« Gruppe).

Überraschung! Die »Dankbaren« beschrieben sich nicht nur als zufriedener, optimistischer und erfüllter, sie hatten auch nachweislich weniger gesundheitliche Beschwerden und investierten wesentlich mehr Zeit in ihre Fitness.[15] Anschlussstudien zeigten, dass die Dankbaren bessere Noten bekamen, mehr Energie hatten und sogar besser schliefen.[16] Außerdem verbessert Dankbarkeit unsere Laune, macht uns geselliger und hilfsbereiter.[17] Kein Wunder, dass die amerikanische Armee diese Übung übernommen hat.

Das Gefühl von Dankbarkeit mag einem nicht leichtfallen, wenn die Welt gerade düster aussieht. Das ist der Grund, warum das Führen des Notizbuches so wichtig ist, um unsere Perspektive zu erweitern. Dankbarkeit bezieht sich hier nicht nur auf die unmittelbare Dankbarkeit, nachdem uns jemand geholfen hat, sondern eher auf eine Lebenshaltung, die unser Augenmerk darauf lenkt, die Schönheit kleiner Augenblicke wahrzunehmen, sie zu schätzen und zu genießen.

Richtig spannend wird es, wenn Sie Ihre Dankbarkeit auch ausdrücken. Denken Sie an einen Menschen, dem Sie zutiefst dankbar sind und dem Sie nie richtig gedankt haben. Schreiben Sie einen aufrichtigen, wohlüberlegten Brief, in dem Sie darlegen, wofür Sie dankbar sind und wie diese Sache Ihr Leben verändert hat. Dann lesen Sie diesem Menschen den Brief laut vor, vielleicht am Telefon oder noch besser, von Angesicht zu Angesicht. Der Dankbarkeitsbesuch wirkt wie ein Glücksschub, und die Wirkung hält Wochen.[18]

Bitte. Gern geschehen.[19]

Auf die Dauer können wir uns selbst nicht entrinnen, sondern es bleibt nur echte Transformation. Dabei spielt es keine Rolle, ob Sie Drogen nehmen oder meditieren, zur Flasche greifen oder eine Karibik-Kreuzfahrt machen, ob Sie sich scheiden lassen oder Ihren Job an den Nagel hängen – es wird keine Lösung geben, die zu innerem Wachstum führt, solange Sie sich der gegenwärtigen Situation nicht wirklich gestellt und sich ihr auf achtsame Weise geöffnet haben, um mit ihr ins Reine zu kommen, so schwer das auch fallen mag. Mit anderen Worten: Sie müssen bereit sein, das Leben selbst zu Ihrem Lehrer werden zu lassen.

Das ist der Weg des Arbeitens mit dem, was hier und jetzt da ist. Wenn Sie diesen Weg gehen, dann ist es wirklich »dies«: dieser Ort, diese Beziehung, dieses Dilemma, diese Arbeit, diese Pandemie. Der Weg der Achtsamkeit fordert Sie dazu auf, mit den Umständen zu arbeiten, in denen Sie sich jetzt befinden – ganz gleich, wie unerfreulich, entmutigend, beklemmend, unentrinnbar und verfahren sie Ihnen erscheinen mögen –, und sich zu vergewissern, dass Sie alles in Ihrer Macht Stehende getan haben, um die Energie dieser Umstände zu Ihrer Transformation zu nutzen, bevor Sie beschließen, einen Schlussstrich zu ziehen und weiter-

zugehen – was manchmal sicherlich die einzig richtige Entscheidung ist. Aber genau hier, angesichts der ungeschminkten Realität der Dinge, geschieht die wahre Arbeit der Achtsamkeit.

Jon Kabat-Zinn, *Im Alltag Ruhe finden*, S. 205–206

Das Leben als Lehrer. Ach, das klingt gut, aber auf einige Lektionen hätte ich ehrlich gesagt lieber verzichtet. Sie vermutlich auch.

Und doch, wozu uns Kabat-Zinn, Iyengar und viele andere Weisheitslehrer auffordern, ist, uns auf unserer Lebensreise unsere Neugier zu bewahren.

»Leben heißt Lernen«, schreibt Iyengar,[20] und er zitiert die Worte des spanischen Malers Goya, »der im Alter von 78 Jahren, als er schon taub und hinfällig war, sagte: ›Aún aprendo – Ich lerne immer noch‹. Das gilt auch für mich. Ich werde nie aufhören zu lernen, und ich habe versucht, ein paar dieser Lektionen mit Ihnen zu teilen. Ich bete darum, dass mein Ende Ihr Anfang sein möge.«[21]

Was lernen wir aus unseren Lebensumständen? Unseren Beziehungen? Von unserem Partner, unseren Kindern?

Das war ja auch Punkt drei der Lebenssinn-Liste des britischen Gesundheitsdienstes: lebenslanges Lernen. Wer mit Neugier und Offenheit altert, bewahrt sich die Aufmerksamkeit für die Kostbarkeit des Augenblicks.

Charlotte Joko Beck erinnert sich an einen Aufenthalt in einem Zen-Center. »Wir frühstückten immer draußen im Nebel. Es war früh am Morgen und ziemlich kalt. Ich fühlte mich ein bisschen benommen, mir war etwas übel. Und plötzlich brüllte der Lehrer: ›Wie kannst du an Erleuchtung auch nur denken, wenn du noch nicht einmal siehst, dass dein Nachbar die Erdnussbutter will?‹ Das machte mir richtig Spaß. Leute, die die Weite gesehen haben, aber nicht einmal in der Lage sind, die Erdnussbutter weiterzureichen, interessieren mich nicht sonderlich.«[22]

Vielleicht kennen Sie das Märchen *Die drei Fragen* von Leo Tolstoi? Da geht es um einen König, der immer alles richtig machen will. Also verspricht er demjenigen in seinem Reich eine dicke Belohnung, der ihm drei Fragen beantwortet: Was ist der richtige Zeitpunkt für jede Handlung? Wer sind die wichtigsten Menschen? Und woher weiß man, welche Handlung am wichtigsten ist?

Wenn er diese Antworten habe, denkt der König, könne er nichts mehr falsch machen.

Seine Untertanen kommen mit allen möglichen Ideen zu ihm, zeichnen Zeittafeln und Pläne auf. Manche sagen, die Priester im Land seien die wichtigsten Menschen; andere halten Ärzte, Soldaten oder den Rat der Weisen für wichtiger. Genauso wenig können sie sich auf die wichtigsten Handlungen einigen – sind das nun religiöses Gebet, Kriegsführung oder wissenschaftliche Forschung?

Der König ist mit keiner der Antworten so richtig zufrieden und beschließt schließlich, die Belohnung nicht zu verteilen, sondern einen Einsiedler aufzusuchen, der als weise gilt.

Als er zur Hütte des Einsiedlers kommt, ist der gerade dabei, das Feld vor seiner Hütte umzugraben. Der schmächtige ältere Mann schwitzt und ächzt bei der schweren Arbeit.

Der König stellt ihm seine drei Fragen: »Was ist der richtige Zeitpunkt für jede Handlung? Wer sind die wichtigsten Menschen? Und woher weiß man, welche Handlung am wichtigsten ist?«

Der Einsiedler hört zu, schweigt und gräbt weiter.

»Du bist müde«, sagt der König schließlich. »Gib mir deinen Spaten und ich grabe eine Weile für dich weiter.«

Der Einsiedler bedankt sich, setzt sich, und als der König zwei Beete umgegraben hat, stellt er seine drei Fragen noch einmal.

Der Einsiedler schweigt; der König ackert weiter, bis die Sonne untergeht.

Etwas frustriert sagt der König, wenn er keine Antwort bekomme, werde er nach Hause gehen. Genau in dem Augenblick kommt ein schwer verletzter Mann aus dem Wald. Der Einsiedler und der König verbinden die schwere Bauchwunde des Mannes, versorgen ihn mit Wasser, und am nächsten Morgen erzählt er ihnen seine Geschichte: Er ist ein Erzfeind des Königs und wollte ihn auf dem Rückweg vom Einsiedler in einen Hinterhalt locken, um ihn zu töten, wurde aber vom Leibwächter des Königs erkannt und verwundet.

Weil es ein Märchen ist, vergeben sich König und Erzfeind gegenseitig, aber bevor er geht, will der König noch einmal vom Einsiedler wissen, ob er ihm seine drei Fragen beantworten kann.

Der Einsiedler ist gerade dabei, die Saat in das frisch umgegrabene Beet zu säen und sagt, die Fragen seien doch alle schon beantwortet.

»Wie das? Was meinst du?«, fragt der König zurück.

»Wenn ich dir gestern nicht leidgetan hätte, hättest du das Feld nicht für mich umgegraben und wärst auf dem Rückweg deinem Erzfeind ins Messer gelaufen. Die wichtigste Zeit war, als du die Beete grubst; ich war der wichtigste Mensch, und mir Gutes zu tun war die wichtigste Handlung. Als der Mann uns um Hilfe bat, war die wichtigste Zeit die, in der du dich um ihn gekümmert hast, sonst wäre er gestorben, ohne mit dir seinen Frieden zu machen. Er war der wichtigste Mensch, und was du für ihn getan hast, war die wichtigste Handlung. Es gibt immer nur eine Zeit, die wichtig ist – jetzt! Es ist die wichtigste Zeit, weil es die einzige Zeit ist, in der wir handeln können. Die wichtigste Person ist die, mit der du gerade zu tun hast, und die wichtigste Handlung ist, dieser Person Gutes zu tun, denn nur darum ist dieser Mensch in dein Leben gekommen.«[23]

Wir alle kennen diese Menschen, die von einem »höheren« Sinn beseelt sind, aber darüber ihre Mitmenschen vergessen. Sonntags in die Kirche gehen, aber ihre Kinder verprügeln. Oder auf ihr Handy starren, während sie mit der Liebe ihres Lebens beim Abendessen sitzen.

Manchmal liegt der Sinn des Daseins eben genau darin, das zu tun, was im Augenblick nötig ist, und sei es, die Erdnussbutter zu reichen.

Dem äußeren Schein nach ist unser Leben ein Lichtfunke zwischen einem ewigen Dunkel und dem nächsten. Doch liegt zwischen diesen zwei Nächten nicht ein wolkenloser Tag; denn je mehr Freude wir empfinden können, desto verwundbarer sind wir – und ob entrückt oder gegenwärtig, immer ist der Schmerz mit uns. Wir haben uns daran gewöhnt, dieses unser Dasein lohnend zu machen durch unsere Annahme, dass es über den äußeren Schein hinaus etwas gibt – dass wir für eine Zukunft leben, die über dies Dasein hinausgeht. Denn die äußere Erscheinungsform offenbart keinen Sinn. Wenn das Leben in Schmerz, Unvollkommenheit und Nichts endet, scheint es eine grausame, nutzlose Erfahrung für Wesen, die geboren sind, zu denken, zu schaffen und zu lieben. Der Mensch, als ein Geschöpf der Vernunft, wünscht, dass auch sein Leben einen vernünftigen Sinn hat, und findet es schwer, zu glauben, dass es einen solchen habe, solange es nicht über das hinausgeht, was er sieht – es sei denn, es gäbe eine ewige Ordnung und ein ewiges Leben hinter dieser ungewissen und vergänglichen Erfahrung von Leben und Tod.

Alan Watts, *Weisheit des ungesicherten Lebens*, S. 10

Wenn ich an Alan Watts denke, habe ich in erster Linie die Bilder vor Augen, die ihn als wuschelköpfigen, Pfeife rauchenden Hippie zeigen, der mit Psychedelika wie Meskalin und LSD experimentierte. Aber Watts war auch einer der ersten Religionsphilosophen, der die Weisheiten des Hinduismus, Buddhismus und Daoismus studierte und für ein westliches Publikum »übersetzte«. Dass der Sohn eines Reifenhändlers und einer Hausfrau aus einer ländlichen Gegend bei London einmal zum buddhistischen Vordenker und Helden amerikanischer Hippies aufsteigen würde, hätte man kaum vorhersehen können. Er studierte Theologie und ließ sich 1945 zum Priester der Episkopalkirche weihen, bevor er die Kirche fünf Jahre später wegen einer außerehelichen Affäre und seiner Scheidung verließ, aber auch weil seine Überzeugungen mehr und mehr buddhistisch geprägt waren. Er zog 1951 nach Kalifornien und studierte chinesische Kalligrafie, während er in der Verwaltung der American Academy of Asian Studies in San Francisco und unter anderem als Dozent und Radiomoderator arbeitete.

Sein Buch *The Way of Zen* wurde 1957 zu einem der ersten buddhistischen Bestseller und wie viele seiner weiteren Bücher zu einem Klassiker. Viele bewundern ihn als Genie, der die Essenz fernöstlicher Philosophien verständlich und unterhaltsam vermitteln konnte. Die *Weisheit des ungesicherten Lebens,* aus dem ich hier vor allem zitiere, war das erste Buch, das ihn auch in Deutschland bekannt machte. Er schreibt hier direkt und unverblümt aus seiner eigenen Erfahrung heraus:

»Aber das Morgen und Pläne für das Morgen können keinerlei Bedeutung haben, wenn du nicht in voller Fühlung mit der Wirklichkeit der Gegenwart bist, da es die Gegenwart ist und nur die Gegenwart, in der du lebst. Es gibt keine andere Wirklichkeit als die gegenwärtige Wirklichkeit, sodass – selbst wenn man endlose Zeitalter leben würde – ein Für-die-Zukunft-Leben immerwährend am eigentlichen Punkt vorbeigehen würde. Es ist gerade die Realität der Gegenwart, dieses bewegte, lebendige JETZT, das sich aller Erklärung und Beschreibung entzieht.«[24]

Die Großartigkeit des Seins

Ich möchte dir die Großartigkeit des Seins in Erinnerung rufen […]. Alles wahrhaft Bleibende, das wir in dieser Welt erstreben – echtes Glück, Freude, Frieden, Licht, Raum –, erwartet uns in unserem eigenen Inneren. All dies ist immer da, aber eine ganze Weile sehen wir es nicht, weil wir in der Welt des Vergänglichen und Wechselhaften nach Erfüllung suchen. Erst fünf vor zwölf wenden wir uns dem Selbst zu. Dieses Aufschieben ist nicht klug, aber auch nicht ungewöhnlich.

Seit Tausenden von Jahren vertieft sich der Mensch in die Frage nach seinem eigenen Wesen und der Bedeutung seiner Anwesenheit auf diesem Planeten. Viele fanden das Gesuchte, aber Milliarden von Seinsformen, die einmal »Mensch« hießen, sind nicht mehr hier, sind vergangen. Und nun ist es an uns zu finden – wir sind die lebendige Welle. Wir sind Gestalt geworden und haben uns als Weggenossen auf diesem Planeten eingefunden, um unsere Chance zu ergreifen, das Unvergängliche in uns zu entdecken. Jeder von uns hat die Möglichkeit, wahre Freiheit zu finden, niemand ist ausgenommen, niemand ausgeschlossen, denn das Licht des Bewusstseins leuchtet in uns allen. […]

Aber du musst lernen, von deinem ursprünglichen Sein aus zu sehen. Dein Sein ist weiter als Himmel, größer als Raum – und es ist schon da. Schau von deiner Stille aus, nicht aus deiner Rastlosigkeit. Du brauchst dich nicht einmal einen Millimeter von hier fortzubewegen, um zur Stille und Unbewegtheit deines Seins zu finden. […]

Übe dich darin, mehr auf das beständige Gefühl des Seins als auf das aufgewühlte Gefühl des Werdens zu achten,

denn alles Werden ist endlos. Mach dich vertraut mit der Beständigkeit des Seins; gewöhne dich an das Gefühl der Leere. Es kann dir nichts anhaben. Indem du dein Selbst wertschätzt, gelangst du dorthin, wo große Freude, wo Frieden, Liebe, Verlässlichkeit und Lebendigkeit herrschen.
[…]
Dies ist eine gewaltige Existenz, und es liegt außerhalb unseres menschlichen Vermögens, sie in ihrem ganzen Potenzial zu erfassen. Aber mit den einfachen Schritten, wie sie hier gezeigt werden – indem wir unsere Aufmerksamkeit zum Ort des inneren Nicht-Bewegtseins und der Stille zurückführen –, können wir dieses Potenzial verwirklichen. Es ist an der Zeit, die kindische Haltung hinter sich zu lassen und ein wenig mehr auf das zu achten, was wirklich hier ist. Dies ist ein zeitgebundener, ein sterblicher Körper, in dem eine unsterbliche Präsenz lebt. Solange du noch die Wärme deines Körpers spürst, nutze dein leibliches Dasein, um zu deinem zeitlosen Sein zurückzufinden.

Mooji, *Weiter als Himmel, größer als Raum*, S. 19–21

Dies ist eine gewaltige Existenz, und die letzte Wahrheit ist in jedem Einzelnen von uns. Wenn wir sagen können, dass das Leben einen Sinn hat, dann ist es die Enthüllung dieser Wahrheit, indem wir uns aus dem Zustand der Hypnose zurückgewinnen und zum Wirklichen erwachen. […]
Möge unser Leben selbst der Beweis der Wahrheit sein.

Mooji, *Weiter als Himmel, größer als Raum*, S. 150

11
Die Essenz des Glaubens

Du hast es auf die mühsame Art versucht …
Nun versuche es für eine Weile
auf dem Herzensweg, dem mühelosen Weg.
[…] Das Göttliche ist nicht einmal
einen Millimeter von dir entfernt.
Es kann niemals von dir getrennt sein.
Es ist der Kern deines eigenen Seins.

Mooji, *Weiter als Himmel, größer als Raum,* S. 50

Woran glauben Sie?

Viele Menschen finden ihren Lebenssinn in ihrem Glauben. Als das Meinungsforschungsinstitut Gallup über 700 Mitglieder verschiedener Glaubensgemeinschaften nach der Quelle ihres Lebenssinns fragte, stimmten 62 Prozent »sehr stark« der Aussage zu: »Durch meinen Glauben habe ich eine Aufgabe und einen Sinn in meinem Leben.«[1]

Wie schon erwähnt, bin ich katholisch aufgewachsen, in einem kleinen bayerischen Dorf, in dem es nur eine katholische Kapelle gab. In der Dorfschule hing das Kruzifix in jedem Klassenzimmer, und der Dorfpfarrer unterrichtete selbstverständlich den katholischen Glauben. Wir wurden alle getauft, gingen zur Erstkommunion und wurden gefirmt, und wer im Dorf blieb, heiratete kirchlich. Erst Jahre später, als ich auf das Gymnasium in der nächst größeren Stadt ging, entdeckte ich, dass es noch andere Religionen gab, und Menschen, die nicht an meinen Gott glaubten. Wir hatten plötzlich die Wahl, welchen Religionsunterricht wir Schüler und Schülerinnen wollten. Dass eine meiner Schulfreundinnen evangelisch war, fand ich schon recht exotisch. Menschen jüdischen, muslimischen oder buddhistischen Glaubens, gar Atheisten, gab es keine in meiner Klasse oder meinem Umfeld.

Ich hatte einen Altar in meinem Kinderzimmer, den ich mir selbst eingerichtet hatte, mit einer Madonna aus Plastik, gefüllt mit heiligem Wasser, das mir meine Oma aus Lourdes mitgebracht hatte. Als Kind gab das meinem Glauben einen Fokus, ein Idealbild, zu dem ich beten konnte.

Als ich erfuhr, dass Frauen in der katholischen Kirche nie Priesterinnen werden konnten, war ich so entsetzt, dass ich mit 16 Jahren aus der Kirche austrat. Wenn ein Glaubenssystem Menschen wie mich nicht als gleichwertige, vollwertige Mitglieder mit den gleichen Rechten anerkannte, wollte ich kein Teil davon sein.

Mein Austritt war ein Schock für meine Familie. »Aber wo soll ich dann trauern, wenn du stirbst?«, rief meine Mutter entsetzt. »Und zu wem wirst du beten, wenn du Hilfe brauchst?« Lange hatte ich auf diese Fragen keine Antworten.

Viele meiner Verwandten und Freunde finden im christlichen Glauben ihren Lebenssinn und Halt. Fast beneide ich sie, ein so klares Weltbild, eine so glasklare Aufteilung in Gut und Böse zu haben, in das, was die Bibel gutheißt, und was nicht.

Aber natürlich ist es nicht so einfach. Natürlich ist gar nichts so klar. War es nie.

So wie mir geht es Millionen Menschen. Das zeigen allein schon die vielen Kirchenaustritte. Vielleicht liegt aber gerade darin, eine Chance, neuen, tieferen Glauben zu finden, wenn wir den traditionellen Rahmen verlassen.

Die meisten von uns glauben, um sich sicher zu fühlen, um ihrem Leben Wert und Bedeutung zu geben.
Glauben ist auf diese Weise zu einem Versuch geworden, sich an das Leben zu klammern, es zu fassen und für sich selbst zu behalten. Aber du kannst das Leben und seine

Geheimnisse nicht verstehen, solange du es zu fassen suchst. Ja, du kannst es gar nicht ergreifen, ebenso wenig wie du einen Fluss im Eimer davontragen kannst. Wenn du versuchst, fließendes Wasser in einem Eimer einzufangen, so zeigt das, dass du es nicht verstehst und dass du immer enttäuscht sein wirst, denn im Eimer fließt das Wasser nicht. Um fließendes Wasser zu haben, musst du es loslassen, musst du es fließen lassen. Dasselbe gilt für das Leben und für Gott.

Die gegenwärtige Periode menschlichen Denkens und menschlicher Geschichte ist ganz besonders reif für dieses »Loslassen«. Unser Denken ist hierauf vorbereitet gerade durch den Zusammenbruch der Glaubensanschauungen, in denen wir Sicherheit suchten. Von einem Gesichtspunkt aus, der erstaunlicherweise genau mit religiösen Traditionen übereinstimmt, ist dieses Verschwinden der alten Grundfesten und absoluten Begriffe kein Unglück, sondern eher ein Segen. Es zwingt uns nahezu, der Wirklichkeit offenen Gesichts gegenüberzutreten; Gott kannst du auch nur durch einen offenen Geist erkennen, ebenso wie du den Himmel nur durch ein klares Fenster sehen kannst. Du wirst den Himmel nicht sehen, wenn du das Glas mit blauer Farbe bemalt hast.

Alan Watts, *Weisheit des ungesicherten Lebens,* S. 23–25

»Du sollst dir kein Bildnis noch irgendein Gleichnis machen«, heißt es in der Bibel (2. Moses 20,4). Über diese Zeilen denke ich oft nach, machen wir uns doch ständig Bildnisse und Gleichnisse. Und wir alle sind in bestimmte Glaubensgefüge hineingeboren worden.

»Welche Vorstellung von Gott wir auch haben mögen, die reine Wirklichkeit Gottes liegt jenseits unserer Vorstellung von ihm«, schreibt Mooji. »Auch Nichtgläubige beten in Zeiten der

Not und Verzweiflung zu einer höheren Macht, denn es ist menschlicher Instinkt, eine solche Macht anzuerkennen. Jenseits von ›Ich‹ und ›Gott‹ gibt es nur das Eine. Aber solange wir in der Umklammerung des Verstandes gefangen bleiben, sind wir nicht in der Lage, Gott aufzugeben. Wir sind einfach noch nicht so weit oder bereit, mit dem Einssein zu verschmelzen.«[2]

Ich respektiere alle religiösen Menschen, die Offenheit, Mitgefühl und Toleranz leben. Es fällt mir schwerer, Menschen zu respektieren, die im Namen ihrer Religion ausgrenzen und hassen. »Die kulturelle Konditionierung prägt in jedem einzelnen Moment unseres Lebens die Vorstellung davon, wer wir sind«, schreibt Mooji. »Nur wenige hinterfragen jemals die Glaubenssätze, die ihnen von der Familie und der Gesellschaft in jungen Jahren eingeflößt wurden, oder können ihnen gar entwachsen. Erst wenn wir wieder in der Mitte unseres Herzens angekommen sind, können wir universale Wesen genannt werden.«[3]

Vielleicht weil seine eigene spirituelle Biografie sich aus mehreren Glaubensrichtungen nährt, beschreibt er sich als offen für alle Religionen. »Finde den Buddha oder Christus in dir. Buddha war kein Buddhist, und Christus war kein Christ. Geh zur Quelle – das ist kein weiter Weg. Du musst nicht einmal einen einzigen Schritt tun, denn alles ist genau jetzt hier. Erkenne diese Wahrheit, und wenn du das tust, erkennst du vielleicht auch, dass du weiterhin die verschiedenen Ausdrucksformen von Spiritualität genießen und schätzen kannst.«[4]

Für Mooji liegt die Konsequenz nahe, »dass du dich nach innen wenden sollst. Es ist nicht die Religion, von der aus der Ruf an dich ergeht. Vielmehr ist es dein eigenes inneres Sein, das dich ruft. Deine psychologische Identität wird vielleicht ein wenig Widerstand leisten, aber wenn du dabeibleibst, wirst du die letzte Wahrheit deines Seins erkennen – die Quelle wahrer Freude, wahren Friedens und wahrer Freiheit.«[5]

Wenn mich heute jemand fragt, ob ich an Gott glaube, frage ich oft zurück: Wie definierst du Gott?

Viele Menschen haben eine recht genau definierte Meinung, wie »ihr« Gott wirkt. Hinter der Frage, an welchen Gott ich glaube, steckt fast immer der Wunsch zu wissen, ob ich an *ihren* Gott glaube. Aber in dem Augenblick, in dem wir Gott definieren, verlieren wir ihn.

»Es ist sicherlich absurd, Gott in Begriffen einer vorgefassten Idee über Gott zu suchen«, schreibt Alan Watts. »Derart zu suchen würde nur bedeuten, zu finden, was wir bereits wissen, weshalb es so leicht ist, sich selbst in alle möglichen Arten ›übernatürlicher‹ Erfahrungen und Visionen hineinzutäuschen.«[6] Er meint, wir müssten »nur unser geistiges Auge weit genug auftun«, damit »die Wahrheit ans Licht« kommt.[7]

Eine echte spirituelle oder religiöse Suche muss von Offenheit begleitet sein. Wie viele Menschen reiste ich zunächst in Büchern durch die Weltreligionen, las alles, was ich über fremde Länder und an Biografien finden konnte, bevor ich mich aufmachte, Menschen und Tempel zu besuchen, deren Glaube nicht nur geografisch Tausende Meilen von meiner Dorfkapelle entfernt lag.

Bei einer dieser Reisen erklärte mir eine junge Britin auf dem Rücksitz eines Taxis zum Flughafen von Delhi, alle Menschen, die sich nicht zu Jesus bekannten, würden in der Hölle landen. Sie versuchte mit zunehmender Dringlichkeit, mich von ihrer Weltsicht zu überzeugen, nachdem sie erfahren hatte, dass ich in Indien Buddhismus studierte. Weil sie erst 13 war und die Fahrt um halb zwei Uhr morgens stattfand, ohne Aussicht, um diese Uhrzeit ein anderes Taxi zu finden, antwortete ich zurückhaltender, als ich es vielleicht unter anderen Umständen getan hätte. Ich hoffe, sie ist inzwischen etwas offener geworden.

»Es wäre falsch – es wäre sogar ausgesprochen schrecklich –, wenn es irgendwann nur noch eine Religion in der Welt geben würde«, schreibt Mooji. »Jede Religion ist in gewisser

Weise unvollständig in der Art, wie sie für gewöhnlich von ihren Anhängern verstanden wird. Du kannst die Wahrheit nicht verstehen, wenn sie nur einseitig und parteiisch ist: Wenn du das Gefühl hast, als Buddhist, Christ, Jude oder Moslem die Wahrheit erkannt zu haben, während deiner Auffassung nach die anderen Religionen ›noch nicht so weit‹ sind, dann hast du nicht die Wahrheit erkannt. Das wahre Selbst ist im Kern jeder Religion zu finden. Von diesem Wesenskern aus deutet eine jede Religion mit einem Finger auf die Wahrheit, aber der Finger ist nicht selbst die Wahrheit – nein, du musst der Richtung folgen, in die er weist!«[8]

Wo gibt uns unser Glaube Halt, und wo halten wir uns fest, weil wir etwas zum Festklammern brauchen?

Eine spirituelle Reise gelingt nur, wenn wir uns öffnen. »Die Wahrheit ist jenseits von Religion«, schreibt Mooji weiter. »Religion erleichtert bestenfalls nur das Erkennen der Wahrheit. Religiös zu sein ist nicht das Ziel. Wenn du die Wahrheit deines eigenen Selbst erkennst, hast du alle Stammesbegrenzungen hinter dir gelassen. Du hast nichts gegen irgendjemanden. Vielmehr bist du für die gesamte Existenz, weil du eins mit ihr bist. Wie wunderbar.«[9]

Es kann leicht der Eindruck entstehen, dass es bei der Meditation darum geht, sich nach innen zu wenden oder im eigenen Inneren zu verweilen. Aber »innen« und »außen« sind Unterscheidungen, mit denen wir uns selbst Grenzen auferlegen. In der Stille der formalen Meditationsübung richten wir unsere Energien tatsächlich nach innen, wobei wir jedoch entdecken, dass das gesamte Universum in unserem eigenen Geist und Körper enthalten ist.

Verweilen wir längere Zeit in uns selbst, dann erkennen wir, welche Verarmung es bedeutet, immerzu außerhalb unserer selbst nach Glück, Verständnis und Weisheit zu suchen. Nicht, dass Gott, unsere Umgebung und andere Menschen uns nicht helfen könnten, glücklich zu sein oder Zufriedenheit zu erfahren. Die Dinge liegen aber so, dass unser Glück, unsere Zufriedenheit und unser Verständnis nur so tief sein werden wie unsere Fähigkeit, unser Inneres zu kennen, wie unsere Fähigkeit, der Außenwelt aus dem tiefen Wohlgefühl heraus zu begegnen, das entsteht, wenn wir uns in unserer eigenen Haut zu Hause fühlen, wenn wir mit den Eigenarten unseres Geistes und unseres Körpers zutiefst vertraut sind.

Jon Kabat-Zinn, *Im Alltag Ruhe finden*, S. 110–111

Manchmal stellt eine Krise unser Glaubensgefüge auf die Probe. In den Nachwehen eines traumatischen Ereignisses finden manche Überlebende im Glauben einen Rettungsanker. Die amerikanische Politikerin Gabby Giffords zum Beispiel bezieht die Stärke, sich nach dem lebensgefährlichen Kopfschuss eines Attentäters wieder ins Leben zurück zu hangeln, aus ihrem Glauben (ihre hebräischer Name Gabriella bedeutet buchstäblich »Gott ist stark«). Und die »Soul Surferin« Bethany Hamilton hält den Hai-Angriff, bei dem sie einen Arm verlor, für eine Prüfung Gottes. Bethany dankt ihm für ihr Überleben: »Gott hat sich in seiner ganzen Herrlichkeit gezeigt.«[10]

Andere verlieren ihren Glauben nach einer Katastrophe.[11] Als meine Schwägerin ihr einziges Kind nach acht Operationen am offenen Herzen verlor, ließ sie keinen Priester holen. In den langen Stunden und Wochen auf der Intensivstation hatte sie mit aller Inbrunst gebetet, aber ihre Gebete wurden nicht erhört. »Gott, wie konntest du das geschehen lassen?«, ist ein herzzerreißender Aufschrei. Warum dürfen manche Wunder erleben und andere nicht?

Ob der Glaube bei der Bewältigung eines Traumas hilft, hängt davon ab, »ob Menschen genügend Spielraum in ihrem

Glaubenssystem haben, um das Ereignis darin einfügen zu können«, hat der Psychologe Richard Tedeschi beobachtet. »Wenn der Glaube flexibel genug ist, mag der Gläubige vielleicht traurig, aufgebracht oder orientierungslos sein, aber sein gesamtes Glaubensgefüge gerät nicht ins Wanken, und das ist ein Riesenunterschied.«[12]

Ein starker Glaube kann sich positiv auf unsere körperliche und seelische Heilung auswirken. Zum Beispiel zeigte eine vierjährige Studie mit HIV-Patienten, dass 45 Prozent nach ihrer Diagnose intensiver glaubten, während 13 Prozent ihren Glauben verloren.[13] Die Studie kommt zu dem frappierenden Schluss, dass eine intensivere Spiritualität einen messbar langsameren Krankheitsverlauf zur Folge hat. Die religiösen Patienten hatten wesentlich mehr gesunde Blutzellen. Die Patienten, die ihren Glauben verloren oder ihren Gott als strafend empfanden, boykottierten ihre Heilung. Unser Glaube kann also einen enormen Einfluss auf unsere Gesundheit haben, und der Verlust des Glaubens kann ein Trauma noch verschärfen. Aber natürlich können wir eine solche Verbindung weder vortäuschen noch forcieren.

Wenn wir Zuflucht in einer mitfühlenden Kraft finden können, die größer ist als wir selbst, haben wir damit einen mächtigen Bündnispartner bei unserer Genesung.

Woran glauben Sie?

Als eine der Tiergattung zugehörige Spezies wandeln wir auf Erden. Als Träger einer göttlichen Essenz gehören wir zu den Sternen. Als menschliche Wesen sitzen wir in der Mitte fest und versuchen das Paradoxon zu lösen, wie wir auf der Erde unseren Weg gehen und zugleich nach etwas Dauerhafterem und Tiefgründigerem streben können. So viele suchen diese größere Wahrheit in den himmlischen Sphären, doch sie ist nicht in den Wolken, sondern in weitaus größerer Nähe zu finden. Sie existiert in unserem

Innern und kann auf der Reise nach innen von jedermann gefunden werden.

B. K. S. Iyengar, *Licht fürs Leben,* S. 17

Als ich begann, fernöstliche Traditionen zu studieren, fand ich die Fülle an Einsichten verwirrend und faszinierend. Ein ganzes Pantheon von Gottheiten wartete im Hinduismus und Buddhismus auf mich, Hunderte von vielköpfigen, vielarmigen Gestalten tanzten über exotische Mandalas.

Natürlich haben mir fernöstliche Lehrer erklärt, dass diese Götter nicht wirklich außerhalb meines Bewusstseins existieren, sondern als energetische Kräfte zu verstehen sind. So vielfältig, bunt und verwirrend die tanzenden, Schwerter schwingenden Götter auch sein mögen, letztendlich besteht die Praxis im Buddhismus und Hinduismus darin, sie zu integrieren, als Aspekte des eigenen Bewusstseins.

»Diese Vorstellung von Transzendenz kann – anders als die Transzendenz selbst – zu einer einzigen Flucht werden, zu einem hochpotenten Mittel der Selbsttäuschung«, warnt Kabat-Zinn. »Deshalb legt die buddhistische Tradition und insbesondere die des Zen so viel Wert darauf, zum Gewöhnlichen und Alltäglichen zurückzukehren, zu dem, was in ihrer Ausdrucksweise heißt, ›sich frei und unbeschwert auf dem Marktplatz zu bewegen‹. Das bedeutet, überall und jederzeit in sich zentriert und nicht irgendwo anders zu sein: ›einfach nur‹ präsent, dabei aber voll und ganz präsent – das heißt wach und bewusst in der einzigartigen Konstellation von Form und Leere, die Sie sind. Und so gibt es im Zen den so gänzlich respektlosen und herrlich provokanten Ausspruch: ›Triffst du Buddha unterwegs, dann töte ihn‹ – was besagen will, dass jegliche begriffliche Anhaftung an Buddha oder jegliche Vorstellung von Erleuchtung die Sache gründlich verfehlt.«[14]

Fast alle Religionen kennen das Prinzip der Dreifaltigkeit.

Im Christentum heißt sie Gott, Jesus, Heiliger Geist. Im Buddhismus heißt sie Dharmakaya, Sambhogakaya, Nirmanakaya. Im Hinduismus symbolisieren Brahma, Vishnu und Shiva die drei Prinzipien der Schöpfung (Schöpfer, Erhalter, Zerstörer).

Letztlich sind sie alle eins. Egal wie man sie benennt – und natürlich gibt es Feinheiten in der Definition dieser drei Ebenen –, das Prinzip ist ähnlich: Das absolute oder formlose Bewusstsein schafft eine Manifestation auf Erden.

Alle fernöstlichen Philosophien sind sich einig, dass es eine Weisheit jenseits unseres konzeptuellen Denkens gibt. »Es bedeutet, dass die letztendliche Wahrheit im normalen Bewusstseinszustand unbegreiflich ist«, schreibt Iyengar.[15] Deshalb geben wir unserem Bewusstsein einen unermesslichen Raum, balancieren das Fokussieren mit der grenzenlosen Weite.

Anfangs haben wir Achtsamkeitspraxis erforscht, die Meditation über den eigenen Atem, den eigenen Körper, Mitgefühl. Wir verlassen uns dabei auf Hilfsmittel wie den Atem oder ein Mantra, um unsere Konzentration zu schulen. Das ist die Praxis des Shamatha, des ruhigen Verweilens.

Wenn wir gelernt haben, uns zu konzentrieren, gibt es aber eine weitere Ebene in der Meditation: die formlose Meditation – Vipashyana –, wenn wir in der wortlosen Erkenntnis der Selbstlosigkeit ruhen. Wir können zum Beispiel die Ausatmung ein wenig betonen und nach dem Ausatmen einen Moment warten und in der Weite des Augenblicks verweilen.

Manche Meditationslehrerinnen sprechen davon, uns eine ausgedehnte Landschaft vorzustellen, in der sich unsere Gedanken und Gefühle austoben können, ohne dass wir anhaften. Ah, da rast Neid vorbei. Sieh einer an, da drüben regt sich Gier.

Wir lassen diese Emotionen und Fetzen vorbeiziehen, ohne ihnen durch Widerstand oder Anhaftung mehr Energie zu verleihen.

Oft sagt man, wir seien Teil eines größeren Ganzen, doch genau genommen stimmt das nicht: Da es uns nicht gibt, gibt es auch kein eigenständiges großes Ganzes. Wenn etwas existiert, dann Ganzheit. Ganzheit gibt viel Raum, Dinge und Menschen wertzuschätzen. Ich schätze Sie nicht etwa, weil ich ein guter Mensch wäre, der gelernt hat, dies zu tun. Ich tue es, weil es kein »Sie« gibt, das von der Gesamtheit allen Lebens getrennt wäre. Alles entsteht gleichzeitig. Die Buddha-Natur ist die Gesamtheit des Seins. Bedeutet das, dass sie existiert? Oder dass es sie nicht gibt? Beides wären wieder nur Gedanken. Und mit Worten kommen wir hier nicht sonderlich weit. Sind wir jedoch unserer Erfahrungen im gegenwärtigen Augenblick gewahr, bringt uns das weiter.

Charlotte Joko Beck,
***Zen und das alltägliche Wunder,* S. 205**

Wenn ich fliege, liebe ich vor allem den Augenblick, nachdem das Flugzeug abgehoben hat und durch die dicke Wolkendecke in den wolkenlosen Himmel stößt. Den Moment, wenn wir Teil des endlosen Horizonts werden.

Wenn ich unten auf der Erde stehe und nichts als Wolken sehe, versuche ich, mich daran zu erinnern: Die Sonne ist noch da, immer. Ich kann sie in dieser Sekunde nicht sehen, aber sie hört nicht auf zu strahlen, nur weil mein kleines Ich gerade auf einem Flecken Erde im Dunkeln steht.

Dies ist das traditionelle Bild, mit dem der Buddha erklärte, dass es eine Wahrheit jenseits unserer subjektiven Wahrnehmung gibt, einen weiten Raum, der nicht schmaler wird, nur weil unser Horizont klein ist. Es gibt einen Horizont jenseits unseres gewöhnlichen Bewusstseins, nicht irgendwo da draußen, sondern *in* uns. Wir können eine Achtsamkeit jenseits von Angst und Hoffnung kultivieren.

»Haben Sie gemerkt, dass Ihr Gewahrsein von Schmerz

nicht selbst Schmerz empfindet?«, fragt Jon Kabat-Zinn. »Nehmen Sie wahr, dass Ihre Angst keine Angst hat, auch wenn Sie selbst sich fürchten? Oder dass Ihr Gewahrsein von Depression nicht deprimiert ist, dass ihr Gewahrsein von schlechten Gewohnheiten von diesen Gewohnheiten nicht versklavt wird, oder vielleicht sogar, dass ihre Wahrnehmung von sich selbst nicht Sie selbst sind?«[16]

Sitzen wie ein Berg – fest geerdet und doch mit dem unendlichen Horizont vor uns. In uns allen wohnt Weisheit, auch wenn sie sich zeitweise hinter Schichten von Furcht, Trauer, Unsicherheit, Wut und Verletztheit zurückzieht. Manchmal bricht sich diese Weisheit spontan Bahn, wie das Flugzeug, das die Wolken durchstößt, aber meistens müssen wir sie hegen und pflegen.

Ein Christ mag es Seele nennen, ein Buddhist Buddha-Natur, ein Indianer Spirit. Es ist unerheblich, wie wir es nennen. Was zählt, ist, dass wir unsere wahre Natur achten.

Niemand kann uns brechen. Egal wie wir angegriffen, verletzt und verwundet wurden, wir alle haben einen Wesenskern, der nie beschmutzt oder verdorben werden kann.[17]

Es gibt eine Wirklichkeit jenseits
von Himmel und Erde;
sie hat keine Form, geschweige
denn einen Namen.

Zen-Meister Daio Kokushi

Es gibt eine Wirklichkeit, die weder Form noch einen Namen hat. So schön und so wahr. Wir sind nichts als der sich von Sekunde zu Sekunde neu manifestierende Ausdruck von ihr. Das ist es, was wir sind, auch wenn wir diese uns eigene Natur nicht sehen.

Zitiert nach Charlotte Joko Beck,
***Zen und das alltägliche Wunder*, S. 78**

12
Die Kunst, glücklich zu sein

Die Kunst, Glück zu schaffen

Was ist das Wesen von Freude und Glück? Wie können wir in jedem Augenblick unseres Lebens wahre Freude berühren? Nutzen Sie Ihre Begabungen, um herauszufinden, wie Sie sich selbst und anderen Glück schenken können – das Glück, das in der Meditation entsteht, ist nicht das Glück, das wir fühlen mögen, wenn wir Vergnügungen nachgehen. Meditative Freude vermag unsere Achtsamkeit, unser Verständnis und unsere Liebe zu nähren. Leben Sie auf eine Weise, die Ihr eigenes Glück und das von anderen fördert. Sie können geloben, einer Person am Morgen Freude zu machen und das Leid einer anderen am Nachmittag lindern zu helfen. Stellen Sie sich die Frage: »Wen kann ich heute Morgen zum Lächeln bringen?« Das ist die Kunst, Glück zu schaffen.

Thich Nhat Hanh, *Einfach lieben*, S. 104

Thich Nhat Hanh praktizierte das »Yoga des Lächelns«. Die Praxis besteht darin, viele Male im Laufe des Tages ein kleines, aber echtes Lächeln auf unseren Lippen entstehen zu lassen, ob beim Meditieren, beim Treffen mit Freunden oder beim Halten vor einem Stoppschild. »Eine winzige Knospe des Lächelns auf deinen Lippen«, so schreibt er, »nährt die Achtsamkeit und beruhigt dich auf wundersame Weise … dein Lächeln wird dich und alle in deinem Umfeld glücklich sein lassen.«[1]

So zitiert ihn seine Schülerin Tara Brach und setzt hinzu: »Dass ein Lächeln die Kraft hat, uns zu öffnen und zu entspannen, wird durch die moderne Wissenschaft bestätigt. Die für das

Lächeln eingesetzten Muskeln senden eine biochemische Botschaft an unser Nervensystem, dass wir von unserem Flucht-, Kampf- oder Erstarrungsreflex Abstand nehmen und uns entspannen können. Ein Lächeln ist das Ja bedingungsloser Freundlichkeit, das die Erfahrung angstfrei willkommen heißt.«[2]

So wie Thich Nhat Hanh praktizierte, ist das Lächeln nicht aufgesetzt, sondern eine Botschaft, die er bewusst an sich selbst und andere Menschen schickte.

Die meisten Menschen halten Glück für Zufall oder ein flüchtiges Gefühl. Richard Davidson von der University of Wisconsin aber hält »Glück für eine Fähigkeit. Die Forschung legt nahe, dass wir durch Praxis besser darin werden, glücklich zu sein.«[3] Wie er sind viele Meditierende davon überzeugt, dass wir unser Glück selbst erschaffen.

Meditierende berichten oft, sie seien glücklicher, zufriedener und sähen mehr Sinn im Leben. Wenn wir meditieren, sehen wir genau, wo sich unsere Hoffnungen und Ängste festhaken, wo unser starres Ich kleben bleibt, wo wir uns verschließen und unsere eigene Freiheit korrumpieren. Und damit haben wir Anhaltspunkte, wo wir unsere Anhaftung ein wenig weghobeln, unsere inneren Leinen lösen, unser Bewusstsein freier fließen lassen können.

> *Wenn wir von den Vorstellungen Abstand nehmen, wie das Leben sein sollte, sind wir frei, aus ganzem Herzen zu unserem Leben, so, wie es ist, ja zu sagen.*
>
> **Tara Brach, *Mit dem Herzen eines Buddha*, S. 112**

Auf dieser Lebensreise in den Sinn unseres Daseins landen wir am Ende wieder da, wo wir sie begannen: im Augenblick. Hier und jetzt.

Mit dem Rüstzeug der Achtsamkeit und der Praxis der liebenden Güte, den praktischen und inspirierenden Einsichten der Meditationsmeisterinnen, die wir in diesem Buch kennengelernt haben, sind wir gewappnet für ein Geschenk: die Einsicht, dass Freude jederzeit verfügbar ist.

Wer einmal den Dalai Lama, Thich Nhat Hanh oder andere Meditationsmeister persönlich erlebte, muss sich unweigerlich wundern, wie diese Menschen so fröhlich sein können, haben sie doch Unglück und Leid, Vertreibung, Diffamierung und Armut erfahren.

Der Dalai Lama hat gesagt, der Sinn unseres Lebens liege darin, Glück zu finden. Allerdings, so setzte er hinzu, sei das Glück kein Geschenk, sondern man müsse es sich erarbeiten. In der deutschen Sprache assoziieren wir den Begriff Glück eher mit Zufall (»Der hatte aber Glück!«). Der Dalai Lama weiß, dass Glück nicht in einem Lotterielos, im Casino oder auf der Reeperbahn auf uns wartet, und auch nicht in einem Partner oder einer Beförderung. Glück ist nirgendwo außen zu finden, sondern eine Frage der Innenansicht. Dazu dient der Weg des Geistestrainings, der mentalen Schulung.

So wie wir für einen gesunden Körper darauf achten, ihm nicht zu viele Gifte zuzuführen, ihn nährstoffreich zu ernähren und so weiter, genauso können wir unserem Bewusstsein erfüllende, vitaminreiche Seelennahrung zukommen lassen.

Im buddhistischen Sinne bedeutet das, die Voraussetzungen für Glück zu schaffen, also gutes Karma. Buddhisten interpretieren Karma nicht fatalistisch oder als Schicksal, sondern schlicht als das Gesetz von Ursache und Wirkung. Stark vereinfacht ausgedrückt: Wer Wut sät, wird Wut ernten. Wer Mitgefühl sät, erntet Mitgefühl.

Dass wir unser Glück selbst bestimmen und formen, ist eine revolutionäre Perspektive. Sie widerspricht der vorherrschenden Meinung. Tatsächlich aber haben nicht nur Buddhisten, sondern inzwischen auch viele Psychologinnen und Psychiater Methoden entdeckt, die uns nachweislich dabei helfen, glücklicher zu sein. Sie ähneln denen des Dalai Lama bis ins Detail.

Seiner Erfahrung nach sind unglückliche Menschen auf sich konzentriert, während sich glückliche Menschen am Gemeinwohl orientieren und sich über kleinere Rückschläge nicht lange ärgern.

Die in diesem Buch zitierten Autoren und Autorinnen achten alle sehr genau darauf, womit sie ihre Aufmerksamkeit füttern und hängen nicht in jeder Minute an ihrem Instagram-Feed. Sie arbeiten bewusst daran, ihre Konzentration auf das Wesentliche zu richten, und lassen sich nicht durch viele kleine Unwesentlichkeiten ablenken.

Richard Davidson untersuchte in den frühen 2000er-Jahren die Wirksamkeit von Meditation an vielen Langzeitmeditierenden, darunter der französische Mönch und Molekularbiologe Matthieu Ricard. Die Wissenschaftler fanden heraus, dass Ricards Gehirn ungewöhnlich viele Gammawellen produziert (die unter anderem mit Freude, Lernen, Achtsamkeit und Erinnerung in Verbindung gebracht werden). Journalisten bezeichnen ihn seither immer wieder als »den glücklichsten Menschen der Welt«.

Deshalb wird Ricard oft gefragt, ob er drei Geheimnisse verraten könne, wie man glücklich wird. Darauf sagt er dann: »Erstens ist es kein Geheimnis. Zweitens sind es mehr als drei Dinge. Und drittens dauert es ein Leben lang, aber es ist das Wertvollste, was du tun kannst.«[4]

Was ist Freude?

Und wie sieht die Praxis, sich auf die Schwankungen des Lebens einzustellen, konkret aus? Es gibt Zeiten, da die Tiefpunkte sich häufen und mehr Raum einnehmen. Wir werden vielleicht entlassen, fühlen uns plötzlich körperlich schlecht und wissen nicht, was uns fehlt, unser Partner beziehungsweise unsere Partnerin verlässt uns, oder wir trennen uns von ihm oder ihr. Unsere Kinder ziehen aus oder ein. Mit zunehmendem Alter sind wir vielleicht häufiger niedergeschlagen. Andererseits lernen wir schneller, denn wir beginnen zu verstehen, dass das Leben ein beständiges Auf und Ab darstellt. Wir suchen nach stabilem Wohlbefinden, aber es will sich einfach nicht einstellen. Und genau diese Beschränktheit, die möchte, dass sich die Dinge nicht verändern, sondern im grünen Bereich bleiben, hindert uns daran, freudvoll zu leben. Freude impliziert, so zu sein, wie wir sind, unabhängig davon, wo auf der Auf- und Abwärtskurve wir uns gerade befinden. Irgendwo sind wir immer. Damit will ich nicht sagen, dass wir uns um das, was uns widerfährt – wie etwa die Stelle zu verlieren oder krank zu werden –, nicht kümmern sollten. Wir tun, was zu tun ist, und dies sofort und stetig. Der Gedanke, es müsste uns auch dann, wenn wir unten sind, gut gehen, ist nichts als ein Gedanke, eine Vorstellung. In Wirklichkeit zeigt sich Freude in dem Moment, in dem wir den gegenwärtigen Augenblick in seiner Ganzheit erfahren, wie er ist. Wir müssen nichts dafür tun. Freude ist einfach. Sie ist jederzeit verfügbar.

Charlotte Joko Beck,
***Zen und das alltägliche Wunder,* S. 40**

Beck hat eine interessante Definition von Freude: »Freude ist alles, was geschieht, abzüglich unserer Meinung darüber.«[5] Sie unterscheidet zwischen Glücklichsein als »beständiges Hochgefühl« und der Fähigkeit, Freude zu finden »mit dem, was ist. Und genau das ist unser Ziel.«[6]

Meine Vorstellung von Freude besteht darin, frei zu sein. Am Anfang wusste ich noch nicht, wie ich diese Freiheit definierte. Inzwischen definiere ich sie als die Freiheit von inneren und äußeren Zwängen.

Ramana Maharshi meint: »Befreiung ist unsere eigentliche Natur. Wir sind das. Schon die Tatsache, dass wir nach Befreiung verlangen, zeigt, dass Freisein von Fesseln unsere wahre Natur ist.«[7]

Für viele der äußeren Zwänge sind wir selbst verantwortlich. Wir haben die Hypothek aufgenommen, das teure Auto gekauft, uns für Kinder und den stressigen Job entschieden.

Aber auf unserem Lebensweg geht es um eine tiefgründigere Freiheit, nämlich die innere: »Bei dieser Praxis geht es um Freiheit, und zwar erneut nicht um eine schöne Idee namens Freiheit, sondern darum, so frei zu sein, dass wir autonom handeln können«, schreibt Charlotte Joko Beck. Wir sind so sehr damit beschäftigt, Dinge zu vermeiden und verstandesmäßig zu bewerten, dass uns keine Zeit für das Leben selbst bleibt. Wir müssen uns einem Problem nach dem anderen stellen, denn sonst können wir nicht leben. Wir sind sonst nicht frei; das Leben erscheint uns sinnlos sowie voller Zwänge. Dieses permanent unangenehme Gefühl überschwemmt uns wie eine Welle.«[8]

Wenn man Menschen fragt, ob sie glücklich sind, zählen sie meist all die Dinge auf, die ihrem Glück gerade im Weg stehen – Rückenschmerzen, Schulden, dass das Kind in der Schule durchgefallen ist. Es gibt ja selten einen Punkt im Leben, an dem alles gerade absolut reibungslos läuft. Mit der Definition von Glück als allumfassender Euphorie und gänzlich problemlosem Dasein können wir nur scheitern. Wir können aber jederzeit glücklich*er* werden!

In Südfrankreich traf ich einmal Howard Cutler, den Psychiater, der mit dem Dalai Lama einen Bestseller über Glück[9] verfasst hat. Es goss wie aus Eimern, und Cutler stand ohne Schirm im strömenden Regen und lachte. Er erzählte mir, wie er anfing, für das Buch über Glück zu recherchieren und der Dalai Lama ihm erklärte, dass Glück eine Sache des Geistestrainings sei. Cutler wollte ihm nicht so recht glauben und hielt dagegen, als Mönch in einem Kloster führe der Dalai Lama ja eine viel idyllischere Existenz mit weniger Ablenkungen als Menschen in ihrem Alltag. Der Dalai Lama hörte sich seine Einwände ernsthaft an und schien intensiv darüber nachzudenken.

Erst auf dem Nachhauseweg von dem Interview fiel Cutler die bittere Ironie seines Arguments auf: Er hatte mit einem Mann argumentiert, der alles verloren hatte, inklusive seines Heimatlandes, und der tagtäglich Leidensgeschichten von Flüchtlingen hörte, die mit der Bitte um Hilfe zu ihm kamen. Und trotzdem oder gerade deshalb war der Dalai Lama davon überzeugt: Glück ist eine Frage der geistigen Haltung.

Deshalb meine Fragen: Was steht zwischen Ihnen und Ihrem Glück? Wann fühlen Sie sich frei? Und wo halten Sie sich fest?

In dem Moment, da wir beginnen, wirklich in die direkte Erfahrung zu kommen, betreten wir eine neue Welt. Es ist der Augenblick, in dem unsere Übung zu echter Zen-Praxis wird: Sie hilft uns, unseren Freiraum zu erweitern, und er wird bis zum Tag unseres Todes immer weiter wachsen. Dieses Wachstum kennt keine Grenzen, und hinsichtlich unserer Übung sind wir alle noch Babys. Wir wenden die Praxis einfach nur an, aber das Leben wird interessanter. Dank des Sitzens beginnen wir zu erkennen, dass wir weder unser Körper noch unser Geist sind. Natürlich haben wir einen Körper und einen Geist, beide sind wichtig und wir sollten gut für sie sorgen. Doch sie sind nicht, wer wir wirklich sind. Durch sie treten wir ein. In Wahrheit sind wir weit wie der Raum, grenzenlos. Das ist das torlose Tor.

Charlotte Joko Beck,
***Zen und das alltägliche Wunder,* S. 181–182.**

Die Weisheitsmeisterinnen in diesem Buch haben sich alle intensiv mit Freiheit beschäftigt. »Im Yoga heißt es, dass die höchste Erfahrung von Freiheit das Einssein ist, die allerhöchste Wirklichkeit der Einheit«, schreibt Iyengar.[10]

Die Yogareise beginnt mit ethischen Verhaltensweisen und Selbstdisziplin, »denn die Demonstration unserer spirituellen Verwirklichung liegt in nichts anderem begründet als in der Art und Weise, wie wir uns unter unseren Mitmenschen bewegen und mit ihnen interagieren«, führt Iyengar aus. »Ziel des Yoga mag ja letztendlich die absolute Freiheit sein. Bevor diese aber erreicht ist, machen wir in winzigen Schritten die Erfahrung einer zunehmend größeren Freiheit, indem wir zur Entdeckung von immer mehr Selbstbeherrschung, Sensibilität und Gewahrsein gelangen. Diese Qualitäten erlauben uns, das von uns angestrebte Dasein zu leben: ein anständiges Leben; saubere, ehrliche menschliche Beziehungen; guten Willen und Kameradschaft; Vertrauen; Eigenständigkeit; Freude am Glück anderer; und Gleichmut im Angesicht von eigenem Pech und Unglück. Ist unser Denken und Handeln von Menschlichkeit, Güte und Wohlwollen geprägt, können wir zu größerer Freiheit voranschreiten.«[11]

So kommen wir zu der Freiheit, unseren Weg selbst zu bestimmen.

»Die über dem Haupt der Menschheit schwebende Frage lautet: ›Können wir die Freiheit tatsächlich erlangen?‹«, so Iyengar weiter. »Oft hegen wir die Auffassung, dass Menschen wie Gandhi oder Jesus oder Shri Aurobindo die Freiheit erlangten, wir selber aber dazu nicht imstande sind. Unsere täglichen Erfahrungen, unsere Fehlschläge und Enttäuschungen scheinen dieses Vorurteil uns selbst gegenüber nur zu bestätigen. Aber lesen Sie die Biografien von Gandhi oder Aurobindo. Ihre Leben waren voller Rückschläge, falscher Wege, die sie einschlugen, ja selbst Unmoral in jungen Jahren. Ich habe schon erklärt, dass die Grundlage meines dem Yoga gewidmeten Lebens Kränklichkeit, Ächtung und meine generelle Untauglichkeit für irgendeinen anderen Lebensweg waren.«[12]

Iyengar unterscheidet zwischen politischer, ökonomischer und spiritueller Freiheit. »Viele von uns glauben, wenn sie an Freiheit denken, dass sie das Streben nach Glück bedeutet. Gewiss ist auch die politische Freiheit ganz wesentlich, wie Gandhi wusste. Denn die Möglichkeit, Regie über unser eigenes Leben zu führen, ist für das Erlangen und Ausschöpfen unseres vollen Potenzials ganz entscheidend. Auch ökonomische Freiheit ist wichtig, denn quälende, zermürbende Armut macht es sehr schwer, an das Leben von Geist und Seele zu denken. Doch ebenso wichtig wie die politische Freiheit und ökonomische Unabhängigkeit ist die spirituelle Freiheit. Sie erfordert in der Tat stärkere Selbstdisziplin und die Fähigkeit, sein Leben in die richtige Richtung zu lenken. Das ist die höchste, die absolute Freiheit. Das ist das Verschmelzen unserer individuellen Seele mit der kosmischen Seele, bei dem wir unsere eigenen Bedürfnisse und Wünsche für einen höheren Sinn und Zweck und für ein höheres Wissen um den Willen des Absoluten in unserem Leben aufgeben.«[13]

Die Sehnsucht nach spiritueller Entfaltung gehört zur natürlichen Ausstattung des menschlichen Geistes. Sie zeigt sich in der Sehnsucht nach dem Glück der Nähe, nach Liebe, nach allem, was die Isolation des Individuums durchbricht. Denn das ist das Ziel: überschreiten der Grenzen zwischen »Ich« und »Andere«, überschreiten der Grenzen des Dualismus.
Aristoteles sagte: »Wahres Glück ist es, seinen Geist zu entfalten.«

Ulli Olvedi,
***Die Energien des Lebens und des Sterbens*, S. 26–27**

Charlotte Joko Beck beschreibt einen Weg jenseits der »starren Vorstellungen, die wir von der Welt hatten. [...] Unser Leben wird realer, und wir fließen immer mehr in seinem Fluss. Es ist nicht leicht, dafür Worte zu finden. [...] Wir sind versucht, uns auf unsere Vorstellung von Erleuchtung zu konzentrieren, statt ein Leben mit etwas mehr Geschmeidigkeit und Freiheit zu leben. Doch genau dieses Bild ist das Problem. Wahres Erwachen ist kein Ding, es entzieht sich jeglicher Beschreibung und Konzeptualisierung. Und so kann und braucht man sich darüber auch keine Sorgen machen. Sie können sich nicht vorstellen, welche Freiheit wir erfahren, wenn wir unser wahres Selbst leben. Sie ist durch Abwesenheit gekennzeichnet – Abwesenheit einer Begrenzung oder Fixierung –, und etwas, das nicht vorhanden ist, kann man nicht in ein Konzept pressen. Wir können nur langsam in diesen Zustand hineinfinden. Je länger wir praktizieren, desto mehr bekommen wir eine Idee davon, wie sich Freiheit anfühlt. Das Spiel heißt Freiheit. Die Freiheit, nichts zu sein – was nicht bedeutet, wir würden verschwinden oder uns nicht mehr an einer leckeren Mahlzeit erfreuen können. Es ist kein Spuk. Es ist ein alltägliches Wunder.«[14]

Ein Zeichen, dass wir auf dem richtigen Weg sind, ist, dass unser Herz und unser Bewusstsein größer und umfassender werden. Iyengar nennt es »den Geist transformieren«. Er schreibt, »dass der Geist tanzt. Man könnte auch mit Recht sagen, dass der Geist uns zu einem fröhlichen Tanz führt. Wenn Sie aus einem feurigen Pferd das Beste herausholen wollen, müssen Sie es verstehen, zähmen und beherrschen. Dasselbe gilt für einen feurigen Geist, oder er wird mit Ihnen durchgehen.«[15]

Von einem tibetischen Dzogchen-Meister, Nyoshul Khen Rinpoche, wurde mir die Anekdote erzählt, er habe auf die Frage eines Schülers, was Meditation sei, gelacht, die Arme himmelweit ausgebreitet und geantwortet: »Meditation heißt, dein Herz und deinen Geist größer und größer und weiter und weiter zu machen, bis alles darin Platz hat.«

Wir können die konventionellen Begrenzungen unseres Lebens überwinden – wie eine Welle, die sich mit dem Ozean vereint. »Wenn wir uns mit dem Gefühl des Personseins identifizieren, sind wir wie eine Welle auf der Meeresoberfläche«, schreibt Mooji. »Anstatt in dem unermesslichen Raum reinen Seins zu ruhen, haben wir uns mit einer Art von vorübergehendem Ereignis, Gedanken oder Gefühl identifiziert – vielleicht mit einer Welle des Zorns, einer bestimmten Rolle in unserem Leben oder auch mit unserem ganzen Gefühl des Personseins. Die unermessliche Weite des Seins ist wie ein Ozean. Jede Welle ist wie ein ganzes Leben, das sich entrollt. Welle ist Meer, Meer ist Meer, aber die Welle hat ihr wahres ozeanisches Selbst vergessen. Im Spiel des Steigens und Fallens träumt die Welle, sie sei getrennt. In Wirklichkeit kann es keine Trennung von der unermesslichen Weite des Seins geben. Wir glauben nur, dass wir getrennt seien. Dennoch ist es möglich, in einem Augenblick aus diesem Gefühl des Getrenntseins zu erwachen, denn die Wahrheit ist ohne Entfernung.«[16]

Aber jenseits des kultivierten Geistes gibt es höhere und edlere Formen des Sehens: die Welt des erwachten Seins. Hier mündet alles in Freude, Licht und Frieden. Ich muss kein Leben »führen« und »habe« auch keins. Ich bin das Leben.

Mooji, *Weiter als Himmel, größer als Raum,* S. 45

Anmerkungen

1. Was jetzt?

1 Kabat-Zinn, Jon: *Im Alltag Ruhe finden,* S. 37.
2 Ebd.
3 Aus dem Vortrag »The Art of Teaching Mindfulness« von Jon Kabat-Zinn auf dem Kongress Wisdom 2.0 im Jahr 2018, https://www.youtube.com/watch?v=GEGcTTLMDow; abgerufen am 02. November 2023.
4 Aus dem Artikel »The Untold Story of America's Mindfulness Movement«, *Tricycle,* September 2017, https://tricycle.org/trikedaily/untold-story-america-mindfulness-movement/, abgerufen am 02. November 2023.
5 Kabat-Zinn, Jon: *Gesund durch Meditation,* S. 23.
6 Ebd., S. 41.
7 Ebd., S. 18.
8 Kabat-Zinn, Jon: *Im Alltag Ruhe finden,* S. 60.
9 Kevin P. Madore und Anthony D. Wagner, »Multicosts of Multitasking«, *Cerebrum,* April 2019, https://pubmed.ncbi.nlm.nih.gov/32206165/, abgerufen am 02. November 2023.
10 Timothy D. Wilson et al., »Just think: The challenges of the disengaged mind«, *Science* 345 (2014), S. 75–77. doi: 10.1126/science.125083.

2. Die Praxis der Achtsamkeit

1 Kabat-Zinn, Jon: *Gesund durch Meditation,* S. 23.
2 Zit. nach Kabat-Zinn, Jon: *Im Alltag Ruhe finden,* S. 33.
3 Kabat-Zinn, Jon: *Gesund durch Meditation,* S. 67.
4 Ebd., S. 68.
5 Einige Passagen über Achtsamkeitspraxis, Mitgefühl und Resilienz wurden adaptiert aus Haas, Michaela: *Stark wie ein Phönix.*
6 Kabat-Zinn, Jon: *Im Alltag Ruhe finden,* S. 78.
7 Kabat-Zinn, Jon: *Gesund durch Meditation,* S. 123–124.
8 Steve Paulson, Richard Davidson, Amishi Jha und Jon Kabat-Zinn, »Becoming Conscious: the Science of Mindfulness«, *Annals of the New York Academy of Sciences* 1303 (2013), S. 87–104. doi:10.1111/nyas.12203.
9 Beck, Charlotte Joko: *Zen und das alltägliche Wunder,* S. 67.
10 Ott, Ulrich: *Meditation für Skeptiker,* S. 52.
11 Hanh, Thich Nhat: *Einfach präsent,* S. 86
12 Emma M. Seppälä et al., »Breathing-Based Meditation Decreases Posttraumatic Stress Disorder Symptoms in U.S. Military Veterans: A Randomized Controlled Longitudinal Study«, *Journal of Traumatic Stress 27* (2014), S. 397–405. doi: 10.1002/jts.21936.
13 Douglas C. Johnson et al., »Modifying Resilience Mechanisms in At-Risk Individuals: a Controlled Study of Mindfulness Training in Marines Preparing for Deployment«, *American Journal of Psychiatry* 171 (2014), S. 844–853. doi: 10.1176/appi.ajp.2014.13040502.
14 Kai Kupferschmidt: »Spuren im Kopf«, *Süddeutsche Zeitung,* 7. Februar 2015.

https://www.sueddeutsche.de/wissen/meditation-spuren-im-kopf-1.2339128, abgerufen am 05. November 2023.

15 Kabat-Zinn, Jon: *Im Alltag Ruhe finden,* S. 212 ff.

16 Jan Chozen Bays im Vorwort zu Beck, Charlotte Joko: *Zen und das alltägliche Wunder,* S. 10.

17 Ebd., S. 12.

18 Beck, Charlotte Joko: *Zen und das alltägliche Wunder,* S. 198.

19 Ebd., S. 114.

20 Hanh, Thich Nhat: *Einfach präsent,* S. 65.

21 Ott, Ulrich: *Meditation für Skeptiker,* S. 167.

22 Ebd., S. 172.

23 COH-FIT ist die Abkürzung für »Collaborative Outcomes study on Health and Functioning during Infection Times« https://www.coh-fit.com/, abgerufen am 12. August 2023.

24 Lea Waters et al., »Contemplative Education: A Systematic, Evidence-Based Review on the effect of Meditation Interventions in Schools«, *Educational Psychology Review,* Vol. 27 (2015), S. 103–134. https://link.springer.com/article/10.1007/s10648-014-9258-2, abgerufen am 03. November 2023.

3. Die Weisheit des Körpers

1 Adaptiert aus Michaela Haas, »Der Feind in mir«, *SZ-Magazin* 31/2009.

2 Ebd.

3 Kabat-Zinn, Jon: *Gesund durch Meditation,* S. 112.

4 David Zhang und Norbert F. Banhidy, »Effects of early physical exercise on later health«, The Lancet, 25. Februar 2017. doi:10.1016/S0140-6736(17)30517-2.

5 Siehe dazu https://www.statista.com/outlook/cmo/beauty-personal-care/worldwide bzw. https://www.statista.com/outlook/cmo/beauty-personal-care/germany, abgerufen am 12. August 2023.

6 Orbach, Susie: *Bodies,* S. 6 und S. 105.

7 Adaptiert aus Michaela Haas, »Der Feind in mir«, *SZ-Magazin* 31/2009.

8 Orbach, Susie: *Bodies,* S. 100.

9 Kabat-Zinn, Jon: *Gesund durch Meditation,* S. 192.

10 Ebd., S. 192–193.

11 Adaptiert aus Brooke Jarvis: »What Happens When You Breathe«, *New Yorker,* 25. Januar 2021. https://www.newyorker.com/magazine/2021/01/25/what-happens-when-you-breathe, abgerufen am 06. November 2023.

12 Trökes, Anna & Knothe, Bettina: *Neuro-Yoga,* S. 110.

13 Hanh, Thich Nhat: *Einfach lieben,* S. 31.

14 Iyengar, B. K. S.: *Licht fürs Leben,* S. 79.

15 Nair, S., Sagar, M., Sollers, J. III, Consedine, N., und Broadbent, E., »Do slumped and upright postures affect stress responses?«, *Health Psychology, 34*(6) (2015), S. 632–641. https://doi.org/10.1037/hea0000146, abgerufen am 07. November 2023.

16 Dirk Adolph et. al., »Gait Patterns and Mood in Everyday Life: A Comparison Between Depressed Patients and Non-depressed Controls«, Cognitive Therapy and Research Volume 45 (2021), S. 1128–1140. https://link.springer.com/article/10.1007/s10608-021-10215-7, abgerufen am 07. November 2023.

17 Brach, Tara: *Mit dem Herzen eines Buddha,* S. 128–129

18 Aus einem Interview mit Michaela Haas.
19 Brach, Tara: *Mit dem Herzen eines Buddha,* S. 128–129.
20 Ebd., S, 146.
21 Ebd., S. 132.
22 Ott, Ulrich: *Meditation für Skeptiker,* S. 162.
23 Ebd., S. 164.
24 Ebd., S. 163.
25 Fadel Zeidan et al., »Neural Correlates of Mindfulness Meditation-Related Anxiety Relief«, *Social Cognitive and Affective Neuroscience* 9 (2013): S. 751–759. doi:10.1093/scan/nst041.
26 Ott, Ulrich: *Meditation für Skeptiker,* S. 166.
27 Richard J. Davidson et al., »Alterations in Brain and Immune Function Produced by Mindfulness Meditation«, *Psychosomatic Medicine* 65 (2003): S. 564–570. Und Perla Kaliman et al., »Rapid Changes in Histone Deacetylases and Inflammatory Gene Expression in Expert Meditators«, *Psychoneuroendocrinology* 40 (2014): S. 96–107. Und Linda Witek-Janusek et al., »Effect of Mindfulness Based Stress Reduction on Immune Function, Quality of Life and Coping in Women Newly Diagnosed with Early Stage Breast Cancer«, *Brain, Behavior, and Immunity* 22 (2008): S. 969–981. doi:10.1016/j.bbi.2008.01.012.
28 Teresa I. Sivilli und Thaddeus W. W. Pace, *The Human Dimensions of Resilience.* The Garrison Institute 2014. https://cectresourcelibrary.info/wp-content/uploads/2021/07/Open_Sivilli-and-Pace_Human-dimensions-of-resilience.pdf, abgerufen am 07. November 2023.
29 John D. Teasdale, »Metacognitive Awareness and Prevention of Relapse in Depression: Empirical Evidence«, *Journal of Consulting and Clinical Psychology* 70 (2002): S. 275–287. doi:10.1037/0022–006X.70.2.275. Und Jacob Piet und Esben Hougaard, »The Effect of Mindfulness-based Cognitive Therapy for Prevention of Relapse in Recurrent Major Depressive Disorder: a Systematic Review and Meta-analysis«, *Clinical Psychology Review* 31 (2011): S. 1032–40. doi:10.1016/j.cpr.2011.05.002.
30 Sara Lazar, »How Meditation Can Reshape Your Brains«, TEDxCambridge 2011 https://www.youtube.com/watch?v=m8rRzTtP7Tc, abgerufen am 07. November 2023. Und Britta K. Hölzel et al., »Mindfulness Practice Leads to Increases in Regional Brain Gray Matter Density«, *Psychiatry Research* 191 (2011): S. 36–43. doi: 10.1016/j.pscychresns.2010.08.006.
31 Ott, Ulrich: *Meditation für Skeptiker,* S. 167.
32 https://www.science.org/doi/10.1126/sciadv.1700489
33 Eileen Luders et al., »Enhanced Brain Connectivity in Long-term Meditation Practitioners«, *Neuroimage* 57 (2011): S. 1308–16. doi:10.1016/j.neuroimage.2011.05.075. Und Sara Lazar et al., »Meditation Experience is Associated with Increased Cortical Thickness«, *Neuroreport* 16 (2005): S. 1893–1897. doi: 10.1097/01.wnr.0000186598.66243.19.
34 Richard Davidson und Antoine Lutz, »Buddha's Brain: Neuroplasticity and Meditation«, *IEEE Signal Process Magazine* 25 (2008): S. 172–176. doi: 10.1109/msp.2008.4431873.
35 Kabat-Zinn, Jon: *Gesund mit Meditation,* S. 210.
36 Dürckheim, Karlfried Graf: *Hara,* S. 57.
37 Ebd., S. 23.
38 Ebd., S. 8.

39 Ebd., S. 59.
40 Ebd., S. 71.
41 Ebd., S. 72–74.
42 Sadhguru: *Die Weisheit eines Yogi,* S. 86.
43 Iyengar, B. K. S.: *Licht fürs Leben,* S. 63.
44 Ebd., S. 56.
45 Ebd., S. 72.

4. MitGefühl MitMenschen

1 Adaptiert aus Haas, Michaela: *Stark wie ein Phönix.*
2 Übersetzt aus *Long Walk to Freedom,* New York 2008.
3 Übersetzt aus ihrem Auftritt bei Jon Stewart, »Daily Show«, Comedy Central, 8. Oktober 2013.
4 Adaptiert aus Haas, Michaela: *Stark wie ein Phönix.*
5 Maharshi, Ramana: *Sei, was du bist!,* S. 112.
6 Adaptiert aus Haas, Michaela: *Stark wie ein Phönix.*
7 Brach, Tara: *Mit dem Herzen eines Buddha,* S. 274.
8 Iyengar, B. K. S.: *Licht fürs Leben,* S. 152.
9 Brach, Tara: *Mit dem Herzen eines Buddha,* S. 106.
10 Ebd., S. 26. Siehe dazu auch diesen Ausschnitt »Replacing Self-Hatred with Compassion« von Jack Kornfield auf Youtube: https://www.youtube.com/watch?v=pLseiTSyTlk, abgerufen am 09. November 2023.
11 Übersetzt aus Kristin D. Neff und Katie A. Dahm, »Self-Compassion: What it is, What it Does, and How it Relates to Mindfulness«, In: Brian D. Ostafin, Meier und Michael D. Robinson (Hrsg.): *Handbook of Mindfulness and Self-Regulation,* New York 2015.
12 Brach, Tara: *Mit dem Herzen eines Buddha,* S. 283.
13 Ebd., S. 268–269.
14 Ebd., S. 16.
15 Barbara Fredrickson et al., »Open Hearts Build Lives: Positive Emotions, Induced Through Loving-kindness Meditation, Build Consequential Personal Resources«, *Journal of Personality and Social Psychology* 95 (2008): S. 1045–62. doi: 10.1037/a0013262.
16 Antoine Lutz et al., »Long-Term Meditators Self-Induce High-Amplitude Gamma Synchrony During Mental Practice«, *PNAS* 101 (2004): S. 16369–16373. doi: 10.1073/pnas.0407401101.
17 Olga Klimecki, Susanne Leiberg, Matthieu Ricard und Tania Singer, »Differential Pattern of Functional Brain Plasticity After Compassion and Empathy Training«, *Social Cognitive and Affective Neuroscience* 9 (2014): S. 873–879. doi: 10.1093/scan/nst060.
18 Yoona Kang, Jeremy R. Gray und John F. Dovidio, »The Nondiscriminating Heart: Lovingkindness Meditation Training Decreases Implicit Intergroup Bias«, *Journal of Experimental Psychology* 143 (2014): S. 1306–1313. doi: 10.1037/a0034150.
19 Cendri A. Hutcherson, Emma M. Seppälä und James J. Gross, »Loving-Kindness Meditation Increases Social Connectedness«, *Emotion* 8 (2008): S. 720–724. doi: 10.1037/a0013237.
20 Michael A. Cohn und Barbara L. Fredrickson, »In Search of Durable Positive Psychology Interventions: Predictors and Consequences of Long-term

Positive Behavior Change«, *Journal of Positive Psychology* 5 (2010): S. 355–366. doi: 10.1080/17439760. 2010.508883.

21 Antoine Lutz et al., »Regulation of the Neural Circuitry of Emotion by Compassion Meditation: Effects of Meditative Expertise«, *PLoS ONE* 3 (2008): e1897. doi: 10.1371/journal.pone.0001897.

22 Halifax, Joan: *Gratwanderung*, S. 293.

23 Ebd., S. 296.

24 David J. Kearney et al., »Loving-Kindness Meditation for Posttraumatic Stress Disorder: a Pilot Study«, *Journal of Traumatic Stress* 26 (2013): S. 426–434. doi: 10.1002/jts.21832.

25 Sara Konrath, Andrea Fuhrel-Forbis, Alina Lou und Stephanie Brown, »Motives for Volunteering Are Associated With Mortality Risk in Older Adults«, *Health Psychology* 31 (2012): S. 87–96. doi: 10.1037/a0025226

26 Elizabeth W. Dunn, Lara B. Aknin und Michael I. Norton, »Prosocial Spending and Happiness: Using Money to Benefit Others Pays Off«, *Current Directions in Psychological Science* 13 (2014): S. 347–355. https://doi.org/10.1177/0963721413512, abgerufen am 09. November 2023.

27 Lara B. Aknin, J. Kiley Hamlin & Elizabeth W. Dunn, »Giving Leads to Happiness in Young Children«, *PLoS ONE* 7 (2012): e39211. doi:10.1371/journal.pone.0039211.

28 *Flourish*, Kindle Locations S. 499–500. M. E. P. Seligman, T. A. Steen, N. Park und C. Peterson, »Positive Psychology Progress: Empirical Validation of Interventions«, *American Psychologist* 60 (2005): S. 410–421.

29 Marta Scrignaro, Sandro Barni und Maria E. Magrin, »The Combined Contribution of Social Support and Coping Strategies in Predicting Post-traumatic Growth: a Longitudinal Study on Cancer Patients«, *Psychooncology* 20 (2011): S. 823–831. doi: 10.1002/pon.1782.

30 Naomi I. Eisenberger and Matthew D. Lieberman, »Why it Hurts to be Left Out: The Neurocognitive Overlap Between Physical and Social Pain«, (2005) In: Kipling D. Williams, Joseph P. Forgas, and William Von Hippel: *The Social Outcast: Ostracism, Social Exclusion, Rejection, and Bullying*, New York 2005, S. 109–127.

31 James S. House, Karl R. Landis, and Debra Umberson, »Social Relationships and Health«, *Science* 241 (1988): S. 540–545. doi: 10.1126/science.3399889.

32 James A. Coan, Hillary S. Schaefer und Richard J. Davidson, »Lending a Hand Social Regulation of the Neural Response to Threat«, *Psychological Science* 17 (2006): S. 1032–1039. doi: 10.1111/j.1467–9280. 2006.01832.x.

33 Ebd.

34 Kabat-Zinn, Jon: *Im Alltag Ruhe finden*, S. 147.

35 George E. Vaillant, »What are the Secrets to a Happy Life?« *Greater Good*, 23. Oktober 2013. https://greatergood.berkeley.edu/article/item/what_are_secrets_to_happy_life, abgerufen am 09. November 2023.

36 Hanh, Thich Nhat: *Einfach lieben*, S. 74.

37 Brach, Tara: *Mit dem Herzen eines Buddha*, S. 264.

5. Durch Stürme segeln

1 Dieses Kapitel ist adaptiert aus Haas, Michaela: *Stark wie ein Phönix*.

2 Watts, Alan: *Weisheit des ungesicherten Lebens*, S. 107

3 Kabat-Zinn, Jon: *Im Alltag Ruhe finden,* S. 101-102.
4 Beck, Charlotte Joko: *Zen und das alltägliche Wunder,* S. 118.
5 Ebd., S. 125.
6 Kurt Miller »The Current«, ein *Make a Hero*-Dokumentarfilm, 24. Januar 2013, http://www.makeahero.org/blog/bethany-hamilton-story-of-a-hero-the-current-film, abgerufen am 10. November 2023
7 Aimee Mullins, »The Opportunity of Adversity«, TED Talk, Oktober 2009. http://www.youtube.com/watch?v=dTwXeZ4GkzI, abgerufen am 11. November 2023.
8 Iyengar, B. K. S.: *Licht fürs Leben,* S. 22.
9 Ebd., S. 23.
10 Ebd., S. 88.
11 Ebd., S. 89.
12 Ebd., S. 96.
13 Ebd., S. 95–96.
14 Ebd., S. 90.
15 Ebd., S. 91.
16 Übersetzung inspiriert von Lotsawa House: www.lotsawahouse.org/de/tibetan-masters/dodrupchen-III/transforming-suffering-and-happiness, abgerufen am 11. November 2023.
17 Kabat-Zinn: *Gesund durch Meditation,* S. 23
18 Ebd., S. 276.
19 Iyengar, B. K. S.: *Licht fürs Leben,* S. 94.
20 Paulus, *Brief an die Römer,* 5,3–4.
21 Mark Aurel: *Selbstbetrachtungen* IV, 1, Übersetzung von Albert Wittstock, Gutenberg, 2012.
22 Bill Moyers, »Joseph Campbell and the Power of Myth« Ep. 1, PBS, 21. Juni 1988. https://www.youtube.com/watch?v=pE8ciMkayVM&list=PLiYn-Nom7SVRMjsi2WSpIGBlo1UDhlXyvz, abgerufen am 11. November 2023.
23 Zit. aus Haas, Michaela: *Stark wie ein Phönix.*
24 Joseph, Stephen: *Was uns nicht umbringt,* S. 70.
25 Für einen Überblick siehe https://www.sloww.co/farmer-lost-horse/, abgerufen am 11. November 2023.
26 Iyengar, B. K. S.: *Licht fürs Leben,* S. 96.
27 Kabat-Zinn, Jon: *Gesund durch Meditation,* S. 276.
28 Ebd., S. 238.
29 Ebd., S. 241.
30 Beck, Charlotte Joko: *Zen und das alltägliche Wunder,* S. 212.
31 Ebd., S. 215.
32 Ebd.
33 Ebd., S. 215–216.
34 Ebd., S. 66.
35 Brach, Tara: *Mit dem Herzen eines Buddha,* S. 133.
36 »Unzählige Studien haben einen klaren Zusammenhang zwischen einem Gefühl von Kontrolle und dem subjektiven Schmerzempfinden nachgewiesen.« So benutzen Patienten mit Krebs im Endstadium beispielsweise weniger Schmerzmittel, wenn sie selbst die Dosis kontrollieren konnten, und wenn Patienten die Kontrolle über ihren Morphium-Tropf haben, empfinden sie weniger Schmerz, benutzen weniger Morphium und können das

Krankenhaus schneller verlassen. Brand, Paul & Yancey, Philip: *The Gift of Pain.* Grand Rapids (MI) 1997, S. 280–281.

37 Kabat-Zinn, Jon: *Im Alltag Ruhe finden,* S. 64.

38 Ebd., S. 65.

39 Brach, Tara: *Mit dem Herzen eines Buddha,* S. 45.

40 »Die Fähigkeit, Situationen zu akzeptieren, die man nicht verändern kann, wird für entscheidend gehalten in der Adaption an unkontrollierbare oder unveränderliche Lebensereignisse. Das Akzeptieren, dass das traumatische Ereignis stattgefunden hat, ist deshalb ein wichtiger Faktor innerhalb des Prozesses, der zu persönlichem Wachstum führen kann (Calhoun et al., 2000). Die Verbindung zwischen Akzeptanzbewältigung und posttraumatischem Wachstum wurde in mehreren Studien aufgezeigt.« Tania Zöllner und Andreas Märcker, »Posttraumatic Growth in Clinical Psychology – A Critical Review and Introduction of a Two Component Model«, *Clinical Psychology Review* 26 (2006): S. 626–653. . doi: 10.1016/j.cpr.2006.01.008.

41 Brach, Tara: *Mit dem Herzen eines Buddha,* S. 45.

42 Ebd.

43 Ebd., S. 56.

44 Ebd., S. 57.

45 Ebd., S. 58.

46 »Von einem Augenblick zum nächsten Augenblick nehmen wir Objekte in der Welt als kontinuierlich war, trotz der ständigen Fluktuationen ihrer Eigenschaften. Die Wirkungsweise, wie das visuelle System diese Objekt-Kontinuität erreicht, bleibt schwer definierbar.« Alina Liberman, Jason Fischer und David Whitney, »Serial Dependence in the Perception of Faces«, *Current Biology* 24 (2014): S. 2569–2574. doi: 10.1016/j.cub.2014.09.025.

47 Beck, Charlotte Joko: *Zen und das alltägliche Wunder,* S. 117.

48 Ebd., S. 67.

49 Ebd., S. 111.

50 Zit. aus Haas, Michaela: *Stark wie ein Phönix.*

51 https://www.tagesschau.de/inland/gesellschaft/schmerzmittel-103.html, abgerufen am 16. Oktober 2023.

52 https://de.statista.com/outlook/hmo/otc-pharma/schmerzmittel/deutschland, abgerufen am 16. Oktober 2023.

53 Hedy Kober, »Lo que podemos lograr con conciencia plena (mindfulness)«, TEDx Talk http://www.youtube.com/watch?v=mzEh5nE-tNU&feature=youtu.be, abgerufen am 20. Oktober 2014. Und Judson A. Brewer et al., »Meditation Experience is Associated with Differences in Default Mode Network Activity and Connectivity«, *Proceedings of the National Academy of Sciences (PNAS)* 108 (2011): S. 20254–20259. doi: 10.1073/pnas.1112029108.

54 »Demystifying Meditation – Brain Imaging Illustrates How Meditation Reduces Pain«, Wake Forest Baptist Medical Center, 5. April 2011. https://www.sciencedaily.com/releases/2011/04/110405174835.htm, abgerufen am 12. November 2023. Fadel Zeidan et al., »Brain Mechanisms Supporting the Modulation of Pain by Mindfulness Meditation«, *The Journal of Neuroscience* 31 (2011): S. 5540–5548. doi: 10.1523/JNEUROSCI.5791-10.2011.

55 Fadel Zeidan et al., »Neural Correlates of Mindfulness Meditation-related Anxiety Relief«, *Social Cognitive and Affective Neuroscience* 9 (2013): S. 751–759. doi: 10.1093/scan/nst041.

56 Joshua A. Grant et al., »Cortical Thickness and Pain Sensitivity in Zen Meditators«, *Emotion* 10 (2010): S. 43–53. doi: 10.1037/a0018334. Und Joshua A. Grant und Pierre Rainville, »Pain Sensitivity and Analgesic Effects of Mindful States in Zen Meditators: a Cross-sectional Study«, *Psychosomatic Medicine* 71 (2009): S. 106–114. https://doi.org/10.1097/PSY.0b013e31818f52ee, abgerufen am 13. November 2023.
57 David Spiegel, »The Mind Prepared: Hypnosis in Surgery«, *Journal of the National Cancer Institute JNCI* 99 (2007): S. 1280–1281. https://doi.org/10.1093/jnci/djm131, abgerufen am 13. November 2023.
58 Guy H. Montgomery et al., »A Randomized Clinical Trial of a Brief Hypnosis Intervention to Control Side Effects in Breast Surgery Patients«, *Journal of the National Cancer Institute JNCI* 99 (2007): S. 1304–1312. doi: 10.1093/jnci/djm106.
59 David Spiegel, »The Mind Prepared: Hypnosis in Surgery«, Journal of the National Cancer Institute *JNCI* 99 (2007): S. 1280–1281.
60 Ebd.
61 Antoine Lutz et al., »Long-Term Meditators Self-Induce High-Amplitude Gamma Synchrony During Mental Practice«, *PNAS* 101 (2004): S. 16369–16373, doi: 10.1073/pnas.0407401101.
62 Brach, Tara: *Mit dem Herzen eines Buddha*, S. 287.
63 Es finden sich allerdings soziokulturelle Unterschiede im Umgang mit Traumata, beispielsweise in der kulturell akzeptierten Offenheit, Gefühle auszudrücken. Siehe dazu auch Weiss, Tzipi & Berger, Roni: *Posttraumatic Growth and Culturally Competent Practice. Lessons Learned from Around the Globe*, Hoboken (NJ) 2010.
64 Peter A. Levine spricht zum Beispiel von 52 Prozent PTSB nach orthopädischen Routine-OPs. Siehe: Levine, Peter A.: *Sprache ohne Worte*, München 2011, S. 27.
65 Joseph, Stephen: *Was uns nicht umbringt*, Berlin 2015, S. 72.
66 Levine, Peter A.: *Sprache ohne Worte*, S. 60.
67 Zit. aus Haas, Michaela: *Stark wie ein Phönix*.
68 Der deutsche Ableger ist der Bundesverband verwaiste Eltern und trauernde Geschwister in Deutschland. https://www.veid.de, abgerufen am 13. November 2023.
69 Brach, Tara: *Mit dem Herzen eines Buddha*, S. 245–246.
70 Iyengar, B. K. S.: *Licht fürs Leben*, S. 96.
71 Halifax, Joan: *Gratwanderung*, S. 20.

6. Wer bin ich?

1 Kabat-Zinn, Jon: *Gesund mit Meditation*, S. 238.
2 Brach, Tara: *Mit dem Herzen eines Buddha*, S. 35.
3 Mooji: *Weiter als Himmel, größer als Raum*, S. 226–227.
4 Maharshi, Ramana: *Sei, was du bist!*, S. 70.
5 Hanh, Thich Nhat: *Einfach präsent*, S. 119–120.
6 Beck, Charlotte Joko: *Zen und das alltägliche Wunder*, S. 172.
7 Albert Einstein, *Mein Weltbild*. Zit. nach Kabat-Zinn, Jon: *Im Alltag Ruhe finden*, S. 238.
8 Kabat-Zinn, Jon: *Gesund durch Meditation*, S. 205.
9 Aus dem Ghanavyuha Sutra (Sutra des Eintritts in den Bereich der Realität).
10 Mooji, *Weiter als Himmel, größer als Raum*, S. 33.

11 Iyengar, B. K. S.: *Licht fürs Leben*, S. 183.
12 Kabat-Zinn, Jon: *Im Alltag Ruhe finden*, S. 242.
13 Beck, Charlotte Joko: *Zen und das alltägliche Wunder*, S. 69–70.
14 Ebd., S. 191–192.
15 Olvedi, Ulli: *Die Energien des Lebens und des Sterbens*, S. 97–98.
16 Beck, Charlotte Joko: *Zen und das alltägliche Wunder*, S. 68.
17 Ebd., S. 204.
18 N. L. Mason et al., »Me, myself, bye: regional alterations in glutamate and the experience of ego dissolution with psilocybin«, *Neuropsychopharmacology* 45 (2020), S. 2003–2011. https://www.nature.com/articles/s41386-020-0718-8, abgerufen am 13. November 2023.
19 Zit. aus Kaplins Interview mit Jakob Simmank, »Das ist ein gigantischer Effekt«, *Zeit Online*, 06. Juni 2021. https://www.zeit.de/gesundheit/2021-06/sinn-im-leben-gesundheit-psychologie-adam-kaplin, abgerufen am 23. September 2023.
20 Harriet de Wit, Anya K. Bershad, William Hutchison und Michael Bremmer, »Can MDMA Change Sociopolitical Values?« *Biological Psychiatry* 89 (2021), ISSUE 11, S. e61–e62. https://doi.org/10.1016/j.biopsych.2021.01.016, abgerufen am 14. November 2023.
21 Maharshi, Ramana: *Sei, was du bist!*, S. 25.
22 Ebd. S. 23.

7. Wege zur Weisheit

1 Zitiert nach Brach, Tara: *Mit dem Herzen eines Buddha*, S. 339.
2 Ebd.
3 Mooji: *Weiter als Himmel, größer als Raum*, S. 55.
4 Iyengar: B. K. S.: *Licht fürs Leben*, S. 55.
5 Ebd.
6 Herrigel, Eugen: *Zen in der Kunst des Bogenschießens*, S. 12.
7 Ebd., S. 15.
8 Dürckheim, Karlfried Graf: *Hara*, S. 32–33.
9 Herrigel, Eugen: *Zen in der Kunst des Bogenschießens*, S. 13.

8. Lehrer als Wegweiser

1 Zitiert aus Haas, Michaela: *Buddhas furchtlose Töchter.*
2 www.chroniclesradio.com/sound/dispatches_2006_09_28.mp3. Zit. nach Haas.
3 Herrigel, Eugen: *Zen in der Kunst des Bogenschießens*, S. 51.
4 Sadhguru: *Die Weisheit eines Yogi*, S. 9.
5 Herrigel, Eugen: *Zen in der Kunst des Bogenschießens*, S. 58.
6 www.upaya.org/news/2011/01/02/why-buddhism-violations-of-trust-in-the-sexual-sphere-roshi-joan-halifax, abgerufen am 15. November 2023.
7 Ebd.
8 Haas, Michaela: *Buddhas furchtlose Töchter.*
9 Thubten Chodron, »How to tell if a Buddhist teacher has the right qualities«, Vortrag vom 26. August 2017. Zitiert nach https://thubtenchodron.org/2017/08/spiritual-mentor-advice/, abgerufen am 15. November 2023.

9. Was kommt danach?

1 Iyengar, B. K. S.: *Licht fürs Leben*, S. 308.
2 Zit. aus Haas, Michaela: *Buddhas furchtlose Töchter.*
3 Iyengar, B. K. S.: *Licht fürs Leben*, S. 162.
4 Beck, Charlotte Joko: *Zen und das alltägliche Wunder*, S. 201.
5 Ich erzähle seine Geschichte ausführlich in Haas, Michaela: *Stark wie ein Phönix*, Kapitel 7.
6 Cousins, Norman: *Head First.* New York 1990, S. 25.
7 Kashdan, Todd B. et al., »More than words: Contemplating death enhances positive emotional word use. Personaliy and Individual Differences«, *Personality and Individual Differences* 71 (2014), S. 171–175. https://doi.org/10.1016/j.paid.2014.07.035, abgerufen am 16. November 2023.
8 Cozzolino, Philip J., »Death Contemplation, Growth, and Defense: Converging Evidence of Dual-Existential Systems?«, *Pschological Inquiry* 17, Nr. 4 (2006), S. 278–287.
https://www.jstor.org/stable/20447339, abgerufen am 16. November 2023.
9 Die Fragen sind inspiriert von den Übungen in Robert Brooks und Sam Goldstein: *The Power of Resilience.* New York 2004.
10 Iyengar, B. K. S.: *Licht fürs Leben*, S. 308.
11 Ebd., S. 126.
12 Watts, Alan: *Weisheit des ungesicherten Lebens*, S. 57.
13 Ebd., S. 28.
14 Halifax, Joan: *Gratwanderung*, S. 17.
15 Halifax, Joan: *Im Sterben dem Leben begegnen*, S. 35–36.
16 Teile dieses Essays sind adaptiert aus und zitiert nach Haas, Michaela: *Buddhas furchtlose Töchter*, Kapitel 10. Mit Kristen Barendsen.
17 Halifax, Joan: *Gratwanderung*, S. 139.
18 Ebd.
19 Watts, Alan: *Weisheit des ungesicherten Lebens*, S. 44.

10. Was ist meine Aufgabe?

1 Rosemarie Kobau et al., »Well-Being Assessment: An Evaluation of Well-Being Scales for Public Health and Population Estimates of Well-Being among US Adults«, *Applied Psychology: Health and Well-Being* 2 (2010): S. 272–297. https://doi.org/10.1111/j.1758–0854.2010.01035.x, abgerufen am 17. November 2023.
2 Patrick L. Hill und Nicholas A. Turiano, »Purpose in Life as a Predictor of Mortality Across Adulthood«, *Psychological Science* 25 (2014): S. 1482–1486. doi: 10.1177/0956797614531799.
3 Frankl, Viktor E.: *Trotzdem Ja zum Leben sagen*, S. 116.
4 https://viktorfranklamerica.com/viktor-frankl-bio/, abgerufen am 25. Juni 2023.
5 Frankl, Viktor E.: *Trotzdem Ja zum Leben sagen*, S. 103.
6 Ebd.
7 Ebd., S. 104–105.
8 Ebd., S. 102.
9 Übersetzt und adaptiert aus William J. Winslade, Afterword to Frankl's *Man's Search for Meaning.* Boston (MA) 2006, S. 164–165.
10 Watts, Alan W.: *The Culture of Counter-Culture: Edited Transcripts.* North Clarendon (VT) 1999, zitiert nach: https://www.goodreads.com/author/quotes/1501668.Alan_W_Watts, abgerufen am 17. November 2023.

11 Kabat-Zinn, Jon: *Im Alltag Ruhe finden*, S. 236–238.

12 Roy F. Baumeister, Kathleen D. Vohs, Jennifer L. Aaker und Emily N. Garbinsky, »Some Key Differences Between a Happy Life and a Meaningful Life«, *Journal of Positive Psychology* 8 (2013): S. 505–516. doi: 10.1080/17439760.2013.830764.

13 Matthew A. Killingsworth, Daniel Kahneman und Barbara Mellers: »Income and emotional well-being: A conflict resolved«, *Psychological and Cognitive Sciences*, March 1, 2023, 120 (10) e2208661120. https://doi.org/10.1073/pnas.2208661120, abgerufen am 18. November 2023.

14 Saṁyutta Nikāya Sutra, https://suttacentral.net/sn56.47/en/bodhi?reference=none&highlight=false, abgerufen am 20. August 2023.

15 Robert A. Emmons und Michael E. McCullough, »Counting Blessings Versus Burdens: An Experimental Investigation of Gratitude and Subjective Well-being in Daily Life«, *Journal of Personality and Social Psychology* 84 (2003): S. 377–389. doi: 10.1037/0022-3514.84.2.377.

16 Alex M. Wood, Stephen Joseph, Joanna Lloyd und Samuel Atkins, »Gratitude Influences Sleep Through the Mechanism of Pre-sleep Cognitions«, *Journal of Psychosomatic Research* 66 (2009): S. 43–48. doi: 10.1016/j.jpsychores.2008.09.002.

17 Philip C. Watkins, Kathrane Woodward, Tamara Stone und Russell L. Kolts, »Gratitude and Happiness: Development of a Measure of Gratitude, and Relationships with Subjective Well-being«, *Social Behavior and Personality* 31 (2003): S. 431–451. https://doi.org/10.2224/sbp.2003.31.5.431, abgerufen am 18. November 2023. Und Alex M. Wood, Jeffrey J. Froh und Adam W. A. Geraghty, »Gratitude and Well-being: A Review and Theoretical Integration«, *Clinical Psychology Review* 30 (2010): S. 890–905. doi: 10.1016/j.cpr.2010.03.005. Und Kennon M. Sheldon und Sonja Lyubomirsky, »How to Increase and Sustain Positive Emotion: The Effects of Expressing Gratitude and Visualizing Best Possible Selves«, *Journal of Positive Psychology* 1 (2006): S. 73–82. https://doi.org/10.1080/17439760500510676, abgerufen am 18. November 2023.

18 E. Seligman, Tracy A. Steen, Nansook Park und Christopher Peterson, »Positive Psychology Progress: Empirical Validation of Interventions«, *American Psychologist* 60 (2005): S. 410–421. doi: 10.1037/0003-066X.60.5.410. Und Sonja Lyubomirsky und Kristin Layous, »How Do Simple Positive Activities Increase Well-being?«, *Current Directions in Psychological Science* 22 (2013): S. 57–62. https://doi.org/10.1177/0963721412469809, abgerufen am 18. November 2023.

19 Adaptiert aus Haas, Michaela: *Stark wie ein Phönix*, Anhang.

20 Iyengar, B. K. S.: *Licht fürs Leben*, S. 374.

21 Ebd., S. 375–376.

22 Beck, Charlotte Joko: *Zen und das alltägliche Wunder*, S. 206.

23 Übersetzt und adaptiert aus The Gospel in Tolstoy. Walden (NY) 2015. Die deutsche Fassung findet sich auch hier: https://www.projekt-gutenberg.org/tolstoi/dreifrag/chap001.html, abgerufen am 18. November 2023.

24 Watts, Alan: *Weisheit des ungesicherten Lebens*, S. 56.

11. Die Essenz des Glaubens

1 https://news.gallup.com/poll/6001/because-faith-meaning-purpose-life.aspx, abgerufen am 25. Juni 2023.
2 Mooji: *Weiter als Himmel, größer als Raum,* S. 56.
3 Ebd., S. 77.
4 Ebd., S. 55.
5 Ebd.
6 Watts, Alan: *Weisheit des ungesicherten Lebens,* S. 112–113.
7 Ebd., S. 28.
8 Mooji: *Weiter als Himmel, größer als Raum,* S. 82.
9 Ebd., S. 83.
10 Bethany Hamilton, »I am Second«, 21. März 2011. https://www.youtube.com/watch?v=37l1WfdFNQE, abgerufen am 19. November 2023.
11 Ben-Ezra Menachem et al., »Losing my Religion: A Preliminary Study of Changes in Belief Pattern after Sexual Assault«, *Traumatology* 16 (2010): S. 7–13. https://doi.org/10.1177/1534765609358, abgerufen am 19. November 2023.
12 Zit. aus Haas, Michaela: *Stark wie ein Phönix.*
13 Gail Ironson, Rick Stuetzle und Ann Mary Fletcher, »An Increase in Religiousness/Spirituality Occurs After HIV Diagnosis and Predicts Slower Disease Progression over 4 Years in People with HIV«, *Journal of General Internal Medicine* 21(2006): S. 62–68. doi: 10.1111/j.1525–1497. 2006.00648.x.
14 Kabat-Zinn, Jon: *Im Alltag Ruhe finden,* S. 268.
15 Iyengar, B. K. S.: *Licht fürs Leben,* S. 279.
16 Kabat-Zinn, Jon: »Meeting Pain With Awareness,« *Lion's Roar,* 1. Juli 2007. Excerpt aus Kabat-Zinn, Jon: Coming to Our Senses, 2005. https://www.lionsroar.com/meeting-pain-with-awareness/, abgerufen am 4. September 2023.
17 Adaptiert aus Haas, Michaela: *Stark wie ein Phönix.*

12. Die Kunst, glücklich zu sein

1 Zitiert nach Brach, Tara: *Mit dem Herzen eines Buddha,* S. 110.
2 Ebd.
3 Steve Paulson, Richard Davidson, Amishi Jha und Jon Kabat-Zinn, »Becoming Conscious: the Science of Mindfulness«, *Annals of the New York Academy of Sciences* 1303 (2013): S. 87–104. doi:10.1111/nyas.12203.
4 David Marchese, »The ›World's Happiest Man‹ Shares His Three Rules for Life«, *New York Times,* 28. August 2023. https://www.nytimes.com/interactive/2023/08/13/magazine/matthieu-ricard-interview.html, abgerufen am 20. November 2023.
5 Beck, Charlotte Joko: *Zen und das alltägliche Wunder,* S. 41.
6 Ebd.
7 Maharshi, Ramana: *Sei, was du bist!,* S. 23.
8 Beck, Charlotte Joko: *Zen und das alltägliche Wunder,* S. 188.
9 Dalai Lama/Howard Cutler: *Mein Wegweiser zum Glück,* Köln 2004.
10 Iyengar, B. K. S.: *Licht fürs Leben,* S. 47.
11 Ebd., S. 40.
12 Ebd., S. 248.
13 Ebd., S. 325.
14 Beck, Charlotte Joko: *Zen und das alltägliche Wunder,* S. 253.
15 Iyengar, B. K. S.: *Licht fürs Leben,* S. 226.
16 Mooji: *Weiter als Himmel, größer als Raum,* S. 287.

Glossar

Der Einfachheit halber werden die Begriffe aus dem Sanskrit (Skr.), Tibetischen (tib.), Japanischen (jap.), Chinesischen (chin.) und Pali (Pali) mit ihrer phonetischen Schreibweise aufgeführt. Nur die wichtigsten Begriffe aus diesem Buch werden hier kurz erklärt.

Advaita (Skr.): wörtl. »nicht-dual, Nicht-Zweiheit« – eine der drei philosophischen Richtungen des *Vedanta*
Anapanasati (Pali) – Aufmerksamkeit auf den Atem
Bardo (tib.) – wörtl. »zwischen«; Zwischenbereich
Bodhichitta (Skr.) – die Kraft und Entschlossenheit, die vollkommene Befreiung für sich und vor allem zum Wohl aller anderen anzustreben
Bodhisattva (Skr.) – Weisheitswesen, die aus Erbarmen und zum Wohle aller Wesen immer wieder in die Welt zurückkehren
Brahmaviharas (Skr.) – wörtl. »die Vier Unermesslichen«; die vier hohen Verweilzustände: liebende Güte, Mitgefühl, Freude, Gleichmut
Chitta (Skr.), sem (tib.) – Bewusstsein
Dharma (Skr.) – Pfad, Wahrheit, Buddhas Lehre
Dzogchen (tib.) – wörtl. »die große Vollkommenheit«, fortgeschrittene Meditationspraxis innerhalb des tibet. Buddhismus
Guru (Skr.) – wörtl. »die Dunkelheit vertreibend«; spiritueller Lehrer
Hara (jap.) – Bauch; die energetische Körpermitte
Karma (Skr.) – wörtl. »Tat, Handlung«; die Konsequenzen aus unserem Denken, Fühlen und Verhalten in der Welt
Karuna (Skr.) – Mitgefühl
Lü (tib.) – wörtl. »das, was zurückgelassen wird«; Körper
Mahayana (Skr.) – wörtl. »Großes Fahrzeug«; die buddhistische Tradition, wie sie überwiegend in Japan (Zen), China (Chan) und Korea gepflegt wird.
Mala (Skr.) – Gebetskette, Rosenkranz
Mandala (Skr.) – wörtl. »Kreis«; oft symbolische Darstellung des Universums
MBSR (engl.) – Abkürzung für Mindfulness-Based Stress Reduction; achtsamkeitsbasierte Stressreduktion

Metta (Pali), Maitri (Skr.) – liebende Güte
Mudita (Skr.) – Freude; Mitfreude mit anderen
Nirvana (Skr.) – Befreiung von Leid; vollständige Befreiung von jeglicher Illusion
Prana (Skr.), lung (tib.), chi (chin.) – subtile Lebensenergie, die in allen organischen Systemen wirkt und sie erhält
Samadhi (Skr.) – Versenkung; Verweilen im Grenzenlosen
Shamata (Skr.) – ruhiges Verweilen, zur Ruhe kommen
Shunyata (Skr.) – Leerheit und Substanzlosigkeit von allem, was ist
Sutra (Skr.) – altindische Lehrschriften; im buddhistischen Kontext Teil des ursprünglichen Kanons
Tao/Dao (chin.) – Weg, Pfad
Theravada (Skr.) – wörtl. »der Weg der Alten«; die älteste buddhistische Tradition, wie sie überwiegend in Südostasien, etwa in Indien, Thailand und Burma gepflegt wird.
Tonglen (tib.) – wörtl. »geben und nehmen«; fortgeschrittene Meditationspraxis
Upanishaden (Skr.) – Weisheitstexte der altindischen, vedischen Tradition ab ca. 600 v. Chr.
Upeksha (Skr.) – Gleichmut
Vajrayana (Skr.) – wörtl. »Diamant-Fahrzeug«; die buddhistische Tradition, wie sie überwiegend in den Himalajaregionen wie Tibet, Ladakh und Nordindien gepflegt wird; Teil des Mahayana
Vedanta (Skr.) – wörtl. »das Ende der Veden«; die philosophische Tradition, die durch die *Upanishaden* inspiriert ist
Vipashyana (Skr.), Vipassana (Pali) – klares Sehen; die unmittelbare Einsicht in das Wesen der Dinge und unserer selbst
Zen (jap.), Chan (chin.), Dhyana (Skr.) – Meditation, geistige Sammlung

Die Klassiker von O.W. Barth

Beck, Charlotte Joko: *Zen und das alltägliche Wunder – Wie wir lernen, das Leben anzunehmen, wie es ist.* O.W. Barth, München 2022.

Brach, Tara: *Mit dem Herzen eines Buddha – Heilende Wege zu Selbstakzeptanz und Lebensfreude.* O.W. Barth, München 2003.

Dürckheim, Karlfried Graf: *Hara – Die energetische Mitte des Menschen.* O.W. Barth, München 2012.

Halifax, Joan: *Gratwanderung – Achtsame Ethik für ein nachhaltig bewusstes Leben.* O.W. Barth, München 2018.

Herrigel, Eugen: *Zen in der Kunst des Bogenschießens.* O.W. Barth, München 2011.

Iyengar, B. K. S.: *Licht fürs Leben – Die Yoga-Vision eines großen Meisters.* O.W. Barth, München 2000/2014.

Iyengar, B. K. S.: *Licht auf Yoga – Das grundlegende Lehrbuch des Hatha-Yoga.* O.W. Barth, München 2010.

Kabat-Zinn, Jon: *Im Alltag Ruhe finden – Meditationen für ein gelassenes Leben.* O.W. Barth, München 2024.

Kabat-Zinn, Jon: *Gesund durch Meditation – Das große Buch der Selbstheilung mit MBSR.* O.W. Barth, München 2011.

Maharshi, Ramana: *Sei, was du bist! Die wichtigsten Lehren des großen indischen Weisen.* O.W. Barth, München 2011.

Mooji: *Weiter als Himmel, größer als Raum – Das Buch der inneren Befreiung.* O.W. Barth, München 2016.

Olvedi, Ulli: *Die Energien des Lebens und des Sterbens – Innere Entwicklung nach dem buddhistischen Tantra.* O.W. Barth, München 2013.

Ott, Ulrich: *Meditation für Skeptiker – Ein Neurowissenschaftler erklärt den Weg zum Selbst.* O.W. Barth, München 2010.

Sadhguru: *Die Weisheit eines Yogi – Wie innere Veränderung wirklich möglich ist.* O.W. Barth, München 2017.

Thich Nhat Hanh: *Versöhnung mit dem inneren Kind – Von der heilenden Kraft der Achtsamkeit.* O.W. Barth, München 2011.

Thich Nhat Hanh: *Einfach lieben.* O.W. Barth, München 2016.

Thich Nhat Hanh: *Einfach miteinander.* O.W. Barth, München 2021.

Thich Nhat Hanh: *Einfach präsent*. O.W. Barth, München 2022.
Trökes, Anna & Knothe, Bettina: *Neuro-Yoga – Wie die alte Weisheitspraxis auf unser Gehirn wirkt*. O.W. Barth, München 2014.
Watts, Alan: *Weisheit des ungesicherten Lebens.* O.W. Barth, München 2024.

Weitere Literatur

Brand, Paul & Yancey, Philip: *The Gift of Pain – Why We Hurt and What We Can Do About.* Zondervan, Grand Rapids (MI)1997.
Cousins, Norman: *Head First – The Biology of Hope and the Healing Power of the Human Spirit.* Penguin, New York 1989.
Dalai Lama & Cutler, Howard C.: *Mein Wegweiser zum Glück.* Lübbe, Köln 2004.
Frankl, Viktor E.: *Das Leiden am sinnlosen Leben – Psychotherapie für heute.* Herder, Freiburg 2013.
Frankl, Viktor E.: *… trotzdem Ja zum Leben sagen* – Ein Psychologe erlebt das Konzentrationslager. Kösel, München 2010.
Haas, Michaela: *Buddhas furchtlose Töchter – 12 außergewöhnliche Frauen, die den heutigen Buddhismus prägen.* O.W. Barth, München 2013.
Haas, Michaela: *Stark wie ein Phönix – Wie wir unsere Resilienzkräfte entwickeln und in Krisen über uns hinauswachsen.* O.W. Barth, München 2015.
Halifax, Joan: *Im Sterben dem Leben begegnen – Mut und Mitgefühl im Angesicht des Todes.* Theseus, Bielefeld 2011.
Joseph, Stephen: *Was uns nicht umbringt – Wie es Menschen gelingt, aus Schicksalsschlägen und traumatischen Erfahrungen gestärkt hervorzugehen.* Berlin und Heidelberg: Springer Spektrum, Berlin und Heidelberg 2015.
Levine, Peter A.: *Sprache ohne Worte – Die Botschaften unseres Körpers verstehen.* Kösel, München 2011.
Orbach, Susie: *Bodies – Im Kampf mit dem Körper.* Arche, Zürich und Hamburg 2021.
Seligman, Martin E. P.: *Flourish – Wie Menschen aufblühen.* Kösel, München 2012.